SOBRE LITERATURA E HISTÓRIA

JÚLIO PIMENTEL PINTO

Sobre literatura e história

Como a ficção constrói a experiência

Copyright © 2024 by Júlio Pimentel Pinto

Grafia atualizada segundo o Acordo Ortográfico da Língua Portuguesa de 1990, que entrou em vigor no Brasil em 2009.

Capa
Celso Longo + Daniel Trench

Preparação
Cristina Yamazaki

Revisão
Huendel Viana
Márcia Moura

Dados Internacionais de Catalogação na Publicação (CIP)
(Câmara Brasileira do Livro, SP, Brasil)

Pinto, Júlio Pimentel
  Sobre literatura e história : Como a ficção constrói a experiência / Júlio Pimentel Pinto. — 1ª ed. — São Paulo : Companhia das Letras, 2024.

  ISBN 978-85-359-3657-5

  1. Ficção – História e crítica I. Título.
23-177490   CDD-809.3

Índice para catálogo sistemático:
1. Ficção : História e crítica   809.3
Cibele Maria Dias – Bibliotecária – CRB-8/9427

Todos os direitos desta edição reservados à
EDITORA SCHWARCZ S.A.
Rua Bandeira Paulista, 702, cj. 32
04532-002 — São Paulo — SP
Telefone: (11) 3707-3500
www.companhiadasletras.com.br
www.blogdacompanhia.com.br
facebook.com/companhiadasletras
instagram.com/companhiadasletras
twitter.com/cialetras

Sumário

Apresentação 7

TEORIA
Do fingimento à imaginação moral:
Diálogos entre ficção e história 15

DIÁLOGOS
Cortázar, leitor de Poe 41
Sousândrade e Martí: A América contra a *America* 52
Crônica & crítica na ficção policial latino-americana 70
A procura de um estilo em cinco cenas
da literatura latino-americana na virada do século XXI ... 82

LEITURAS
História de um distanciamento:
As memórias de Piglia nos diários de Renzi 97
"O que restou de tudo isso?": Signos da arte
e da memória em *Cinzas do Norte* 109

Octavio Paz e o labirinto da América Latina............ 132

Um olhar distante: Piglia e a utopia de América Latina ... 150

Sobre fantasmas e homens: Passado e exílio em Onetti ... 173

Borges, em busca do Sul............................. 198

MAIS TEORIA

"Recolha de circunstâncias": O diário como álbum...... 209

Notas 241

Referências bibliográficas............................. 267

Apresentação

"Nunca me preocupou a ideia de que a literatura nos afastasse da experiência, porque, para mim, as coisas acontecem ao revés: a literatura constrói a experiência."[1] Essa frase de Ricardo Piglia resume os objetivos deste livro. História e ficção são formas narrativas e ambas constroem a experiência que vivemos, com os recursos de que dispõem e com os compromissos que assumem. No caso da história, com a verdade possível permitida pelo conhecimento disponível sobre o passado. No caso da ficção, com a imaginação, que é sempre capaz de criar novos universos — que não precisam ser reais para falar da vida realmente vivida, com suas belezas e angústias, seus percalços, sonhos e labirintos.

Ficção e história, portanto, não são a mesma coisa. Uma não substitui a outra, até porque precisamos de ambas para interpretar o passado, para pensar sobre o presente, para inventar futuros. Por isso, Ficção & História. Juntas e sem hierarquia, sem que a ficção surja como ilustração de um argumento histórico e sem que a história se preste a compor mero pano de fundo para a escrita da ficção. Literatura e História em diálogo, combinando olhares, influenciando-se mutuamente.

E diante das duas, um personagem central e decisivo: o leitor. Leitor jamais passivo; capaz de articular leituras, de aproveitar a abertura dos textos e projetá-los para outros territórios, fazê-los nascer e renascer a cada nova leitura. Porque, afinal, quando nós, leitores, percorremos os bosques da história e da ficção — como já disse Umberto Eco —, criamos caminhos, abrimos trilhas, fazemos escolhas a cada bifurcação das veredas: ao construir nossas experiências, nos deixamos levar pela imaginação e pela apreensão, mesmo que fugidia, do real.

Este livro é dividido em quatro partes — "Teoria", "Diálogos", "Leituras" e "Mais teoria" — que insistem na opção pelo contato direto entre o texto histórico e o texto literário e suas estratégias de figuração. "Teoria" e "Mais teoria", como os títulos indicam, propõem discussões gerais, circulam por possibilidades conceituais. A seção de abertura questiona alguns lugares-comuns da reflexão sobre o diálogo entre história e ficção e lembra que, afinal de contas, há muitos jeitos e estratégias de colocá-las lado a lado. O texto de encerramento imerge num debate mallarmaico — o da distinção entre livro e álbum — e, pelas trilhas de Roland Barthes, procura compreender uma das formas mais desafiadoras da "escrita de si", o diário.

"Diálogos" põe sempre dois ou mais textos em jogo. Em alguns casos, o diálogo é direto, resultado da leitura de um grande autor por outro grande autor. Em outros, é produzido por leituras cruzadas — por exemplo, dois argentinos e um brasileiro coincidindo na forma de escrever narrativa policial no século XXI — ou pela promoção de um encontro que não aconteceu, mas poderia ter acontecido, entre um cubano e um brasileiro que, no fim do século XIX, sonharam com a ideia de América.

"Leituras", por sua vez, reúne seis ensaios sobre autores fundamentais — dois argentinos, um mexicano, um uruguaio e um brasileiro — para quem o enredo de suas histórias nunca esteve dissociado de indagações sérias e densas sobre o ofício de escrever e de pensar outros mundos e outras vidas possíveis.

Tanto "Diálogos" como "Leituras" exploram obras, textos e escritores diversos. Há, porém, pontos em comum entre eles: Julio Cortázar, José Martí, Sousândrade, Milton Hatoum, Octavio Paz, Claudia Piñeiro, Miguel Sanches Neto, Juan Carlos Onetti e todos os demais ficcionistas citados e discutidos nesses ensaios pensaram a relação ficção-história ou apontaram caminhos para que nós pudéssemos pensá-la. Não por coincidência, são latino-americanos — resultado inevitável de meus quase quarenta anos de pesquisa em história e ficção latino-americanas. Certas referências teóricas são igualmente frequentes nos ensaios: Umberto Eco, Roland Barthes, David Lowenthal, Michel Foucault, Carlo Ginzburg, Dominick LaCapra, Italo Calvino, Georges Didi-Huberman, Reinhart Koselleck.

As presenças mais constantes — talvez obsessivas — são as de Jorge Luis Borges e Ricardo Piglia. Borges é objeto de um ensaio e Piglia, de três. Explícita ou implicitamente, eles estão em todos. Também nesse caso, poderia justificar, dizendo que estudo Borges há trinta e tantos anos e Piglia há quase vinte. Mas a verdade, verdade mesmo, é que a onipresença de Borges e Piglia vem do fato de que os leio diariamente desde a adolescência e, a rigor, leio e penso *através* deles, de suas percepções singulares da escrita da história e da ficção, de sua alucinada atração pela ficção.

É com eles que me afasto da experiência histórica para compreendê-la e para revivê-la no significado que narrativamente atribuímos a ela, tal qual lembrou T.S. Eliot em versos que Piglia gostava de citar:

Vivemos a experiência mas perdemos o significado,
E a proximidade do significado restaura a experiência

Sob forma diversa, além de qualquer significado. Como já se
[disse,
A experiência vivida e revivida no significado
Não é experiência de uma vida apenas
Mas a de muitas gerações — não esquecendo
Algo que, provavelmente, será de todo inefável:
O olhar para além da certeza
Da História documentada, a olhadela,
Por cima dos ombros, lançada ao terror primitivo.[2]

Algumas pessoas foram essenciais — na vida e na arte — para que este livro existisse. São a insustentável raiz de que falava Borges e a elas todo agradecimento é insuficiente: Ana Cecilia Olmos, Davi Arrigucci Jr., Denise Bernuzzi Sant'Anna, Francisco Murari Pires, Jorge Schwartz, Julia Bussius, Laura Hosiasson, Maria Ligia Prado, Miguel Soares Palmeira, Miriam Dolhnikoff, Miriam Gárate, Nelson Schapochnik, Stella Franco.

Agradeço ao meu muito gentil editor Emilio Fraia. A minha família tão querida: Susana, Aldo, André, Patrícia, Thiago, Felipe, Luísa, Arthur e Pedro. A João Paulo Pimenta, pelas longas conversas e pela lucidez. À Gi, por tanta coisa e tanto tempo. À Mirtes, pela amizade indestrutível. À Teresa e à Li, pela presença, pela vida.

Dedico este livro às meninas e aos meninos do Grupo de Pesquisa História e Literatura, da Faculdade de Filosofia, Letras e Ciências Humanas da Universidade de São Paulo (FFLCH-USP): na hora mais dramática da minha trajetória profissional, quando muita coisa parou de fazer sentido, elas e eles estavam lá, vibrantes, alegres, informais e solidários, competentíssimos, mostrando que a vida acadêmica merece ser vivida, que seu lado lindo sempre supera os momentos sombrios, que o afeto sempre prevalece. Vocês são sensacionais, Ana Carolina Silva, Andreya Susane Seiffert, Carolina Borges da Silva Luiz, Eduardo Ferraz Felippe, Fernanda Palo Prado, Frank Rudiger Lopes, Glener Ochiussi, Letícia Bachani Tarifa, Magno Henrique de Souza Freitas, Michelly Cristina Purz, Patrícia Guimarães de Souza, Rafael Vaz de Souza, Renato Prelorentzou, Sheila Virginia Castro, Tatiana de Aquino Mascarenhas, Thiago Arnoult Netto, Vinícius Bisterço. E a todos que frequentaram esporadicamente nossas reuniões e participaram das conversas sérias, divertidas e infinitas sobre história e ficção.

Júlio Pimentel Pinto

TEORIA

Do fingimento à imaginação moral: Diálogos entre ficção e história[*]

Para Francisco Murari Pires e João Paulo Pimenta[1]

> *Bueno, la literatura no refleja nada.*
>
> Ricardo Piglia

Comecemos com "Autopsicografia", poema de Fernando Pessoa:

O poeta é um fingidor.
Finge tão completamente
Que chega a fingir que é dor
A dor que deveras sente.

E os que leem o que escreve,
Na dor lida sentem bem,

[*] Publicado em *Tempo*, Niterói: UFF, n. 26, 2020. Todos os ensaios tiveram publicações anteriores e, com exceção de "Recolha de circunstâncias", foram revisados e ampliados para a publicação neste livro.

Não as duas que ele teve,
Mas só a que eles não têm.

E assim nas calhas da roda
Gira, a entreter a razão,
Esse comboio de corda
Que se chama o coração.[2]

O poema é bastante conhecido e citado, ocasionalmente banalizado e, talvez por tê-lo ouvido tantas vezes, é raro pararmos para lê-lo com calma, pelo menos naquilo que nos interessa de imediato: os vários lugares e as várias posições de quem se relaciona com um texto.

Há dois personagens no poema: aquele que escreve ("o poeta") e aquele que lê, significativamente tratado no plural: "os que leem". Cada um desses personagens, por sua vez, realiza dois movimentos distintos.

O primeiro deles, aquele que escreve, "deveras sente uma dor", mas a dor que ele escreve (chamemos de "a dor escrita") é diferente da dor que ele sente (a "dor sentida"): trata-se de fingimento. Ou seja, a experiência vivida, ao se tornar escrita, transforma-se, e essa transformação é fundamental porque é ela que define esse personagem: ele é um escritor — poeta — e, portanto, é um fingidor. Em outras palavras, escrever e fingir confinam-se, e a transformação do vivido em escrita (ou o encontro, ou a tensão entre eles), a passagem da "dor sentida" para a "dor escrita", é o que caracteriza o fazer do poeta.

O segundo personagem é aquele que lê o que o primeiro escreveu. Esse leitor também "sente uma dor"; sua dor, porém, é diferente daquela que o poeta sentiu (e não expressou, logo é inacessível ao leitor) e é diferente daquela que o poeta não sentiu mas, fingindo, expressou; ou seja, o leitor, ao confrontar com o texto, sente outra dor, uma terceira dor, estranha tanto à dor vivida pelo escritor como à dor por ele representada. Essa terceira dor resulta da transposição, pelo leitor, daquilo que lê para sua experiência pessoal — numa espécie de caminho de volta do representado para o vivido, embora outro vivido, por outra pessoa, em outro tempo e lugar. O leitor considera a representação feita pelo poeta como parte do mundo, marca de uma experiência talvez vivida, mas alheia, e dela se apropria, metamorfoseando-a. Em outras palavras, ele lê "de fora", distanciado, e altera, continua, desenvolve.

A segunda estrofe, que fala dos leitores, funciona como antítese da primeira, que trata do escritor. E a terceira estrofe propõe então uma espécie de síntese. Nela, o narrador localiza mais uma diferença ou tensão que ajuda a compreender as duas tensões anteriores: a da razão/irrazão. É o "comboio de corda" que "gira a entreter a razão" num movimento de aproximação e distanciamento entre experiência e escrita, entre leitura e experiência. Da vida, passa-se ao texto, do texto volta-se à vida, mas a outra vida.

Recorro ao poema para introduzir a discussão sobre os diálogos entre ficção e história e para reconhecer que: 1) o poema trata de três dores (a sentida, a escrita e a lida), essas dores diferem entre si e realizam um movimento regular em que texto e vida, significação e leitura, cumprem seus papéis; 2) o trabalho de escrita é uma experiência de referência ao real e, simultaneamente, de distanciamento e estranhamento em relação a ele; 3) o trabalho de leitura é uma tentativa de reaproximação do real, mas essa reaproximação é sempre mediada e sempre relativa, inclusive porque a leitura jamais é una, jamais é fixa.

A partir dessas constatações, é preciso analisar as muitas posições do leitor e a inevitável instabilidade da leitura; em seguida, refletir sobre os vínculos entre escrita e representação do real. O objetivo é alcançar o tema central: a relação entre ficção e história, que de forma direta ou indireta mobilizou e mobiliza historiadores — para citar alguns, Lucien Febvre, Jacques Le Goff, Hayden White, Carlo Ginzburg, Dominick LaCapra, David Lowenthal, Jacques Rancière, Georges Didi-Huberman; aqui no Brasil envolveu, entre outros, Nicolau Sevcenko e Maria Stella Bresciani, que, no decorrer dos anos 1980, mostraram, por caminhos diversos e necessários, que a historiografia não poderia ignorar a literatura.

Em 1979, Italo Calvino publicou *Se um viajante numa noite de inverno*. Um protagonista — nomeado "o Leitor" — começa a ler um romance e, no momento mais interessante, descobre que o exemplar tem páginas repetidas. Ele volta à livraria, onde conhece "a Leitora", que enfrenta problema semelhante. Começa aí uma espiral de histórias: o livro que eles leem, conforme varia o exemplar, vai mudando de autor, de língua, de trama. Ao ler um livro, na realidade leem muitos livros distintos, numa espécie de quebra-cabeça livresco em que as histórias se cruzam, misturam-se, combinam-se. O Leitor e a Leitora são levados a criar um fim para cada uma das histórias que ficam em aberto: as leitoras e os leitores assumem parte da criação e seu papel, então, se torna explicitamente ativo. Para Calvino, "a ação da leitura se torna decisiva; cabe ao leitor o papel de fazer com que a literatura explique sua força crítica e isto pode ocorrer independentemente da intenção do autor".[3]

No mesmo ano, 1979, Umberto Eco publicou *Lector in fabula*.[4] Foi uma coincidência — e já disse Borges: toda coincidência é da ordem de milagre. Calvino e Eco, embora amigos, não sabiam o que outro escrevia e os dois livros saíram quase ao mesmo tempo. O título do livro de Eco soa um pouco enigmático para o leitor não italiano, porque é trocadilho quase intraduzível: a expressão *"lupus in fabula…"*, para os italianos, é equivalente ao nosso "falando no diabo…": indica a presença ou a aparição imediata daquele de quem há pouco se falava; Eco trocou *lupus* por *lector* — talvez uma tradução para o português fosse "falando no leitor..." —, colocando a leitura no centro das atenções e reiterando um de seus temas principais: todo texto está na iminência de uma nova leitura e de outra interpretação.

O livro de Eco trata de assunto bastante parecido com o do livro de Calvino: qual é o lugar e qual é o papel do leitor? Quais são as possibilidades e os limites da interpretação? Como um texto, no momento da leitura, continua a abrir-se a novos repertórios e leva o leitor a alcançar graus diversos de compreensão? Como o leitor preenche os "espaços em branco" de um livro e insere nesses interstícios elementos que não são ditos? Como o leitor atualiza um texto, realocando-o, ressituando-o no tempo presente da leitura? E podemos prolongar a reflexão para o universo da história e dos historiadores: de que maneira lemos? Como lidamos com os diálogos e descompassos entre temporalidades? Quantas vezes lemos o passado com palavras, conceitos, tratamentos sintáticos e semânticos que não são os daquele passado que estudamos? Quantas vezes, ao depararmos com narrativas do passado que comportam aparentes incompatibilidades conceituais ou terminológicas, recorremos à acusação de anacronismo? Quantas vezes a referência ou a manifestação do presente, interposta a outras temporalidades, é o caminho possível para preencher, na leitura e na narrativa, os "espaços em branco" do passado? Não por acaso, a discussão acerca do anacronismo ocupou várias páginas de um historiador tão decisivo como Lucien Febvre; foi justamente diante de um estudo literário sobre Fançois Rabelais[5] que Febvre disparou algumas de suas mais divertidas e conhecidas ironias.[6] Embora aqui o tema, ou o risco, do anacronismo seja apenas um exemplo da presença ativa do leitor, na historiografia e no pensamento do século xx ele moveu escritos e autores fundamentais: Marc Bloch, Fernand Braudel, Paul Ricœur, Hans-Georg Gadamer e tantos outros.[7] No debate do século XXI, a discussão persiste viva, por exemplo, em Jacques Rancière — que afirma que "é a própria ideia do anacronismo como um erro em relação ao tempo que precisa ser desconstruída" —,[8] Nicole Loraux e Julio Premat[9] ou em Georges Didi-Huberman, que realiza, em alguns de seus escritos, uma vigorosa defesa do anacronismo, chegando, inclusive, a constatar sua necessidade e inevitabilidade:

> Este é o paradoxo: dizemos que fazer história é não cometer anacronismos; mas também dizemos que só é possível voltar ao passado com o presente de nossos atos de conhecimento. Reconhecemos, então, que fazer história é cometer pelo menos um anacronismo. [...] O anacronismo não é a única maneira possível de dar conta, no saber histórico, dos anacronismos da história real?[10]

Didi-Huberman assume, através de Bloch, o reconhecimento de que "o presente do historiador" participa de modo ativo da "construção do objeto passado" e que "o objeto das disciplinas históricas *não é exatamente o passado*".[11] Em seguida, caracteriza o ofício historiográfico como uma arte da desmontagem e da remontagem do tempo, orientada por anacronismos inevitáveis e fecundos, promovidos pelas leituras deslocadas que se esforçam por estabelecer, em relação ao passado, cronologias e regularidades, formas de estruturação que inexistiam quando aquele tempo foi vivido. Leituras que oferecem significados para o passado — com frequência fingindo que tais significados eram intrínsecos ao referente — e, dessa forma, fazem que o tempo estudado prossiga no presente, transforme-se pelo presente.

A preocupação com uma leitura ativa e (re)criadora, possivelmente anacrônica, não é exclusiva da historiografia, nem nasceu na ficção com Calvino ou Eco; já estava presente em pelo menos dois autores que ambos os escritores italianos adoravam:

Pessoa e Borges; a "Autopsicografia", como vimos, é exemplo claro. Em Borges, a discussão aparece, entre outras passagens, no que talvez seja seu texto mais conhecido: um ensaio falso dos anos 1940 que trata de um escritor — Pierre Menard — que resolveu escrever o *Quixote* em pleno século xx; não outro *Quixote* ou uma versão do *Quixote*, mas *o Quixote*, linha a linha, palavra a palavra igual ao de Cervantes. Sua dificuldade, porém, era imensa: o que significa, para um autor do século xx, reproduzir os termos de um livro do início do século xvii? Menard — explica Borges — esforçou-se: aprendeu bem o espanhol, recuperou a fé católica, tentou guerrear contra os mouros e esquecer a história da Europa posterior a 1605: ele queria ser Cervantes e, para tanto, era necessário esquecer o futuro do passado. Mas seu trabalho era complexo demais: imaginem, prossegue Borges, um sujeito afirmar, em pleno século xx, tal qual se faz no *Quixote* de Cervantes, que a história é "a Mãe da Verdade"? Para Cervantes, no xvii, a frase era um elogio retórico da história; para Menard, no xx, seria a constatação de que a história é a origem, é a mãe do que aconteceu, a explicação e o motivo de tudo, a razão irreversível, e de que sua verdade impõe-se como absoluta e irredutível. Muito mais profundo, muito mais complexo, denso e temerário que Cervantes… Como um historiador reagiria a tal afirmação? Como sustentá-la em tempos tão frementes quanto os do xx? Menard, na verdade, mais do que um reescritor do Quixote-livro, é um leitor; um leitor que, da mesma maneira que o Quixote-personagem, acredita de forma pia e apaixonada no que lê e, com o comboio de corda a lhe entreter a razão, tenta transpor o texto para a vida, e para o presente.[12]

Voltemos ao centro da questão: antes de sermos historiadores, pesquisadores, ficcionistas ou críticos, somos leitores, prioritariamente leitores; logo, precisamos reconhecer a instabilidade da nossa posição, a distância que mantemos (a despeito ou de acordo com a vontade de cada um) em relação ao texto com que defrontamos e ao que ele narra, em relação às verdades possíveis que cada texto nos oferece. Todo leitor enfrenta esse dilema, mas também é preciso diferenciar a variada atitude que esse leitor assume em face dos diversos tipos de narrativa que frequenta. E esse é o momento de relembrar que as duas narrativas que aqui nos interessam, a historiográfica e a literária, têm compromissos distintos. Como Hayden White enfatiza — defensivamente, diga-se de passagem — em *Trópicos do discurso*,[13] a percepção de Aristóteles continua válida: à diferença do ficcionista, o historiador é regulado pelo que aconteceu. O compromisso do ficcionista é com a imaginação: ele pode inventar uma versão alucinada da vida nos engenhos ou da Guerra do Paraguai, pode criar uma trama incrivelmente rocambolesca sobre o suicídio de Vargas, sobre a Guerra de Canudos, sobre o assassinato de Kennedy ou sobre o funesto regime cívico-militar brasileiro. Já o compromisso do texto historiográfico é com uma verdade — que não é absoluta, plena ou pura, mas é a verdade possível, que podemos adjetivar ou metaforizar de muitas maneiras: "verdade relativa", "verdade provisória", "verdade comunicativa", "verdade tangível", "linha do horizonte". Ao leitor cabe reconhecer esses códigos e distintos compromissos e trabalhar conforme a lógica e a dinâmica da escrita que cada um deles orienta. Inclusive porque o leitor não é submisso aos protocolos de leitura que o texto tenta lhe impor; ele não é, repitamos, um personagem passivo — Eco já sugeriu, cinco décadas atrás, que toda obra tende a ser "aberta" ou "móvel", e os fragmentos citados de Pessoa, Calvino ou do próprio Eco reiteram: o leitor prossegue o texto, o recria, reorienta seus elementos; lê a dor que bem entende, sempre distinta da sentida ou escrita pelo poeta. O leitor tampouco é estático: a cada momento, lemos de uma forma e a partir de uma posição diferente. Jamais lemos só um texto: ao lê-lo, percorremos, na expressão feliz de Reinhart

Koselleck, "múltiplos estratos do tempo",[14] estabelecemos contínuas relações, diretas ou indiretas, do texto que estamos lendo com outros textos que já lemos, de que ouvimos falar, ou com situações e experiências que vivemos, num processo que inclui partes conscientes e partes inconscientes.

Diante de tamanhas variações no trabalho de leitura, como um historiador pode aproximar-se do texto ficcional? Que riscos é importante evitar ou contornar? Na encruzilhada da história com a ficção, como ler o passado, tratar a verdade, vislumbrar o momento em que ela relampeja, perscrutar seu itinerário, penetrar surdamente em seu reino? É curioso notar que o mesmo historiador que é capaz de questionar à exaustão um documento, sondar incontáveis elementos ligados ao tempo de sua produção, às circunstâncias e aos mecanismos dessa produção; o mesmo historiador que é capaz de ler tanto o que o documento diz como o que ele silencia e que extrai, dessa relação complexa, traços que o ajudem a compreender uma experiência vivida anos, décadas ou séculos antes; o mesmo historiador que jamais acredita de forma cega no que o documento afirma textualmente — pois esse mesmo historiador, diante de um texto ficcional, às vezes esquece de mobilizar todo seu aparato analítico e interpretativo, logo crítico, e age com certa ingenuidade, buscando, na literatura, informações e revelações sobre o autor ou o período em que se desenrola a trama ficcional. Como evitar tal perigo? E aqui, ultrapassada a questão da leitura, passamos à segunda questão: a da representação do real na escrita (sobretudo na escrita de ficção).

Em primeiro lugar, é bom nos acautelarmos diante de certas metáforas enganosas: por exemplo, a de que o texto historiográfico ou literário "reflete" ou "espelha" o "contexto" vivido pelo autor ou em que a história se desenvolve.

Também tomemos cuidado com a suposição de que o texto ficcional necessariamente revele as posições e opiniões pessoais — políticas, estéticas, ideológicas, morais, etc. — do autor. Pode até ocorrer, mas para que tal hipótese seja confirmada dependemos, entre outros fatores, de uma identificação plena entre autor e narrador, o que não pode ser assegurado nem por uma autobiografia nem em diários — e aqui deparamos com uma diferença categórica em relação ao texto historiográfico, que tende a expor com muito mais vigor, e inevitavelmente, o posicionamento do historiador que o escreveu.

"Refletir" e "espelhar" são metáforas que sugerem que a razão, a "luz", assegura-nos acesso à realidade — só há reflexo e espelhamento se houver luminosidade. Falar em "reflexo" e "espelho" também nos leva a acreditar que é possível ultrapassar todas as mediações e as refrações, os desvios da luz, e enxergar exatamente o que ocorreu num dado tempo e lugar, como se houvesse motivos e significados próprios do referente — a experiência passada — e que o trabalho de pesquisar e escrever sobre ele equivalesse à localização e à "revelação" (outra metáfora da razão explicadora) do que antes estava "encoberto", "sombreado". Em outras palavras, provoca a ilusão de que o texto oferece, sem mistificações, a "dor sentida" por todo poeta.

Existe, ainda, um outro risco: a que aludimos quando falamos em "contexto", palavra bastante empregada (e raras vezes questionada), e não só por historiadores? Se a verdade do historiador não é pura, absoluta nem definitiva, "contexto" não pode ser a experiência diretamente vivida, a realidade incontornável, a dor sentida de verdade. Se nem o "contexto" que vivemos no presente é captável em sua totalidade, como controlar o passado, que, como lembrou David Lowenthal, "está em toda parte", mas é "uma terra estrangeira"?[15] Seja para compreendermos o presente, seja para compreendermos o passado — e guardadas as óbvias diferenças do esforço e do diverso trabalho de representação de cada temporalidade presente no texto e em seus objetos —, construímos representações do vivido que se pretendem abrangentes, capazes de reunir elementos suficientes e de compor uma noção de conjunto. Ou seja, o "contexto" é, também ele, construído no texto historiográfico, literário, sociológico etc. Não pode, portanto, operar como garantia de verdade por trás do enredo ficcional, nem atuar como balizador da precisão da representação imaginativa.[16] Da mesma maneira, não "reflete" ou "espelha" o que foi vivido, independentemente do compromisso que o texto ostente. O texto dialoga (e o leitor incorpora-se a esse diálogo e o desenvolve) com o passado e o representa conforme suas convenções, enquanto o real continua sendo apenas um retrato na parede. E as dores vividas, expressas e lidas prosseguem paralelas.

O trabalho de ficção, por seu lado, é singular, pois por princípio se dedica a estetizar o real. Stendhal, num texto de 1822, inclusive ironizou de forma divertida a metáfora do espelho, reorientando-a, e comparou a ficção a um espelho que se move ao longo de uma estrada: "um espelho que alguém carrega, e que reflete a realidade comezinha a cercar esse alguém, uma realidade muito específica que a esse indivíduo acomete".[17] Peter Gay, em obra bastante posterior, completou: é um espelho que se move ao longo de uma rodovia e que, sobretudo, distorce.[18]

O que estava em jogo para Stendhal e para Gay, no caso, era o romance do século XIX, que, com seu empenho na constituição de um realismo histórico, buscou, como lembra Julián Fuks,

> assimilar o real [...], chegar ao âmago da realidade através de sua representação mais expressiva ou exata. Ir além de sua imitação, ir além de uma mera cópia: tornar-se a inscrição pura, imediata, imanente do mundo, e mesmo superior a ele, por revelar a estrutura que nele se esconde.[19]

Não por acaso, como já notou Ian Watt,[20] a ascensão do romance, a partir do século XVIII, correspondeu à ascensão do realismo e gerou projetos ambiciosos, como os de Honoré de Balzac ou Liev Tolstói, que equipararam a ficção a uma "história privada das nações" e pretendiam ser historiadores de seu século — e não vamos discutir, aqui, o que entendiam por historiador —, por serem capazes de "expor" o funcionamento real e inteiro da sociedade e, mais ainda, interferir na realidade. Seus romances eram recheados, lembra Franco Moretti,[21] de objetos concretos, que compunham os indícios de realidade, ampliavam o "efeito de real"[22] e asseguravam o vínculo, digamos, da "dor escrita" com a "dor sentida". Ambos assumiam e reproduziam uma dimensão "utilitária" da ficção (a mesma que Jean-Paul Sartre, um século depois, reiteraria, e que Theodor W. Adorno, em nome da autonomia da arte, rejeitaria): o romance deveria ser um instrumento cirúrgico capaz de dissecar a realidade e expor a experiência. O projeto, porém, era limitado, destaca Erich Auerbach: "o realismo moderno sério não pode representar o homem senão engastado numa realidade político-socioeconômica concreta e em constante evolução", para em seguida observar que "o realismo precisa ser adjetivado" — nenhum realismo é isento de uma caracterização que o especifique e elimine o sentido de plenitude, nenhuma obra se refere a um "contexto": ela remete a uma experiência histórica ampla e pouco ou nada apreensível em sua completude.[23] Ou seja, "contexto" — palavra que nós, historiadores, tanto empregamos — indica um momento específico, um quadro específico e, mais significativo e limitador, deriva de posição e perspectiva particulares: é expressão, portanto, que contém as marcas do subjetivo e do efêmero, é construção histórica e textual voltada a produzir um "efeito do vivido" — feliz expressão adotada por François Dosse[24] para propor um equivalente historiográfico ao "efeito de real" barthesiano. Ou, como ressaltou Gustave Flaubert ainda no XIX, ao apontar a agonia do romance como forma, o que se pretendia universal era, na verdade, uma sensibilidade singular, criada num tempo e por um olhar, tempo e olhar específicos.[25]

Para os objetivos deste ensaio — pensar a relação entre ficção e história e o trabalho com a literatura na historiografia —, é importante ultrapassar a marca do grande romance do XIX e evitar a associação direta e, embora atraente, impertinente, entre ficção e realidade. O problema, porém, é: a que ponto chegamos? Sem espelhamento ou reflexo, e com a ideia de contexto problematizada, teríamos atestado a impossibilidade do recurso à ficção por historiadores? Certamente não. A aproximação entre ficção e história reafirma, inclusive com a percepção das distintas fundações e o diverso compromisso das duas narrativas, mais um caminho possível e instigante para a historiografia, daí a necessidade de entender a relação e o diálogo entre ficção e história de uma forma mais mediada, mais marcada por limites, tensões e possibilidades, reafirmando a sentença de Reinhart Koselleck de que "a teoria da história é sobretudo a teoria das condições de possibilidade da história".[26]

Sartre, num livro quase tão grandioso quanto a obra que estuda, observou que, apesar de Flaubert criticar tão duramente a utopia realística do grande romance histórico do XIX, ele não se mantinha de todo alheio ao mundo que o cercava; também se esforçava por "compreender o mundo ao seu redor, em captá-lo pela minúcia da linguagem, em alcançar sua inalcançável verdade".[27] "Alcançar o inalcançável" é paradoxo apenas na aparência. Para Sartre, a especificidade de Flaubert estava no fato de que ele operava pela exceção e, a partir dela, atingia todo o panorama. Flaubert falava de personagens algo singulares, de irrealidades que continham e podiam insinuar traços sutis do tempo para concluir que, no detalhe e no alusivo, às vezes arduamente perceptível, pode estar o mundo.

Jacques Rancière, em *O fio perdido*,[28] também revisita Flaubert para investigar a imensa atenção de sua prosa ao que pode parecer insignificante, banal ou frívolo — numa espécie de distorção da escala de importância dos objetos —, mas que age decisivamente para desenredar o hieróglifo do passado. Borges, ao criar a representação do Aleph, esfera que concentra todos os tempos e lugares, de forma caótica e desordenada, repleta de pequenas informações na aparência inúteis, talvez pensasse em algo parecido.[29] Assim como David Lowenthal, em seu estudo instigante sobre as relíquias, aponta para uma discussão semelhante e oferece uma nova estratégia de pensar — e possuir — o passado a partir de fragmentos frágeis e dissociados, mas sinais discretos, capazes de proporcionar consciência do passado e, a partir disso, favorecer sua significação discursiva.[30] O mesmo Lowenthal já havia observado, no citado *The Past Is a Foreign Country*, que, "como o passado parece afastar-se de nós, procuramos reevocá-lo novamente multiplicando a parafernália sobre ele — lembranças, mementos, romances históricos, velhas fotos".[31]

Os recursos e procedimentos dos historiadores na investigação do passado encontram claro paralelo na forma como críticos literários e ficcionistas caracterizam seu ofício e seus esforços. George Steiner, por exemplo, em *Gramáticas da criação*,[32] observa que Fiódor Dostoiévski levou ao extremo esse recurso à miudeza, à singularidade e à distorção, ao apresentar narradores que mentem, são mesquinhos, doentes, maus, muitas vezes inconscientes ou temerosos da consciência, como o protagonista de *Memórias do subsolo*, quando afirma que: "Qualquer consciência é uma doença", para depois arrematar: "Eu sou sozinho, e eles são todos". No peculiar e no contrastante, no diferente e no marginal, enxerga-se o negativo da sociedade. Philip Roth, por sua vez, justifica sua precoce autobiografia (em carta ao personagem central de vários de seus romances) e delineia os contornos irregulares da verdade ao afirmar que ficção "transfigura", é "máscara", "disfarce", "distorção" e "mentira"; que a ficção pretende "chicotear os fatos para tornar a vida real mais instigante. Remoer a experiência, embelezar a experiência, rearrumar e expandir a experiência numa espécie de mitologia".[33] Jacques Rancière vai mais longe e identifica uma conexão irreversível entre verdades e mentiras; enfatiza o caráter revelador da ficção e a trata como uma "identidade dos opostos", única capaz de representar a verdade que, de outro modo, permaneceria velada.[34]

A mesma associação entre ficção e mentira, e sua importância para a compreensão do passado, também aparece num trecho vaidoso e enfático de Mario Vargas Llosa:

> Os homens não vivem só de verdades; também sentem falta das mentiras: das que inventam livremente, não das que lhes são impostas; das que se apresentam como o que são, não das contrabandeadas sob a roupagem da história. [...] Dessa liberdade [de mentir] nascem outras. Esses refúgios privados, as verdades subjetivas da literatura, conferem à verdade histórica, que é seu complemento, uma existência possível e uma função própria: resgatar uma parte importante — e apenas uma parte — da nossa memória: aquelas grandezas e misérias que dividimos com os outros na nossa condição de seres gregários. Essa verdade histórica é indispensável e insubstituível para que saibamos o que fomos e, talvez, o que seremos como coletividade humana. Mas o que somos como indivíduos e o que quisemos ser e não o pudemos ser de verdade, e só conseguimos sê-lo, portanto, ao fantasiarmos e inventarmos — nossa história secreta —, apenas a literatura sabe contar.[35]

É possível prolongar a discussão sobre a "mentira da literatura" e a "verdade da história" — e ao mesmo tempo atenuar o privilégio que Vargas Llosa confere à ficção — lembrando a observação de Antonio Tabucchi: "a mentira tem, de qualquer forma, uma certa utilidade: serve para definir os confins da verdade".[36] Resta-nos, no entanto, a questão: como relacionar todos esses enganos, essas mentiras ficcionais, à verdade (relativa, comunicativa, provisória, tangível etc.) que pretende a história? Didi-Huberman — historiador da arte que insiste que não deve haver privilégio da imagem sobre a linguagem — aproxima a literatura de ficção das artes visuais e reconhece em ambas a possibilidade de não estabelecer uma relação conformista com o passado e de lê-lo de forma criativa para, de forma benjaminiana, aumentar a visibilidade dos tempos, tornar possível ler o tempo da história: ler o que nunca foi escrito, seja a partir dos detalhes, seja por meio da combinação criteriosa entre verdades e mentiras.[37]

Também na crítica literária o debate acerca da força da leitura e da especulação sobre a experiência vivida ganhou força, conforme atesta Julián Fuks:

> Como estetização do real, cada romance devolve ao mundo não apenas sua imagem distorcida, mas também uma especulação empírica sobre o real e sobre a escrita: uma específica proposta estética em que escrita e real não são coisas diversas.[38]

Ou seja, a literatura pode ser, sim, um sismógrafo acurado, inclusive para a história: graças à sua liberdade criativa e ao amplo aparato de recursos estéticos e de linguagem, ela pode perceber com agilidade o que outras narrativas demoram mais a notar. Resta, entretanto, que nós, historiadores-leitores, jamais ignoremos a dimensão estética da ficção; que jamais desconsideremos o trabalho em si da escrita: se a ficção tem algo a nos dizer sobre o passado, isso deve ser buscado menos em seu caráter de suposto revelador imediato de um contexto, menos nas informações "históricas" que o texto literário nos oferece — e que, evidentemente, não são dignas de confiança plena — e mais em elementos discretos ou associados ao trabalho em si de construção de texto, ao contexto cognitivo — e aqui o adjetivo reinventa o substantivo — que o permitiu.

A ficção, afinal, persiste sendo o que Eco descreve como um "bosque", em meio ao qual é preciso achar caminhos:

> "Bosque" é uma metáfora para o texto narrativo. [...] Há bosques como Dublin, onde em lugar de Chapeuzinho Vermelho podemos encontrar Molly Bloom, e bosques como Casablanca, no qual podemos encontrar Ilsa Lund ou Rick Blaine. Usando uma metáfora criada por Jorge Luis Borges [...], um bosque é um jardim de caminhos que se bifurcam. Mesmo quando não existem num bosque trilhas bem definidas, todos podem traçar sua própria trilha, decidindo ir para a esquerda ou para a direita de determinada árvore e, a cada árvore que encontrar, optando por esta ou aquela direção. Num texto narrativo, o leitor é obrigado a optar o tempo todo.[39]

Se Jacques Le Goff pôde afirmar mais de uma vez que decidiu ser historiador após ler *Ivanhoé*, de Walter Scott,[40] Carlo Ginzburg nos dá outra pista:

> Anos atrás, fui entrevistado por meu amigo Adriano Sofri, que me perguntou sobre o conselho que daria aos jovens historiadores. Leiam romances, respondi. Naquela época esse me parecia o modo de fazer que desenvolvessem o que chamo de imaginação moral, ou seja, aquilo que nos permite fazer conjecturas sobre os seres humanos, algo que está envolvido em todas as interações sociais. Ora, essas conjecturas se baseiam, no meu entender, no que aprendemos

sobre os seres humanos, e muito disso depende do que lemos, desde contos de fadas a romances contemporâneos. A leitura nos descortina toda uma gama de possibilidades humanas e, se tivermos tido a sorte de ler, por exemplo, *Crime e castigo* de Dostoiévski, a figura de Raskólhnikov estará sempre afetando nosso modo de encarar a humanidade. Hoje, no entanto, hesitaria em dar tal conselho, pois detestaria ser confundido indevidamente com aqueles que alimentam a moda atual de se borrar a distinção entre história e ficção. Evidentemente, ainda acredito na leitura de romances, mas acrescento o seguinte alerta: leiam romances, mas saibam que história e ficção são gêneros distintos que apresentam desafios um ao outro.[41]

Quando deu essa entrevista, Ginzburg continuava envolto em sua interminável polêmica com Hayden White. E, mais importante do que isso, acabara de escrever *Olhos de madeira*, livro dedicado a pensar a "distância" — inclusive a proporcionada pelos anacronismos antes mencionados — ou o "estranhamento" que, desde o título, capta a perplexidade de Geppetto diante dos olhos ainda sem vida, mas já inquietantes, posto que estranhos, de Pinocchio. Ginzburg se pergunta: qual é o sentido do estranhamento? E, em linha geral, responde que se pode recorrer ao distante para compreender o que é próximo, para dizer coisas que de outra forma não seriam ditas; que há um lugar para o estranhamento, e esse é o lugar dos "estrangeiros" (ou "estranhos"), dos marginais (tanto na acepção inicial: os que estão fora do centro, à margem, como na acepção assumida: os que ameaçam e desafiam), aqueles que podem, de fora, explicar o que os que estão dentro não conseguem ver e entender. Esse estranhamento não consiste apenas em técnica (como foi para os formalistas russos), mas em estratégia compreensiva, interpretação: "No interior dessa tradição, o estranhamento é um meio para superar as aparências e alcançar uma compreensão mais profunda da realidade".[42]

Perante a história, a ficção é inevitavelmente uma estranha e seu olhar é marginal: ela "pinta ao revés" — metáfora que Ginzburg colhe de Marcel Proust (a pintura de Elstir, amigo do narrador de *Em busca do tempo perdido*) —, e esse é seu jeito de criar, para si, uma condição deslocada, que permita enxergar as coisas por um prisma marginal:

Elstir tinha se esforçado, diz Proust, "para expor as coisas não como ele sabia que eram…", uma observação ligada à sua costumeira depreciação da inteligência, à sua insistência quanto ao primado da experiência vivida sobre as fórmulas pré-constituídas, os hábitos rígidos, o "saber".[43]

Em outros termos, Elstir — e depois dele, Proust, e depois dele, Ginzburg, e talvez nós — reconhece que "o comboio de corda que se chama o coração" continua "a entreter a razão", e é preciso considerá-lo. A "pintura ao revés" tem, por isso, sentido essencialmente cognitivo: pinta-se fora da expectativa para entender o que acontece; recusa-se o mimetismo na representação, confirma-se a rejeição do realismo "não adjetivado" do grande romance histórico do XIX, altera-se arbitrariamente a representação para provocar o estranhamento e atingir uma perspectiva antes insuspeita, para "alcançar o inalcançável":

Parece-me que o estranhamento é um antídoto eficaz contra um risco a que todos nós estamos expostos: o de banalizar a realidade (inclusive nós mesmos) […]. Proust […] queria sugerir que tanto os historiadores como os romancistas (ou os pintores) estão irmanados num fim cognitivo.[44]

Ao salientar as implicações cognitivas do estranhamento, Ginzburg recorre a Proust para descartar a tradição de naturalização da história, o reconhecimento de "contextos" estáticos, e para celebrar o trabalho interpretativo, que muitas vezes deriva ou se opera mais profundamente a partir de uma mentira, a da ficção, ou de um fingimento, e não de uma suposta verdade, construída social e textualmente. Em entrevista a Maria Lúcia Pallares-Burke, Ginzburg associa distância, estranhamento, inquietude à "imaginação moral", que ele traduz como "capacidade de fazer conjecturas sobre o ser humano". Atualiza, assim, seguindo uma trilha já percorrida por T.S. Eliot e William Faulkner, a noção que surgiu com Edmund Burke no estertor do século XVIII: para Burke, "imaginação moral" era, nos termos de Russell Kirk, a "capacidade de percepção ética que transpõe as barreiras da experiência privada e dos acontecimentos do momento [...] especialmente [...] as formas dessa capacidade praticadas na poesia e na arte".[45] "Imaginação moral" como reintegração do particular no todo — um retorno ao mundo, que então se transformara —, como tensão entre razão e irrazão, entre "imaginação idílica" e "imaginação diabólica".

Trata-se, portanto, de uma imaginação moral que indica um lugar de leitura e um esforço de compreensão mais profunda da subjetividade contemporânea; que encoraja a especulação e acentua o senso imaginativo acerca dos sujeitos históricos. Essa imaginação moral, já enfatizaram Lionel Trilling e Gertrude Himmelfarb,[46] jamais se confunde com qualquer tipo de moralismo, tampouco com concepções absolutas ou religiosas, mas com a indagação imaginativa acerca das possibilidades, da variedade e da complexidade de todo trabalho de representação e de todo sujeito. Não por acaso, Ricardo Piglia constata: "de todos os signos da linguagem, o Eu é o mais difícil de controlar, o último que a criança adquire e o primeiro que o afásico perde. A meio caminho entre ambos, o escritor adquiriu o hábito de falar de si mesmo como se falasse do outro".[47] No segundo volume de *Os diários de Emilio*

Renzi — obra de um autor que gostava de dizer que se graduou em história para melhor compreender a ficção —, Piglia recorre à mesma metáfora do revés para relacionar experiência histórica e literatura: "Nunca me preocupou a ideia de que a literatura nos afastasse da experiência, porque, para mim, as coisas acontecem ao revés: a literatura constrói a experiência".[48] Valoriza, dessa maneira, a necessidade de, por meio da ficção, pensar o passado para compreender o presente; teoriza sobre a história para alcançar, novamente nos termos de Koselleck, uma "teoria das possibilidades da história",[49] age para sobreviver no presente e acreditar em algum futuro.

Ginzburg, ainda na entrevista a Pallares-Burke, reforça justamente essa capacidade de restaurar a experiência por meio de sua (re)significação e a partir do diálogo entre olhares e perspectivas diversas, da percepção aguda do outro, da proliferação de sujeitos e da transição do indivíduo, ou do específico, para o coletivo e para o plural. Realiza, assim, algo que para o propósito deste ensaio é essencial: ao aludir ao confronto categórico entre o olhar centrado e o olhar excêntrico, alarga a compreensão do espaço da ficção na história, indica — talvez inadvertidamente — o sentido de desmontagem e remontagem do tempo como procedimentos principais do historiador (e, vale dizer, do ficcionista).

Rancière, no mesmo *O fio perdido*, avança, destacando a dimensão política do ato de ler e configurando uma "política da ficção":

> Eu posicionarei, então, a política da ficção não ao lado do que ela representa, mas ao lado do que ela realiza: as sinalizações que ela constrói, as populações que ela convoca, as relações de inclusão ou exclusão que ela institui, as fronteiras que ela traça ou apaga entre a percepção e a ação, entre os estados de coisas e os movimentos do pensamento; as relações que ela estabelece ou suspende entre

as situações e as significações, entre as coexistências ou sucessões temporais e as cadeias de causalidade.[50]

Ao enfatizar as "realizações" da ficção, Rancière cria uma ligação — o "fio" —, uma zona de passagem, ou de transição, entre ficção e história, inclusive porque, como notou Lowenthal:

O que hoje conhecemos como "passado" não é o que alguém experimentou como "presente". Em alguns aspectos, nós conhecemos esse passado melhor do que aqueles que o viveram. [...] Tanto a estrutura como o conteúdo da ficção contemporânea reorganizam substancialmente o passado.[51]

No entanto, e nunca é desnecessário reiterar, as "formas da ficção" dialogam com as da história e, apesar das muitas aproximações possíveis — por exemplo, por White, em seu esforço de identificar bases discursivas e efeitos comuns à história e à ficção —,[52] delas se distinguem: não são idênticas, não respeitam os mesmos compromissos e não desembocam nos mesmos resultados. Historiadores e ficcionistas, prossegue Lowenthal, tampouco devem enganar-se quanto às possibilidades e aos limites de sua representação do vivido:

A diferença entre história e ficção está mais no objetivo do que no conteúdo. Independentemente dos mecanismos retóricos de que o historiador disponha, os objetivos de seu ofício vedam-lhe inventar ou excluir algo que afete suas conclusões; ao se definir historiador, e história a seu ofício, ele opta por que ela seja julgada pela precisão, consistência interna e congruência com os registros remanescentes. E, para tornar sua narrativa mais inteligível, ele não ousa inventar um personagem, atribuir traços desconhecidos ou incidentais aos personagens verdadeiros ou ignorar aquelas marcas incompatíveis, porque não poderia esconder tais invenções de quem tem acesso aos registros públicos, e nem sustentá-las, se expostas.[53]

Retornemos a Proust e a Elstir para concluir: a ficção pode, sim, representar a história "ao revés", ampliando, para nós, leitores--historiadores, a dimensão do trabalho crítico, promovendo a "imaginação moral".

No emocionante final do primeiro volume de *Os diários de Emilio Renzi* — livro repleto de verdades e mentiras, acessíveis aos mais diversos leitores e todo escrito no fio da lâmina entre a ficção, a memória e a história —, Ricardo Piglia expõe um Emilio Renzi — seu personagem, seu alter ego, seu duplo — ainda elíptico, mesmo em meio à doença paralisante que mataria tragicamente o próprio Piglia:

> [Renzi] retomou a oração que tinha deixado em suspenso, suspensa, como um trapezista que espera, alucinado, o sinal de seu parceiro para então se arremessar no ar e sem rede num duplo salto mortal que culmina quando apanha as mãos de seu ajudante que o espera, suspenso no alto, e se segura nele, como se diz, no ar. Isso que é narrar, disse em seguida, arremessar-se no vazio e acreditar que algum leitor vai segurá-lo no ar.[54]

Em meio ao bosque, ao revés, suspenso no ar. Pela ficção, nós, historiadores, oferecemos a mão a esse trapezista. Suspensos e seguros no ar com ele, revisitamos o passado e, também fingidores, escrevemos história, significamos o tempo vivido.

Se a ficção de fato for um sismógrafo acurado e instigar a imaginação e a capacidade em ampliar a consciência do passado, de si e do outro, em explorar os estratos plurais do tempo, lê-la e estudá-la em diálogo com a história nos ajuda a concordar com Paulinho da Viola: "quando penso no futuro, não esqueço meu passado".

DIÁLOGOS

Cortázar, leitor de Poe[*]

As realidades do mundo me afetavam como visões, e somente como visões, enquanto as loucas ideias da terra dos sonhos tornavam-se, por sua vez, não o estofo de minha existência cotidiana, mas, na realidade, a própria existência em si, completa e unicamente.

Edgar Allan Poe, "Berenice"

Num texto publicado em 1956, Julio Cortázar nos oferece uma pista importante para a leitura de sua obra — inclusive a futura:

Há em nós uma presença obscura de Poe, uma latência de Poe. Todos nós, em algum lugar de nossa pessoa, somos ele, e ele foi um dos grandes porta-vozes do homem, aquele que anuncia o

[*] Publicado em Embaixada da Argentina no Brasil (Org.), *Os territórios de Cortázar no Brasil*. Brasília: UnB, 2015.

seu tempo noite adentro. Por isso sua obra, atingindo dimensões extratemporais, as dimensões da natureza profunda do homem sem disfarces, é tão profundamente temporal a ponto de viver num contínuo presente, tanto nas vitrinas das livrarias como nas imagens dos pesadelos, na maldade humana e também na busca de certos ideais e de certos sonhos.[1]

A "presença obscura de Poe" — *uma latência* — ultrapassa limites espaciais e temporais. Invade o texto, move parte importante de sua imaginação, insinua temas e procedimentos recorrentes em Cortázar, como a figuração do monstruoso, a anormalidade injetada no cotidiano, os pesadelos diurnos e noturnos, a paixão pelo enigma e pelo mistério, a defesa do conto como estratégia de dominação do leitor, o extremo rigor das tramas e de seu desenvolvimento, a intensidade do fato narrado, a economia de recursos, alguma brutalidade, "a originalidade do efeito literário sobre a originalidade puramente temática",[2] os personagens simultaneamente orgulhosos e fracos, tantas vezes fronteiriços.

O narrador de "Texto de una libreta", incluído em *Queremos tanto a Glenda* (1980),[3] é um desses personagens da fronteira. Logo no princípio do conto, ele expõe as linhas gerais de um enigma: cálculos realizados numa das linhas do metrô de Buenos Aires — justamente a que corre sob a avenida de Mayo — indicaram disparidade entre o número de pessoas que ingressaram nos subterrâneos e o número que de lá saiu. O narrador identifica, ainda, a autoridade competente, responsável pela averiguação, e atesta que o levantamento foi criterioso, embora limitado pelos recursos intelectuais da polícia.

Em Poe, as investigações oficiais nunca atendem às exigências profundas impostas pelos grandes mistérios, e aqui não é diferente: a explicação final, que atribui os desvios na contagem de passageiros a algum erro de cálculo ou à supostamente científica e algo mística teoria do "desgaste atômico nas grandes multidões",[4] satisfaz a muitos, mas não a todos — não satisfaz sobretudo ao narrador, que, atraído pelo mistério, assume o papel de detetive amador.

Tal qual um detetive de ficção, ele realiza sucessivos movimentos de investigação — descidas ao mundo subterrâneo — e acumula pistas e indícios. A princípio, é movido por vontades, impressões ou sensações difusas, pela percepção intuitiva, "irracional", de que alguns dos frequentadores do metrô diferiam dos outros pela atitude: literalmente não pareciam passageiros, não estariam ali apenas de passagem. Juntamente com isso, o narrador compõe a radiografia, de inspiração poeana, do fenômeno metropolitano: movimento intenso e vertigem dos sentidos, nomadismo, anonimato e despersonalização, analogias entre gente e gado; espaço urbano como incerteza, cifrado e significado diversamente por aqueles que nele circulam e dele se apropriam. A cidade grande é hábitat preferencial dos mistérios, e seus meandros acentuam o contraste entre as luzes da razão planejadora da urbe e as sombras — a obscuridade da irracionalidade que a atravessa. O metrô, concebido como alternativa lúcida e organizadora da metrópole, simboliza o paradoxo: situado na profundeza, num mundo deslocado e carente de luz (logo, metaforicamente, também carente de razão), traz a marca do desconhecido e do misterioso:

> [...] um Hades cheio de forjas, desvios, depósitos de materiais e estranhas bilheterias com vidros enegrecidos. Essa espécie de Niebeland que se entrevê por poucos segundos enquanto o trem nos sacode quase brutalmente nas curvas de acesso à estação que tanto brilha, em contraste.[5]

Aos poucos, a disposição investigadora ganha solidez e regularidade, e o narrador desce "de verdade e não apenas para tomar o metrô"—[6] nenhuma expressão é casual num conto de Poe ou de Cortázar e "de verdade" ("*de veras*") tem óbvio significado duplo: "de fato" e na busca da verdade. As primeiras, imprecisas e vagas impressões cedem lugar à observação arguta e ao raciocínio vigoroso, ao método indiciário e à definição de etapas e questões essenciais — que, no caso, são básicas e sucessivamente quatro: como vivem os habitantes desse universo paralelo, quais são suas regras, como eles se organizam e quais são seus móveis e suas estratégias. O narrador, detetive improvisado, age solitariamente, embora tenha auxílio indireto do inspetor de polícia, e percebe os cuidados a serem tomados na investigação: "Só pude agir periféricamente, descobrindo um a um os mecanismos imediatos da vida vegetativa, do comportamento exterior".[7] Conforme avança na empreitada, equipara a construção da verdade a um mosaico delicado,[8] em que cada peça deve assumir a devida posição: do raciocínio lógico que as une é que resulta a solução do mistério; do caos obscuro, a razão luminosa pode extrair a verdade e a ordem. Para tanto, levantam-se hipóteses e possibilidades; ocasionalmente conta-se com o acaso e regularmente se associa o procedimento investigativo a procuras intelectuais ou culturais. Um dos acasos que ajudam o narrador ocorre, por exemplo, durante a busca por um exemplar antigo da revista *Sur*, quando ele ainda compra, como disfarce, uma bela edição de *Trilce*, livro-marco de César Vallejo.

Toda prova coletada deve ser, em seguida, submetida ao crivo do olho detetivesco — olho singular, que enxerga o que outros não conseguem ou evitam enxergar — e ao rigor da razão, que se pretende triunfante: a luz que quer iluminar "esse reino crepuscular" —[9] o mesmo crepúsculo de que falou Charles Baudelaire ao esmiuçar a aparição, no fim da tarde, de seres noturnos e sua convivência fascinante e tensionada com os habitantes do dia.[10]

Para o narrador, os seres noturnos de "Texto en una libreta" são sempre "eles" e "elas" — os outros:

44

São tão pálidos, agem com tão clara eficiência; são tão pálidos e estão tão tristes, quase todos estão tão tristes. [...] Eles não se fixam em parte alguma, vivem no metrô, nos trens do metrô, movendo-se continuamente. Sua existência e circulação de leucócitos — são tão pálidos! — favorecem o anonimato que até hoje os protege.[11]

Assemelham-se bastante a um padrão de personagem que Cortázar identifica em Poe:

Não é que [Poe] substitua o mundo ordinário pelo mundo fantástico, como Kafka ou Lord Dunsany, senão que num ambiente que peca pelo excesso e pelo abafamento [...] ou por despojamento e esquematismo [...] num cenário que é sempre ou quase sempre deformação do cenário humano. Poe coloca e move personagens completamente desumanizados, seres que obedecem a leis que não são as leis usuais do homem, mas seus mecanismos menos frequentes, mais especiais, mais excepcionais.[12]

Seres deformados, tão distintos de "nós", que andamos na superfície — o mundo real? —, e ao mesmo tempo tão semelhantes — senão na palidez, ao menos na tristeza e na mecânica dos gestos, na paciência e na reprodução inflexível dos comportamentos adequados à segurança possível, à sobrevivência da estranha comunidade e à nova forma de vida, nômade e anônima; homens da multidão subterrânea, que levam objetos tão portáteis[13] quanto sua existência. "Eles e elas" desligaram-se do "nosso" mundo e só retornam a ele de forma rápida e funcional (para obter alimentos e roupas, por exemplo) ou num gesto de despedida — como no caso do suicídio da garota, antecedido por um telefonema tão extremo quanto banal; suicídio que permite, ao narrador, inverter a perspectiva, enxergar como "eles" enxergam.

É esse suicídio, por sinal, que alerta o narrador dos riscos cada vez maiores de sua empreitada, e ele reconhece: "então comecei a ter medo de descer". Nesse momento, a verdade ainda não havia sido completamente decifrada ("Já sei que ainda me falta saber muitas coisas", "me pergunto como é possível renunciar a tão poucos passos da revelação total").[14] Ou seja, junto com o orgulho em relação ao que conseguiu, assume sua fraqueza: agora ele sabe da imensidão que existe no subterrâneo e sabe também que sua investigação não passou despercebida: "eles" o reconhecem da mesma forma que o narrador os reconhece. Mesmo reiterando sua compulsão de prosseguir na pesquisa ("Sinto que, de alguma maneira, voltarei a descer, que me obrigarei, passo a passo, a descer a escada"),[15] dispõe-se a redigir um relatório revelador, híbrido de denúncia, testemunho e testamento. Enunciará sua verdade, significará a experiência vivida, dotando-a dos sentidos que lhe impôs; verdade que não é pura ou total, mas sim a possível e provisória — linha do horizonte —, limitada pelas condições objetivas que se apresentam a quem é forçado a lançar-se no mundo vivido e não se recolhe, qual Dupin, ao conforto de uma biblioteca.

Ao redigir retrospectivamente seu relatório, o narrador, a princípio incidental, completa sua tripla dimensão — que também é a tripla dimensão detetivesca: "o olho que observa, a mente que especula, a mão que escreve".[16] Ele reconhece os limites da investigação e revela algo mais denso e aterrorizante do que a simples existência de vida debaixo da terra. O relato expõe o horror de todos: o mundo "deles" até pode parecer desconectado do "nosso" — espécie de vida paralela —, mas há sincronia, ressonâncias e vínculos profundos entre quem está acima e quem está abaixo da terra; as dinâmicas dos dois mundos são, afinal, similares: despersonalização, anonimato, insegurança, multidão. Sobretudo: a existência do universo soterrado no metrô de Buenos Aires é uma reação às possibilidades, sempre restritas, de quem vive à luz do dia. O monstro subterrâneo é filho da aparente claridade da superfície, da mesma forma que a insanidade subjaz à razão e a anormalidade, ao padrão. O medo do narrador atesta novamente sua condição fronteiriça — e fronteira, *orillas*, não custa lembrar, é sempre mais porosidade que delimitação, é mais contaminação que isolamento, é encontro, e não separação.

Numa conhecida palestra sobre Poe, Jorge Luis Borges afirmou que, mais do que um gênero, Poe inventou um novo tipo de leitor: o leitor que se vê diante de um enigma e propõe-se a enfrentá-lo, o leitor que desconfia do texto que lê e desafia o autor que o escreveu.[17] Cortázar leva um pouco mais longe a sugestão borgiana: para ele, a invenção do leitor desconfiado e rigoroso tem efeitos decisivos na própria concepção do conto e na maneira como a forma breve é desenvolvida:

> Poe percebeu, antes de todos, o rigor que exige o conto como gênero, e que as diferenças deste em relação ao romance não eram só de tamanho. [...] Compreendeu como a eficácia de um conto depende da sua intensidade como acontecimento puro, isto é, que todo comentário ao acontecimento em si (e que em forma de descrições preparatórias, diálogos marginais, considerações a posteriori alimentam o corpo de um romance e de um conto ruim) deve ser radicalmente suprimido. Cada palavra deve confluir, concorrer para o acontecimento, para a coisa que ocorre e esta coisa que ocorre deve ser só acontecimento [...]. Um conto é uma verdadeira máquina literária de criar interesse.[18]

A concisão e a intensidade asseguram a força do relato e definem o controle do leitor pelo texto — algo que o próprio Poe defendeu mais de uma vez; por exemplo, numa resenha de 1842:

O romance comum é criticável por sua extensão e pelos motivos já levantados. Como não pode ser lido de uma só vez, desperdiça, evidentemente, a imensa força proveniente da totalidade. As ocorrências do mundo interferem durante as pausas, modificam, anulam ou refutam, em maior ou menor grau, as impressões do livro. Mas uma simples pausa na leitura poderia, por si só, ser suficiente para destruir a verdadeira unidade. No conto breve, no entanto, o autor é capaz de desenvolver plenamente suas intenções, fazer o que quer fazer. Durante a hora da leitura, a alma do leitor fica sob o controle do escritor.[19]

"A originalidade do efeito literário" impõe-se inclusive à "originalidade puramente temática"[20] e atinge o leitor, quer dominá-lo e transformá-lo; interfere na forma da leitura e pretende redefini-la, formulando protocolos estritos. Os "exercícios racionais" — expressão usada por Poe para designar o que hoje chamamos de narrativas policiais — são lançados no conto e instigam o leitor a mover-se, forçam-no a perceber situações extremas. É de novo Cortázar que, a partir de Poe, caracteriza o impacto:

> Poe não se colocou estéreis questões de fundo e forma; era lúcido demais para não perceber que um conto é um organismo, um ser que respira e palpita, e que sua vida consiste — como a nossa — em um núcleo animado inseparável das suas manifestações. Coração e palpitação não são duas coisas, mas duas palavras. Um coração vivo palpita, um palpitar é um coração que vive. A intensidade do conto é esse palpitar de sua substância, assim como esta só é o que é pela palpitação. Por isso, ao se falar de intensidade não se deve entender a obrigação de que o conto contenha acontecimentos exageradamente intensos num sentido factual [...]. Certos contos serão intensos porque defrontam o homem com a circunstância em conflitos trágicos, de máxima tensão [...], ou porque põem em

cena seres em que se concentram certas faculdades no seu ponto mais alto (o raciocinador infalível, em "Os crimes da rua Morgue"), certas fatalidades misteriosas [...], certas conjeturas sobrenaturais [...], certo heroísmo na busca de um fim [...].[21]

Em "Texto en una libreta", tais movimentos de intensificação estão vivamente presentes e asseguram ao conto condição semelhante à de "criaturas vivas, organismos completos, ciclos fechados, e [que] respiram":[22] o heroísmo, o incontrolável acaso, as conjeturas extra-humanas, a incrível capacidade de raciocínio do narrador e, principalmente, a representação do homem diante de seu conflito mais trágico e em sua máxima tensão — defrontar-se com o outro, simultaneamente tão familiar e tão estranho. O conto segue, ainda, outro princípio de origem poeana defendido por Cortázar: "a entrada no assunto deve ser fulminante, brutal",[23] e o leitor, arremessado para um improvável, insólito, ocasionalmente fatal universo de instabilidades e incertezas. Ele não assistirá, portanto, ao desenrolar de uma situação típica, de uma crônica; ele se verá numa "terra incógnita",[24] em meio ao drama que se desenvolve num ambiente fechado, pequeno e esférico, em que

a situação narrativa em si deve nascer e dar-se dentro da esfera, trabalhando do interior para o exterior, sem que os limites da narrativa se vejam traçados como quem modela uma esfera de argila. Dito de outro modo, o sentimento da esfera deve preexistir de alguma maneira ao ato de escrever o conto, como se o narrador, submetido pela forma que assume, se movesse implicitamente nela e a levasse à sua extrema tensão, o que faz precisamente a perfeição da forma esférica.[25]

Na esfera, há "a tensão, o ritmo, a pulsação interna, o imprevisto dentro de parâmetros antevistos, essa liberdade fatal que não admite alteração sem uma perda irreparável". Dentro dela, nosso narrador — devidamente contaminado pelos personagens que observa — divide-se, espelha-se e duplica-se, confunde-se e, para reagir ao impasse, quase se dissolve nos personagens.[26] Através do narrador, concilia-se a dimensão fantástica ou monstruosa com um tratamento estritamente cerebral, à maneira do que Cortázar observa em Poe:

> Em "Os crimes da rua Morgue", onde surge pela primeira vez o conto analítico, de fria e objetiva indagação racional, ninguém deixará de notar que a análise se aplica a um dos episódios mais cheios de sadismo e mais macabros que se possa imaginar. Enquanto Dupin-Poe paira nas alturas do raciocínio puro, seu tema é o de um cadáver de mulher enfiado de cabeça para baixo e aos empurrões num buraco de chaminé, e o de outra degolada e dilacerada até ficar irreconhecível. Poucas vezes Poe se deixou levar mais longe pelo deleite na crueldade. E no relato paralelo, "O mistério de Marie Rogêt", também são abundantes minuciosas descrições de cadáveres de afogados e há uma demorada complacência na cena em que teve lugar uma violação seguida de assassínio.[27]

O leitor penetra, assim, num diálogo que é também um jogo — jogo que, embora se ramifique em aspectos e problemas existenciais, restabelece a comunicação entre texto e leitor, reorienta o nível dos significantes e sua relação com os significados, mantém a linguagem sob tensão.

"Texto en una libreta" demonstra, como fantasia porosa à realidade, o empenho cortazariano de construir um mundo à parte e, ao mesmo tempo, reiterar sua relação contínua e profunda com a experiência histórica vivida, seu empenho ininterrupto de produzir significados a partir dela. Uma fantasia que permite, mesmo sob o signo do medo, estabelecer "analogia entre seres distintos".[28]

Esse conto prossegue o projeto literário de Cortázar, ao invadir e refundar, com "garras críticas", o território da poética — uma poética da construção que, tal qual a investigação levada adiante pelo narrador do conto, se consuma e se consome, para usar a feliz expressão de Davi Arrigucci Jr.,[29] como poética da destruição.

Sousândrade e Martí:
A América contra a *America**

Um nasceu em 1832; o outro, em 1853. O primeiro era brasileiro, maranhense, natural de Guimarães; o segundo, cubano e havanês. Morreram com sete anos de diferença: 1902 e 1895, respectivamente. Aquele que viveu menos, o segundo, é um dos pensadores americanistas hoje mais citados e celebrados. O mais longevo anda quase esquecido, apesar dos esforços de alguns poucos.

Façam-se as apresentações às claras: Joaquim de Souza Andrade — ou Sousândrade — e José Martí. Numa época em que os esforços expansionistas norte-americanos no sentido do Sul ganhavam clareza e ênfase, ambos viveram parte da vida em Nova York e escreveram contra os Estados Unidos, a *America*; ambos buscaram construir representações de *outra* América e a nomearam pelo emprego de prefixo ou de pronome possessivo: "Transamérica", "Nossa América". Era mais do que coincidência.

---

* Publicado em *Remate de Males*, Campinas: IEL-Unicamp, n. 36, 2016.

José Martí foi personagem importante nas lutas pela emancipação política de Cuba. Jovem, participou da primeira guerra de independência (1868-78) e, ainda no decorrer do conflito, seguiu para o exílio. Circulou por Espanha, França, México, Guatemala, Venezuela, retornou ocasionalmente a Cuba e, afinal, fixou-se em Nova York em 1881, quando os colonizadores espanhóis já haviam sufocado a rebelião cubana e reforçado o controle sobre aquela que, à época, era sua principal colônia nas Américas.

Jornalista, poeta, crítico de arte e ensaísta, Martí só voltou definitivamente a Cuba catorze anos depois, para morrer logo no início da segunda guerra de independência — que ainda prosseguiu até 1898 e terminou com sucesso parcial: a colônia obteve a emancipação, mas o sonho de um país livre e soberano, longamente acalentado pelos chamados "autonomistas", desfez-se ante a experiência concreta da presença de tropas norte-americanas na ilha e dos diversos instrumentos legais que estabeleciam vínculos de fato entre Estados Unidos e Cuba.[1]

Nas lutas internas de Cuba, Martí sempre se alinhou com os "autonomistas". Ele combinava, na poesia e nos textos que escrevia para jornais, a defesa da independência de Cuba com a denúncia repetida dos esforços norte-americanos de expandir seus domínios sobre a ilha e sobre a América toda: Cuba como início e metáfora de uma ampla e progressiva hegemonia continental estadunidense. Em carta de 2 de novembro de 1889, enviada ao jornal argentino *La Nación* e publicada em duas partes, nos dias 19 e 20 do mesmo mês, Martí relembrou que os governos norte-americanos, historicamente, privilegiavam apenas seus interesses e confrontavam os vizinhos. Destacou a guerra contra o México e algumas ações armadas sobre a América Central e o Caribe. O objetivo central de Martí, naquele momento, era questionar o discurso dos representantes dos Estados Unidos na Primeira Conferência Pan-Americana — então em curso em Washington —, no qual enfatizavam a urgência das alianças continentais e defendiam, entre outras, a proposta de uma área de livre-comércio nas Américas:

> Por que nos juntamos como aliados, no melhor da juventude, na batalha que os Estados Unidos se preparam para travar contra o resto do mundo? Por que se deveriam travar nas repúblicas da América as batalhas dos Estados Unidos com a Europa, ensaiando em povos livres seu sistema de colonização? Por que estão tão desejosos de entrar em casa alheia, enquanto os que querem pôr para fora dela estão entrando na sua própria casa? Por que acertar com todos os povos americanos projetos de reciprocidade na sala do congresso, quando um projeto de reciprocidade, o do México, acertado entre os dois governos, com vantagens mútuas, aguarda em vão, há muitos anos, a sanção do congresso, porque se opõem a ele, em detrimento geral da Nação, interesses especiais feridos no tratado?[2]

Martí apropriava-se de uma célebre metáfora de Abraham Lincoln — a da casa dividida/una —[3] para caracterizar o esforço unificador norte-americano como um ensaio de "colonização" do restante da América. Segundo o cubano, a metáfora da "unidade da casa americana" reforçava a posição dos Estados Unidos no cenário do comércio internacional, contra (especialmente) os interesses britânicos. A ideia de aliança obrigatória dos demais países americanos com os Estados Unidos também era rechaçada, por Martí, em nome de uma América que estava "no melhor da juventude", ou seja, vivia os primeiros anos de formação autônoma e precisava preservar o vigor dos novos projetos nacionais, e não se colocar à mercê de alianças que beneficiassem prioritariamente os Estados Unidos. A acusação de não reciprocidade é central: qualquer unidade só poderia existir — destacava Martí —

se o posicionamento de todos os membros fosse isonômico. No lugar da "fraternidade" americana alardeada pelos Estados Unidos, Martí via a tentativa de estabelecer um protetorado estadunidense e encerrava a carta com palavras fortes:

> O congresso internacional será o inventário da honra, quando se verá quem é que defende com energia e parcimônia a independência da América espanhola, onde está o equilíbrio do mundo; ou se existem nações capazes, pelo medo ou pelo deslumbramento, pelo hábito de servidão ou pelo interesse de consentir, no continente ocupado por dois povos de natureza e objetivos diferentes, em diminuir, com sua deserção, as forças indispensáveis, e já poucas, com que a família de uma nacionalidade poderá conter, com o respeito que imponha e com a cordura que demonstre, a tentativa de predomínio, confirmada pelos fatos contemporâneos, de um povo criado na esperança da dominação continental, no momento em que aparecem, num apogeu comum, a ânsia de mercado de suas indústrias abarrotadas, a ocasião de impor a nações longínquas e a vizinhos fracos o protetorado prometido nas profecias, a forma material necessária para sua realização, e a ambição de um político ladrão e atrevido.[4]

A dura reação de Martí aos movimentos norte-americanos em direção ao Sul não era inusual. Tampouco era novidade a exigência moral de "honra" e de "virilidade" — valor varonil, viril — como condições obrigatórias para confrontar o avanço nortista. Em março daquele ano, ele já escrevera o famoso "Vindicação de Cuba", que confrontava artigo francamente ofensivo aos cubanos, publicado no jornal *The Manufacturer*, da Filadélfia, e que apresentava os cubanos como "preguiçosos", "sem iniciativa", "com aversão a todo esforço" e carentes de "força varonil".[5] A discussão girava, claro, em torno da dificuldade de Cuba para a obtenção de independência e da perspectiva "anexionista"; no artigo, Martí empenhava-se em mostrar que não havia nenhum grau de inferioridade dos cubanos diante dos norte-americanos. A resposta, porém, não se resumia à questão cubana e afirmava que a atitude estadunidense perante o resto da América enfatizava apenas o "valor da terra", sem considerar os povos que nela habitavam, sua história ou perspectivas futuras. Novamente, despontava o tema da "juventude americana" e a linha divisória entre aqueles que defendiam os interesses da América hispânica — Cuba sempre como o princípio de um projeto maior de dominação americana — e os que preferiam a aliança com os Estados Unidos:

> E é a verdade triste que nossos esforços ter-se-iam renovado com êxito, com toda probabilidade, se não fosse, em alguns de nós, pela esperança pouco viril dos anexionistas, de obter liberdade sem por ela pagar seu preço, e pelo temor justo dos outros, de que nossos mortos, nossas memórias sagradas, nossas ruínas encharcadas de sangue chegassem a ser apenas o adubo do solo para o crescimento de uma planta estrangeira, ou o motivo de uma piada para *The Manufacturer* da Filadélfia.[6]

Também era brutal o diagnóstico, presente na carta, da existência de elementos da sociedade norte-americana que teriam contaminado os "anexionistas" e poderiam se prolongar pelo conjunto do território da América hispânica: "individualismo excessivo", "adoração da riqueza", "júbilo prolongado de uma vitória terrível", "apetite imoderado de poder", "triunfo contrário à bondade e à justiça". A ânsia imoderada por lucro e a sagração da moeda eram os umbrais do expansionismo brutal. O sonho do mundo como uma imensa Wall Street — a mesma Wall Street, veremos adiante, alegorizada por Sousândrade como um "inferno" — estava na origem da corrosão dos valores morais e da liberdade, atestava Martí.

Quase dois anos depois da furiosa redação de "Vindicação de Cuba", o cubano levou às últimas consequências a recusa dos Estados Unidos como parceiro privilegiado e modelo para toda a América. Num artigo de janeiro de 1891, ele propôs a ideia de "Nossa América".

Após uma introdução em que defendia o valor superior das ideias ante as conquistas materiais — rejeição apriorística do consumo e das mercadorias associadas à dinâmica financeira e social norte-americana —, Martí celebrou o orgulho de ser americano e a importância da autonomia:

> E em que pátria pode o homem ter mais orgulho do que em nossas repúblicas dolorosas da América, levantadas entre as massas mudas de índios, ao rumor da luta do livro contra o círio, sobre os braços ensanguentados de uma centena de apóstolos? De fatores tão desordenados, jamais, em menos tempo histórico, criaram-se nações tão adiantadas e compactas. [...] O governo deve nascer do país. O espírito do governo deve ser o do país. A forma de governo deverá concordar com a constituição própria do país. O governo não é mais que o equilíbrio dos elementos naturais do país.[7]

A retórica marcada por repetições e ênfases associava o reconhecimento interno e as opções políticas à especificidade do processo histórico e à formação cultural de cada região, permitindo, dessa maneira, a autoidentificação e refutando a busca de semelhança com um vizinho distinto, sempre apresentado com destaque para sua agressividade ou disposição de envolver o outro. Na contramão das ações concatenadas pelo "tigre" ou "polvo" Estados Unidos, e recorrendo a espantosas metáforas alimentares e à regular louvação do empenho — sempre viril — dos jovens, Martí definia a singularidade da América hispânica:

> Os jovens da América arregaçam as mangas, põem as mãos na massa e a fazem crescer com a levedura de seu suor. Entendem que se imita demais e que a salvação é criar. Criar é a palavra-chave desta geração. O vinho é de banana; e se sair ácido, é o nosso vinho![8]

Duas páginas depois, o texto encerrava-se num tom otimista e convicto, de conclamação e anúncio do inarredável futuro americano:

> Porque já ressoa o hino unânime; a atual geração leva às costas, pelo caminho adubado por seus pais sublimes, a América trabalhadora; do rio Bravo ao estreito de Magalhães, sentado no dorso do condor, espalhou o Grande Semi, nas nações românticas do continente e nas ilhas doloridas do mar, a semente da América nova![9]

Mais do que singular e agregadora, a América hispânica era uma feliz novidade, fundada no registro mítico do Grande Semi, espírito ancestral positivo e propiciatório, e transplantada para o futuro que Martí via — e, sobretudo, desejava — para o continente.

Evidentemente, restava o problema da nomeação. O termo "América", genérico em sua origem, fora apropriado já no final do século XVIII por uma parte do continente, os Estados Unidos, que assumiram em seu discurso a vocação de Novo Mundo que o termo implicava e nele encontraram a possibilidade de articular, sob uma noção suficientemente abrangente e adequadamente imprecisa, as treze colônias que se tornaram independentes em 1776. A outra parte da América — aquela que, na segunda metade

do século xx, nós nos habituamos a adjetivar como "Latina"—
tornava-se, assim, uma América dependente de alguma especi-
ficação; na lógica daqueles que refutavam a adesão pura e direta
aos Estados Unidos, essa América que não era *America* precisava
ser nomeada. A sugestão de Martí foi simultaneamente simples,
pragmática e ambiciosa: "Nossa América". O pronome possessivo
já aparecia no título do texto, que assim também assumia caráter
orientador da leitura e era reiterado numa das frases mais famosas
do artigo, em que se valorizava o passado e a história locais e,
sem descartar os possíveis diálogos com o conjunto da história
Ocidental, afirmava-se uma tradição particular:

> A história da América, dos incas para cá, deve ser ensinada minu-
> ciosamente, mesmo que não se ensine a dos arcontes da Grécia. A
> nossa Grécia é preferível à Grécia que não é nossa.[10]

"Nossa América": sem os adjetivos "hispânica", "ibérica" ou
mesmo "latina" — expressão esta que já existia desde o xIX, embora
raramente empregada, e nunca no sentido que hoje lhe atribuímos.
Adjetivos todos que acabavam por associá-la ao antigo colonizador
(ou, no caso de Cuba, ao colonizador ainda presente), e substituí-
dos pelo pronome possessivo, que indicava procedência, conquista
da própria terra e pertença à comunidade que nela vivia. "Nossa
América", em suma, era denotativo da especificidade da fração da
América que não coincidia com os Estados Unidos, logo, não podia pertencer a eles; era uma ideia resistente — Martí já afirmara
que "as trincheiras de ideias valem mais do que as trincheiras de
pedras" —[11] e, por meio dela, pretendia encontrar o lugar de Cuba
num continente de Estados nacionais autônomos e, mais, o espelho
plural que reunisse passado, presente e futuro americanos.

Muito distante dos embates militares enfrentados por Martí, Joaquim de Souza Andrade acabou por desembocar em percepções algo semelhantes acerca da América e dos americanos e as representou no *Guesa errante* (depois rebatizado como *O Guesa*), que, para Haroldo de Campos, foi um dos dois únicos poemas "transamericanos" já feitos.[12]

Composto numa estrutura bastante rigorosa e homogênea — treze cantos, quase integralmente escritos em quartetos decassílabos, com rimas cruzadas ou enlaçadas —, o *Guesa errante* começou a ser preparado durante a longa viagem que o maranhense realizou, de 1858 a 1860, pela bacia do rio Amazonas. Ele vinha de uma temporada de estudos de engenharia e grego, na França, e de rápida passagem pela Faculdade de Medicina do Rio de Janeiro. Essa viagem foi o primeiro contato efetivo de Sousândrade com as populações nativas da região, que já expunham evidentes marcas de degradação na organização social, legadas pelo longo período colonial e intocadas pelo insuficiente Império. A construção do poema, com a publicação ocasional de partes em jornais da época, acompanhou o poeta nos deslocamentos que, nos anos 1860, levaram-no de volta ao Maranhão e, depois, a Nova York, onde se instalou em 1871 e viveu por catorze anos. O retorno ao Brasil, em 1885, deu-se numa longa viagem, que incluiu passagens por Peru e Chile, intensificando o contato de Sousândrade com os países hispano-americanos e, simultaneamente, com a experiência republicana. A (re)escrita do poema épico ganhou, então, outra dimensão e prosseguiu até o fim da vida do autor: no princípio de 1902, um mês antes de morrer, ele ainda publicou uma continuação d'*O Guesa* em *O Federalista*, jornal para o qual contribuiu por quase dez anos.[13]

Sousândrade jamais abandonou, tampouco, a defesa dos princípios republicanos e a reflexão sobre os caminhos que as repúblicas americanas percorriam — e essa é a primeira correlação clara entre sua obra e os escritos martianos. A segunda relação entre os dois autores é igualmente fácil de notar: as longas temporadas vividas em Nova York e a simultaneidade da estadia de ambos lá por pelo menos quatro anos (da instalação de Martí na cidade, em 1881, até o retorno de Sousândrade ao Brasil, em 1885). De qualquer forma, apesar de não existirem menções diretas a Martí na obra de Sousândrade (nem, evidentemente, vice-versa), é bem provável que o maranhense tivesse tomado conhecimento das ideias e dos escritos do cubano, por conta de seu interesse pelas lutas de independência e pelos processos de formação e consolidação nacional na América hispânica, Cuba inclusa.[14] Um terceiro e inquestionável paralelo entre ambos está na coincidência de leituras: ambos leram e citaram efusivamente Bolívar e San Martín.[15]

Nenhuma dessas sincronias — todas importantes —, porém, foi mais significativa do que o declarado antinorte-americanismo que percorreu (e, em certo sentido, moveu) as duas obras — na poesia e no ensaio — e o esforço de invenção de uma imagem da América unida.[16] Não casualmente, a proposição inicial dessas questões n'*O Guesa* representa, como observaram Augusto e Haroldo de Campos, os únicos momentos em que a estrutura regular da obra é rompida: no Canto II ("Tatuturema", referente às viagens pelo Amazonas no final da década de 1850) e no Canto X ("Inferno em Wall Street", de 1873-84 ou 1888), as estrofes são de cinco versos, a métrica é desigual e variante (duas a seis sílabas no Canto I; oito no Canto X), o esquema de rimas é *abccb*, o quarto verso faz rima interna e provoca "efeitos de deformação expressiva, muitas vezes burlesca", uma "farsa poética".[17] A similaridade atravessou os quinze ou vinte anos que separaram a escrita da publicação de cada um dos cantos e revelou a preocupação de demarcar os dois momentos de tensão mais acentuada do poema com a "desorganização" estrutural; para Campos e Campos, trata-se de assegurar a percepção do caráter "infernal", "fáustico", tanto da condição dos indígenas que viviam, em condições de miséria, às margens dos rio Negro, Solimões e Amazonas, como da efervescência do mercado financeiro nova-iorquino.

"Tatuturema" promovia a instauração do tema do indígena e da necessidade de redimensionar seu papel no passado e no futuro americanos; "Inferno em Wall Street" trazia denúncia de outra ordem, relativa ao prevalecimento do capital financeiro e à desumanização manifesta nos enredos cotidianos dos Estados Unidos. "Inferno em Wall Street" mostrava, ainda, Nova York como um microcosmo para onde confluíam todos os problemas e impasses nacionais e internacionais; lugar onde aportavam as notícias repentinas de eventos ocorridos do outro lado do Atlântico (por exemplo, a Comuna de Paris, greves de ferroviários ou a exploração da borracha); cenário em que ecoavam vozes de políticos e de investidores repetitivos e obsessivos pelo dinheiro e pelo lucro, imersos em diálogos confusos, enfatizados, no poema, pela proliferação de sinais gráficos e de frases que beiram o ridículo e o insano:

— Harlem! Erie! Central! Pennsylvania!
= Milhão! cem milhões!! mil milhões!!!
— Young é Grant! Jackson,
Atkinson!
Vanderbilts, Jay Goulds, anões!
[...]
— Dois! três! cinco mil! se jogardes
Senhor, tereis cinco milhões!
= Ganhou! ha! haa! haaa!
Hurrah! ah!...
— Sumiram... seriam ladrões?...
[...]
Strike! do Atlântico ao Pacífico!

= Aos Bancos! Ao Erário-tutor!
— Strike, Arthur! Canalha,
Esbandalha!
Queima, assalta! (Reino de horror!)[18]

Num mundo — "(Reino de horror!)" — em que o dinheiro contaminava todas as relações, a cidade-síntese Nova York reunia nomes de empresários, financistas e políticos. Em contraste com a dignificação que recebiam no mundo das finanças — e segundo a lógica desse mundo —, tais personagens apareciam, no poema, em pleno e ganancioso êxtase, para serem rapidamente confrontados pelo irônico e reativo arremate de uma das estrofes: "— Sumiram… Seriam ladrões?…".

A estética da reação desenvolvida pelo texto ampliava-se e consumava-se num contraponto ainda maior, e menos circunstancial: a presença positivada do Guesa, efetivo e verdadeiro antônimo do frenesi capitalista norte-americano.[19] O poeta-narrador assumia a persona do Guesa e viajava de forma errática e ininterrupta pela América; alternava experiências idílicas e eventos trágicos, recuperava o passado pré-colombiano, diagnosticava a persistência dos males trazidos pelos conquistadores europeus, criticava acidamente a elite econômica e política que, na Colônia ou na República, assumiu o controle dos Estados e colaborou na obra de deformação-degeneração continental. Tais repúblicas, afinal, eram imperfeitas, atestava o eterno republicano Sousândrade, pelo menos na forma como elas se constituíram na América, com sua precária modernidade, com a exclusão de parte majoritária e decisiva da sociedade, com o desprezo arrogante pelo passado indígena; e pela forma como a *America* modelou sua originalmente valiosa república, tornando-a sinal de perigo, inferno, destruição. Claro que a árida constatação não levou o autor a abandonar seus princípios republicanos; ao contrário, *O Guesa* é seu maior exercício de reflexão política — bem mais, inclusive, do que seus ensaios sobre o assunto — acerca da necessidade e dos caminhos possíveis para a refundação das repúblicas americanas — as "repúblicas dolorosas da América", nas palavras de Martí.

O Guesa, indígena redentor recuperado por Sousândrade, é inovador: dialoga com o indianismo romântico brasileiro, mas não se resume a ele — o que seria, de resto, contraditório em relação ao esforço americanista —, nem perde de vista a precariedade da condição social das populações indígenas na América do século XIX. Ou seja, a idealização romântica do bom selvagem — quase sempre estático, passado que prossegue e se reproduz intocado no presente — mantém-se em contínua tensão com o gesto político e humanitário que permitia a Sousândrade associar a figura idealizada, de origem mítica, ao indígena real, presente e miserável, das margens do rio Amazonas ou de tantas partes da América hispânica.[20]

Só simbolicamente a viagem do Guesa pode ser equiparada à do próprio Sousândrade. Seus percursos divergem; o ser mítico move-se de forma errática e cobre todo o continente em seu périplo de reconhecimento da história e de proposição de um futuro utópico, em que a ideia de república de fato se afirmasse e as tantas repúblicas se unissem. O modelo de união e de ordenamento social assumido por *O Guesa* veio do Império Inca — o mesmo que, para Martí, indicava o ponto de partida da história da América a ser ensinada nas escolas.[21] Os incas fundadores, tratados no Canto XI, representavam os heróis da Pan-América, cujo coração residia no centro geográfico do continente e pátria do Guesa, a Colômbia:

> *Traçada outra vereis, linha equatória*
> *Unindo os mares, dividindo as terras*
> *A dois imensos povos e a uma glória*
> *De confederações, a Sul, das serras*

Ândeas e os áureos vales do Amazonas,
  Representa-a Bolívar; tendo a Norte
  Industriosa, Washington; e as zonas
  Daqui a cada polo, irmãs e fortes.

Nem é debalde que o planeta gira,
  Dando formas aos novos continentes.
  Um amplo coração o austral, que sente;
  E o boreal, pulmões, o que respira.

E esta é a pátria central viçosa amante,
  Que a tanta glória nos convida e anima,
  Colômbia do equador! raça latina,
  Tão sonhadora qual o Guesa Errante![22]

A errância do Guesa lhe era essencial. Ele não cansava de circular, era um viajante no tempo e no espaço, um cronista interno da América, que revelava e expunha aos demais o que em geral lhes passava despercebido; era um poeta-peregrino, que fundava uma percepção da América em movimento, "transamericana", utopia que se cumpriria no futuro. A denúncia dos Estados Unidos como um império da ambição tampouco implicava a exclusão do país da ampla reunião a ser inventada na América. Da mesma forma, o Brasil, normalmente ignorado no pensamento americanista procedente da América hispânica, comparecia ao banquete móvel celebrado pelo Guesa em sua errância prazerosa, na disposição de ver, até nas comunidades degradadas das margens do Amazonas, o germe triunfante de uma América unida:

E é do Guesa a existência do futuro;
  Viver nas terras do porvir, ao Guesa
  Compraz, se alimentar de pão venturo,

Crenças do Além, no amor da Natureza:
Fecundas terras, onde lhe chovia
Eterno pensamento, irradioso,
Cristalino, a que ao Sol ideal o dia
Ortivo incásio abriu, doce e formoso![23]

Na tensão e da precariedade, nasceria a América unida; Estados Unidos como inferno e contínua ameaça interna; Brasil e América hispânica associados; América como utopia futura, que reconheceria seu passado, miticamente expresso; Pan-América; Transamérica: a América de Sousândrade também era "nossa".

Martí e Sousândrade nunca se conheceram pessoalmente. O brasileiro acompanhou as lutas de independência em Cuba e as citou em duas passagens d'*O Guesa* (Canto IX e Canto XII); é improvável que Martí tenha ouvido algo sobre Sousândrade. É evidente que a estadia simultânea em Nova York contribuiu para a percepção aguda e crítica do império financeiro que se construía nos Estados Unidos e que parecia tão assimétrico em relação à vida das sociedades ao Sul do Rio Grande.

Sousândrade e Martí enxergaram com facilidade os novos caminhos que a história norte-americana seguia. Ambos, afinal, haviam acompanhado, de perto ou de longe, a Guerra Civil Norte-Americana — Martí não citara por acaso o discurso de Lincoln sobre a "casa dividida" — e o consequente predomínio industrialista ianque que levava muitos norte-americanos a elegerem o Sul como o novo objeto do desejo, numa reorientação do mítico Destino Manifesto que antes sustentara o imaginário do avanço para o Oeste e que agora buscava outros limites a serem rompidos.[24]

Depois da Guerra Civil, os movimentos expansionistas norte-americanos — que nunca tinham se desenvolvido de forma equânime sobre o conjunto do continente e até então se voltavam essencialmente para as áreas vizinhas (Caribe, México ou América Central) — ganharam evidência e consistência: havia fronteiras a serem ultrapassadas, o capital financeiro atravessava um processo de transnacionalização, a obtenção de mais e maiores mercados ampliava a potencialidade econômica e gerava nichos protegidos de atuação. O próprio discurso que acompanhou o intervencionismo estadunidense variou nas formas e manifestações, mas um de seus marcos principais foi justamente o conjunto de proposições norte-americanas no citado Congresso Pan-Americano de 1889. Martí, observador sensível e analista agudo, com a experiência de quem vinha de Cuba — que desde o século XVI vivia sob os olhos atentos dos Estados Unidos — reconheceu ali uma ameaça à autonomia política recém-conquistada da América hispânica (ou, no caso cubano, ainda não conquistada).

É verdade que Martí e Sousândrade não foram os únicos a perceber o risco representado pela aproximação sistemática com os Estados Unidos. O brasileiro Eduardo Prado ou o uruguaio José Enríque Rodó exemplificaram outras reações e intenções de afastamento em relação ao vizinho nortista. Prado pretendeu justificar a especificidade nacional (inclusive como estratégia de defesa da monarquia e crítica ao ideal republicano) e acabou por dar as costas ao continente inteiro. Rodó enxergou uma América latinizada e contribuiu decisivamente para a validação interna do referente "América Latina". Ambos, porém, preferiram situar sua Lua e seu Sol na Europa, não no passado ou no presente locais.[25] Sousândrade e Martí seguiram outras estrelas — reais ou imaginativas —, professaram mitologia distinta daquela do dinheiro e da riqueza, voltaram os olhos para o interior da América e para o passado do continente e aí acreditaram encontrar origens e possibilidades, novos sentidos para os povos americanos. Tentaram desbravar uma América alternativa. Na contramão do modelo estadunidense da *America* triunfante, inventaram outra América: assim nasceram a "Nossa América" e a "Transamérica", por onde errava o Guesa, onde o Grande Semi lançava as sementes do futuro.

Inevitável, também, atestar a peculiaridade do "transamericanismo" de Sousândrade, não espacialmente apenas mais extenso que o de Martí, mas saído das letras de um brasileiro e com antecipação de pelo menos trinta anos em relação à "Nossa América". O Brasil, afinal, não apenas olhava pouco para a vizinhança e era pouco notado por ela (ou visto de forma negativa); o tema da ameaça norte-americana era menos notável aqui do que pelas lentes inevitavelmente temperadas de um cubano imerso na luta de independência e nas infinitas contendas com os "anexionistas". Infelizmente, a precocidade e a singularidade do olhar e do projeto "transamericano" de Sousândrade não impediram que sua difusão e eficácia tenham sido mínimas, quase nulas — ou talvez tenha sido essa precocidade e essa singularidade, tão estranhas ao debate da época, que acabaram limitando o número de leitores do épico. Dois contemporâneos do maranhense previram que *O Guesa* só seria lido "50 anos depois".[26] Acertaram na lógica, mas erraram no cálculo. Passaram-se mais de sessenta anos após sua morte, em 1902, para que a obra fosse relembrada. Depois de décadas de esquecimento, o livro que o recuperou, *Re visão de Sousândrade*, só saiu em 1964. Martí, ao contrário, foi sistematicamente incorporado nas invenções de América produzidas no século xx e a "Nossa América" é considerada precursora da noção presente de América Latina, da disposição de reconhecer a peculiaridade dessa outra América e em/de suas diversas expressões.

Sousândrade e Martí fundavam, assim, a "América que não é *America*", uma América cuja adjetivação não se referia ao antigo colonizador, como ocorre, por exemplo, em "América ibérica" ou "América Latina". Mesmo que ambos tenham partido de um reconhecimento pela negação, pela recusa inicial dos Estados Unidos, não se limitaram a ela para pensar os horizontes possíveis — horizontes desvelados numa longa e tortuosa viagem ou pela ingestão do improvável vinho de banana que o utopista Martí considerava superior ao dos melhores vinhedos da Borgonha.

Crônica & crítica na ficção policial latino-americana*

A história da narrativa policial começou faz tempo — e faz tempo que se tornou objeto da crítica. Também é antigo o diálogo entre a ficção e a história e as muitas formas como as duas narrativas se aproximaram ou se distanciaram, como a crítica buscou compreender seus vínculos. Partamos, portanto, de duas constatações: o policial, como gênero — ou subgênero —, já está suficientemente consolidado; e ficção e história, embora distintas, se comunicam — não apenas em função dos conteúdos conjunturais que abordam, mas sobretudo devido aos procedimentos metodológicos e narrativos que compartilham.

Num texto de 1976, Ricardo Piglia destacou como o policial norte-americano — o chamado *hard-boiled* de Dashiell Hammett, Raymond Chandler e tantos outros — promoveu uma guinada decisiva do gênero, abandonando o "fetiche da inteligência pura" e colocando o dinheiro no centro da trama: os investigadores saíam

---

* Publicado em Raphael Sebrian et al. (Orgs.), *Leituras do passado*. Campinas: Pontes, 2009.

da biblioteca e invadiam o mundo das ruas, observavam e narravam o cotidiano sórdido e brutal do crime.[1] Em suma, a narrativa policial substituía os refinados jogos de raciocínio por um esforço de crítica e crônica social. No lugar da linearidade lógica que marca o policial analítico clássico, passaram a predominar raciocínios labirínticos e difusos. Contra o método rígido e fixo, a mobilidade das ideias e o forte impacto dos dilemas sociais e políticos do presente. Na contramão do mero entretenimento, a invenção de precursores literários e filosóficos e a presença insistente de citações e referências aos clássicos — inclusive aqueles com que se pretende romper.

A observação de Piglia pode ser atribuída à peculiaridade literária argentina e aos rumos da narrativa nos anos 1970 e 1980, que passou — como observou Beatriz Sarlo —[2] da representação discursiva do social à representação dos discursos sociais. Privilegiou-se a representação de diversas formas discursivas para questioná-las, dando lugar a narrativas mescladas, em que se misturavam jornalismo, testemunho, história, crônica, relato etnográfico, policial, psicanálise, cinema. Há antecedentes óbvios dessa disposição para a mescla na tradição argentina: *Facundo*, de Domingos Faustino Sarmiento, no século XIX (que combina, entre outros, autobiografia, teoria social, relato de viagem, ensaio, ficção e história), e a posição central de Jorge Luis Borges no século XX argentino, com uma obra que dissolve qualquer limite entre gêneros ou modalidades narrativas. Borges, aliás, talvez tenha sido uma espécie de precursor do policial crítico e, em vários sentidos, autocrítico. Seu relato mais marcante — "A morte e a bússola" —[3] recolhe o detetive analítico a seu próprio universo lógico, desconectando-o da realidade e, em consequência, da possibilidade de solucionar os crimes: em "A morte e a bússola", "a forma chega à sua culminação e se desintegra".[4] Os escritos de Borges em parceria com Adolfo Bioy Casares, publicados sob os pseudônimos de Honorio

Bustos Domecq e B. Suárez Lynch, são paródicos e, pelo fio do riso, reinventam o gênero. O próprio Piglia, leitor criterioso de Borges, explorou essa tradição da mescla e se tornou um dos exemplos mais marcantes da hibridização da narrativa argentina recente. Foi também o autor que mais recorreu ao policial para, nele, encontrar as possibilidades narrativas da associação de gêneros, sem levá-los à fusão e mantendo a tensão contínua entre eles. Obteve, dessa forma, um efeito em que se reconhece continuamente a alteridade e se destaca a presença de um outro — que pode ser outro tempo, outro gênero, outra obra — assimilado e traduzido na narrativa presente. Constitui assim o olhar do crítico, de quem recusa os limites da análise e sonda a tradição para, a partir dela, enunciar possibilidades interpretativas que considerem simultaneamente a história e suas temporalidades, a formulação dos modelos genéricos e sua variação por meio da historicidade das leituras possíveis a cada tempo e a cada experiência vivida. A literatura, para Piglia, se torna, nesses termos, "um efeito, um espaço fraturado, onde circulam diversas vozes, que são sociais".[5] A crítica, por sua vez, imiscuída na literatura, é, segundo Piglia,

> uma forma freudiana de autobiografia. Uma autobiografia ideológica, teórica, política, cultural. E digo autobiografia porque toda crítica é escrita a partir de um lugar preciso e de uma posição concreta. O sujeito da crítica costuma se mascarar de um método [...] mas sempre está presente. E reconstruir sua história e seu lugar é o melhor modo de ler crítica.[6]

Se a ficção se confina com o mistério, a crítica se confunde com a narrativa policial:

> As relações da literatura com a história e com a realidade são sempre elípticas e cifradas. A ficção constrói enigmas com os materiais

ideológicos e políticos, os disfarça, os transforma, os põe sempre em outro lugar [...] muitas vezes vejo a crítica como uma variante do gênero policial. O crítico como detetive que trata de decifrar um enigma ainda que não haja enigma. O grande crítico é um aventureiro que se move entre os textos buscando um segredo que às vezes não existe. É um personagem fascinante: o decifrador de oráculos, o leitor da tribo. Benjamin lendo a Paris de Baudelaire, Lönrot que segue para a morte porque acredita que toda a cidade é um texto.[7]

Resulta uma compreensão do crítico como identificador dos rumos da experiência histórica, que busca fazer da literatura seu lugar de reflexão e de problematização, de crítica e, ocasionalmente, de denúncia — como em três exemplos recentes, dos argentinos Claudia Piñeiro e Pablo De Santis e do brasileiro Miguel Sanches Neto.

A denúncia é o propósito principal da argentina Claudia Piñeiro, em *As viúvas das quintas-feiras*.[8] As viúvas do título são mulheres à beira de um ataque de nervos, fechadas num condomínio de luxo, cercadas por grades e, além delas, por um cinturão de miséria. Elas são vazias, fúteis e vivem em meio a uma atmosfera sombria e a algumas mortes. Compõem o cenário de um painel, evidentemente ácido, da alta burguesia de Buenos Aires durante a crise de 2001. Refugiadas em seu mundo exclusivo e protegidas por um impressionante sistema de segurança, as famílias matriculam os filhos numa escola inglesa, jogam tênis e golfe, conversam e ostentam, consomem e se entediam. As amizades são falsas e a hierarquia interna é rapidamente estabelecida em função da riqueza de cada um. A consciência da realidade é precária. Só o noticiário traz informações sobre a derrocada econômica da Argentina, a instabilidade política, os movimentos sociais. As donas de casa se preocupam com os pobres que vivem ao redor do condomínio e realizam bazares e eventos de assistência social — a sombra de Evita combinada com a das atuais ONGs as espreita. Assim, sentem-se bem e diminuem os riscos de morar tão perto da pobreza e de recorrer aos serviços de quem vem desse outro mundo — desde que devidamente identificado pelos porteiros.

Durante toda a parte inicial do livro, voltada aos eventos internos do condomínio, a geometria da narração é precisa e reproduz a lógica de um cotidiano sistemático e controlado por meio da alternância regular dos narradores e dos discursos. Mas é claro que, uma hora, a realidade pula o muro e os moradores se veem às voltas com mortes. Impossível se isolar da crise, ensina didaticamente o livro, que então abandona seu desenho rigoroso e ganha aparente espontaneidade: é o descontrole do mundo atingindo em cheio a narrativa; é quando a denúncia do artificialismo, da inconsciência e da esquizofrenia social se torna de fato um policial. Curiosamente, nesse momento, Claudia Piñeiro opta por formas literárias convencionais (lineares, cronológicas, marcadas pelo narrador onisciente) e abandona a fragmentação narrativa da primeira parte. Ocorre, assim, uma inversão de valores: o mundo real é narrado de forma sistematizada e o cenário protegido do condomínio, por meio de recursos de estilo mais complexos e atuais. Na prática, o romance parece assumir de maneira cabal sua intenção de denúncia e sacrifica, por isso, o cuidado literário, talvez em busca de uma comunicação mais rápida e ágil com o leitor. A entonação novelesca passa, então, para o primeiro plano e se arrasta capítulo a capítulo à espera de um desfecho capaz de articular os vários personagens, elucidar o motivo das mortes e, por fim, deixar clara a impossibilidade do isolamento e da segurança. Até o clima de medo, construído com precisão no início, se desfaz no emaranhado de histórias breves e fluidas que só pretendem confirmar, parece, que o artificialismo do condomínio é correlato do artificialismo nas relações pessoais e sociais para ampliar a caricatura de que é impossível ser rico e viver protegido e feliz. Mesmo que *As viúvas das quintas-feiras* acabe derrotado pelo excesso de ideologização da narrativa, é exemplar da vocação cronista da narrativa policial e ilustra alguns desajustes de seu prevalecimento.

Já *O enigma de Paris*, do também argentino Pablo De Santis,[9] investe em outra rota na redefinição do gênero: os jogos retóricos e de citações e a combinação da matriz analítica com a clássica. Ambienta o crime nos tempos da montagem da Exposição Universal de Paris de 1900 e lá percorre as disputas entre doze detetives de diversos países. Assume explicitamente a paródia do policial clássico e constrói seus personagens como paródias de detetives literários. Mais do que pela história universal, o livro caminha pela história do gênero. O interesse do narrador, futuro auxiliar de detetive, vem da leitura de revistas de crimes: a narrativa policial, afinal, nasceu nas revistas e foi da imprensa que inúmeros detetives de papel partiram — a começar pelo pioneiro Auguste Dupin, criado por Poe e protagonista de apenas três histórias — para decifrar seus mistérios. O relato dos casos bem-sucedidos dos doze detetives, feito pelos assistentes, emula também os registros literários de Watson e Hastings — parceiros, respectivamente, de Sherlock Holmes e de Hercule Poirot —, assim como de tantos outros que tiveram a função de prolongar a memória dos feitos de seus chefes.

A ideia de um museu do crime, com os objetos doados pelos investigadores, é a deixa para o livro avaliar o fetichismo do gênero e seus artefatos peculiares e insistentes, que incluem lupas, capas e bengalas de mil e uma utilidades. As discussões entre os mestres abrem a porta para as inúmeras teorias ou metodologias de decifração de crimes, reais ou literárias: ação do acaso, frenologia, valor dos detalhes, centralidade da observação, intuição, racionalidade pura e plena. Também a duplicidade de desfechos permite recuperar as soluções falsas que ampliam a expectativa do leitor pela solução verdadeira e revelam as muitas possibilidades compreensivas. O enigma a ser decifrado é o da própria ficção policial: sua estrutura e seus elementos repetidos, revelados por meio da estratégia crítica do livro de De Santis.

Se Claudia Piñeiro investe na dimensão de crônica e De Santis no esforço crítico, Miguel Sanches Neto tenta combinar ambas as vertentes. Exemplar, nesse sentido, é que tenha escolhido para o papel de detetive de *A primeira mulher* um professor de literatura e "romancista sem obra".[10] Sozinho aos quarenta anos, perde sempre seus relógios e guarda-chuvas. Recusou por medo a paternidade e os compromissos que o engessariam e o fariam repetir as marcas de uma vida convencional: casa, família, maquinaria cotidiana. Fugiu, enfim, do clichê da rotina burguesa. Talvez tenha perdido o relógio da própria vida e, para escapar de um chavão, acabou assumindo outro: o da suposta liberdade plena do isolamento e dos reiterados casos com alunas novíssimas. Esbarra, porém, em certos rituais da idade — aqueles que vêm da memória e de suas escolhas incontroláveis. Uma delas envolve sua ex--mulher, Solange, agora na política, agora casada, agora com um filho desaparecido. E o professor se torna detetive — amador, como em Poe. Preocupa-se pouco com a justiça ou com a verdade: sabe que o crime fica quase sempre sem castigo, que a sordidez prevalece e que a verdade, "a verdade mesmo, nunca conhecemos, podemos intuir, jamais reconstituir os fatos". A investigação principal corre, assim, no universo da intimidade.

A história pessoal, subterrânea, sobe à cena principal — e ele segue na busca de um passado que, reencontrado, "só podia ser vivido como paródia". Procura o filho de Solange e, simultaneamente, as palavras que permitam associar a juventude perdida com a expressão presente e desconsolada ou cínica: palavras que sirvam também para resgatar o lirismo — dizem — impossível na maturidade. Por isso, reconhece, já próximo do fim, que "não estava vivendo um romance policial, mas um romance amoroso". Obra e vida se confundem, e o narrador descobre que não é apenas um "romancista sem obra": falta-lhe mais coisa para estar vivo. Encontra a ficção, que lhe permite chegar à realidade ou inventá-la: representar continua a ser o esforço de impor uma presença à ausência, só que Sanches Neto inverte as posições e é a vida que emula a ficção quando o texto lido se torna "documento pessoal" e "o diálogo [...] *súbito vira monólogo*". Quem fala, nessa hora, é o crítico, e ele anuncia uma literatura que rechaça a crítica — ou ao menos certa crítica feita na frieza dos esquemas teóricos e sedenta da confirmação de teses e concepções prévias.

A discussão intelectual retoma, dessa forma, uma denúncia recorrente na obra de Sanches Neto: a do desprezo de parte significativa da crítica pelo registro lírico e pelas formas convencionais e seu culto ininterrupto ao novo, filho bastardo do vanguardismo das décadas iniciais do século xx, que continua a pregar a necessidade de romper a cada página, de chocar com metáforas imprevisíveis, citações ininterruptas ou com recursos técnicos e formais surpreendentes. Curioso é que, na defesa da literatura simplesmente bem escrita, despreocupada com a experimentação e desobrigada da renovação, Sanches Neto chegou a um policial bastante diferente do que usualmente se faz no Brasil. Até dialoga com autores que modernizaram o gênero no trópico, mas define um lugar novo para a literatura de mistério, em que a especificidade se dilui diante da combinação com outras matrizes e da incorporação de questões vindas do conto filosófico voltairiano (também machadiano e borgiano). As considerações sobre amor, memória, paternidade, leituras e perdas se explicam nessa chave e permitem reassumir temas e metáforas que já estavam presentes em livros anteriores e agora surgem ressituadas e aprofundadas — como a da revisão das relações familiares ou a da chuva, de que parte o semiautobiográfico *Chove sobre minha infância*[11] para tensionar o limite da autobiografia.

A primeira mulher se assume como narrativa policial plural e mesclada. É também uma história de amor, um exercício de crítica, um romance filosófico. A tese central da versão autoral do *Cântico dos cânticos* (que o narrador escreve sem intenção de publicar) talvez ajude a entender sua errância e sintetize sua ânsia de variar sem descuidar do lirismo: amor é perseguição, jamais encontro. No entanto, as descrições de ambientes e de personagens que o livro de Sanches Neto traz (e que incluem os versos que percorrem a trama e combinam sagrado e obsceno, humano e profano) nos falam também de um encontro maior e mais importante: o da ficção policial com a alta literatura — e esta não se reduz a um rótulo. Ao perceber a saturação do modelo, *A primeira mulher* dialoga com sua matriz e, sem ignorar a tradição do gênero, define sua rota peculiar. Aproxima-se, dessa maneira, da crônica e mapeia um país à deriva, corrupto e desiludido. Mas a realidade é, a princípio, apenas um retrato na parede do narrador e só aos poucos ganha densidade. O professor-investigador é seu crítico e seu cronista.

Decifrador de textos e outros enigmas, o crítico se assemelha a um detetive que não trabalha com verdades absolutas, mas relativas. Esse crítico-detetive está inserido na história (uma específica: a que vive e de que pode falar) e, por isso, supõe variedade. Afinal, a revelação pública da verdade — característica comum e elemento matricial do gênero — sucumbe num sacrifício que implica igualmente a derrota do excesso lógico de boa parte das histórias policiais e expõe as limitações, contradições e enganos de todos, investigados ou investigadores. A ficção policial torna-se, dessa maneira, uma metáfora das relações sociais e a verdade final é a convencionalmente permitida.[12] Antes, porém, do momento climático da revelação, assistimos a alguns movimentos regulares da narrativa policial: busca de pistas, construção de estratégias de decifração, reconhecimento das diferentes vozes e perspectivas, combinações de dados, construção de laços entre passado e presente, exercício da razão, síntese numa forma narrativa, montagem de ensaios de compreensão. Esses esforços interpretativos, porém, se deslocam de forma gradativa do anseio pela verdade e estabelecem o caráter de denúncia social da narrativa: realçam as ambiguidades que cercam as pessoas e suas relações, definem a condição de verossimilhança do texto.

Do ponto de vista narrativo, a nova narrativa policial interrompe o ritmo habitual do gênero (que caminha invariavelmente para um desfecho elucidador e o privilegia) e recusa-se a submeter o fechamento do texto à expectativa de um fim eloquente ou decisivo: reforça, dessa maneira, o caráter precário de toda conclusão, de seus resultados ou implicações. A matriz do policial convencional é redefinida para percebê-lo em suas variações, para ampliar as leituras possíveis (evitando o clássico protocolo de leitura do romance policial) e para conectá-lo mais direta e explicitamente à experiência histórica sobre a qual pretende refletir — daí a mencionada condição anfíbia do crítico, historiador e ficcionista metaforizar-se na figura do detetive: procura o passado, identifica "os desajustes do presente" e sugere a crítica social.

Ao contrário da forma negativa como parte da crítica o definiu, ou seja, como uma validação das regras e dos valores da sociedade burguesa, o policial torna-se espaço de interpretação. Reúne história e ficção, associa temporalidades, define o lugar privilegiado do cronista e do crítico, imerso no mundo supostamente real:

Porque enquanto no policial inglês tudo se resolve a partir de uma sequência lógica de pressupostos, hipóteses, deduções, com o detetive parado e analítico [...], no romance negro não parece haver outro critério de verdade que a experiência: o investigador lança-se, cegamente, ao encontro dos fatos, deixa-se levar pelos acontecimentos, e sua investigação fatalmente produz novos crimes. [...] São duas lógicas, cada uma postada de um lado dos fatos.[13]

Mesmo que seja controversa a mencionada atribuição, por Piglia, à matriz norte-americana de uma mudança tão decisiva, é inevitável reconhecer que tal variação ofereceu ao gênero uma perspectiva crítica aguda nos dois sentidos: como denúncia social e como estratégia de reflexão para compreender a experiência histórica vivida. O labirinto, agora, é outro: o dos impasses intelectuais e das dúvidas históricas. A destruição da verdade una do policial tradicional não provoca a adoção de um relativismo pleno, em que se aceita qualquer olhar e se o toma por distinto, sem hierarquizações ou sem limites. Há uma percepção complexa da sociedade e há também a linha do horizonte, que se presta a orientar as pessoas: o ponto para onde todos os olhares podem convergir. Seu princípio supõe mobilidade, respeita a interferência do acaso, mas também inclui regras e valores universais e universalizáveis. A verdade, afinal, mesmo quando criada ou entrevista na ficção, associa-se a critérios e convenções de verossimilhança, que estabelecem as referências de caracterização da narrativa. A própria definição de ficção pode remeter a esse vínculo:

> Interessa-me trabalhar essa zona indeterminada onde se cruzam a ficção e a verdade. Em primeiro lugar, porque não há um campo próprio da ficção. De fato, pode-se ficcionalizar tudo. A ficção trabalha com a crença e, nesse sentido, conduz à ideologia, aos modelos convencionais da realidade e, claro, também às conven-

ções que tornam verdadeiro (ou fictício) um texto. A realidade é tecida de ficções.[14]

A associação entre pista e razão produziu os temas e os dilemas que marcaram a narrativa policial dos séculos XIX e XX e determinou os procedimentos de desvendamento. Na ficção policial latino-americana recente, ilustrada por esses três autores, prevalece a constituição de formas explicativas e a formulação de uma verdade que é sempre inquieta no presente e aflita com a representação histórica; por isso, o desvendamento não traz consolação ou redenção. Sob o trabalho crítico e investigativo presente nessa modulação peculiar do gênero policial, explora-se — por meio dos movimentos e das variações no gênero, das associações entre temporalidades e dos enfoques epistemológicos subterraneamente propostos — o ponto teórico de aproximação entre história e ficção policial.

A procura de um estilo em cinco cenas da literatura latino-americana na virada do século XXI*

Para João Alexandre Barbosa

No "Manifesto Crack", lançado no final da década de 1990 por escritores mexicanos — Ignacio Padilla, Jorge Volpi e Eloy Urroz, entre outros —, faz-se uma contundente defesa do livro contra a externalidade na motivação estética:

> Se um manifesto é, na maioria dos casos, um mapa para contornar o que é óbvio a uma olhada medianamente atenta aos denominadores comuns, as obras representam os verdadeiros reinos do compromisso, da postura, da reivindicação. [...] Os livros são o único local de resposta.[1]

Numa entrevista de 2004, o colombiano Efraim Medina Reyes dispara em defesa da absoluta subjetividade do texto literário: "A literatura (e a arte em geral) é um meio, não um fim. Sirvo-me desse meio para refletir sobre o que me preocupa, o que me dói".[2]

---

* Publicado em *Projeto História*, São Paulo: PUC-SP, n. 32, 2007.

Especialista em frases de impacto, na velha tradição vanguardista de *épater le bourgeois*, de atingir pela violência e pelo inesperado da metáfora, arremata: "Não é raro um homem ter um diálogo mais íntimo com um aquecedor quebrado que com sua mulher". Ao avaliar, em outra entrevista, a atual literatura colombiana, sentencia:

> Boom da literatura colombiana? É uma brincadeira? Os chamados novos escritores colombianos não passam de um bando de pentelhos. O que escrevem Héctor Abad [Faciolince], Jorge Franco e o resto é tão sem graça quanto seus traseiros. Não me sinto parte de nenhum boom, nem sequer me sinto colombiano. Prefiro ser argentino. Certamente há [um ponto de contato entre ele e seus contemporâneos], pois pertencemos a um mesmo tempo e a um mesmo país. Entretanto me sinto muito distante de qualquer escritor colombiano. Eles se levam muito a sério, inclusive os mais jovens, que já parecem mumificados.[3]

Em 1996, o chileno Alberto Fuguet propõe o coletivo literário McOndo, que alude na palavra-síntese-sátira ao McDonald's, a Macintosh e, claro, à famosa Macondo de *Cem anos de solidão*. Em inúmeras entrevistas, Fuguet reage duramente à tradição do realismo mágico hispano-americano e o denuncia como uma grife, responsável pelos desvãos políticos e intelectuais em que caiu a literatura hispano-americana das últimas três ou quatro décadas.

Em outra entrevista de 2004, o escritor cubano Guillermo Cabrera Infante, então com 75 anos, resume as tendências atuais na literatura hispano-americana:

Seguramente o caminho do realismo mágico se fechou completamente. A partir de certo momento, inclusive autores que o cultivavam, como o próprio García Márquez, o abandonaram. Penso que o realismo urbano é uma situação que responde a elementos muito concretos da realidade de cada país. Enquanto o realismo mágico se pretendia uma espécie de escola literária, o realismo urbano tende a ser algo particular, e não um movimento.[4]

Em dezembro de 2003, num debate sobre a "Geração 1990", promovido pela Liga Brasileira de Editoras (Libre), em São Paulo, o escritor Marcelo Mirisola responde a uma pergunta sobre influências literárias dizendo que sua literatura não vem de livros, mas de *Guerra nas estrelas*, *Jeannie é um gênio* e correlatos.

As quatro cenas hispano-americanas sintetizam o cenário literário presente na América hispânica e as principais questões — literárias, geracionais ou intelectuais — que o movem. Nelas encontramos a defesa de uma proposta estética, o apreço ao subjetivismo e ao sarcasmo como marcas narrativas e estilísticas, a recusa da ideia de "geração" literária, o confronto com a tradição vigente — ou com o cânone —, a recepção das novas propostas por autores consagrados. Nem todas as questões, claro, estão em todos os autores mencionados ou em outros tantos que se associam a essas novas tendências. Tampouco recebem as mesmas respostas de todos.

A breve cena brasileira repete e amplia o cenário: nela aparece a questão das influências — derivação do tema do cânone e da tradição. Entre a América hispânica e o Brasil da passagem do século XX para o XXI, para além da simultaneidade cronológica, há evidentes simetrias estéticas e intelectuais. Falemos, portanto e a princípio, de América Latina.

* * *

Costumamos falar em *geração* quando apontamos para uma espécie de programa literário comum, alardeado em manifestos ou movimentos que mobilizam (ou tentam mobilizar ou, mais comum, tentam provocar/incomodar) a cena literária-artística. Mas *geração* também sugere que determinadas temáticas ou certas preocupações formais e estilísticas movem autores que produzem simultaneamente. Nos dois casos, a noção pode, mas não deve, sugerir homogeneidade, tampouco plena identidade entre autores/obras que pertencem a ela ou que a ela se vinculam; deve, antes, referir-se a certas tendências ou vocações coletivas.

Preocupada com a perda da especificidade de cada intervenção, a suposta Geração 1990 evita ser tomada como tal: seus autores apressam-se em afirmar as dissonâncias e a repudiar uma suposta organicidade do(s) movimento(s). Já vimos Medina Reyes rejeitando qualquer identidade com seus contemporâneos. Também Ignacio Padilla segue o mesmo caminho:

> A Crack não é uma geração, nem mesmo um grupo de pessoas. Em seu sentido original, se trata de um grupo de romances com características mais ou menos similares que foram apresentados, e acompanhados, de um antimanifesto, em 1996. A academia e a imprensa, sobretudo, é que transformaram a Crack em uma geração de escritores latino-americanos, um erro que nos envaidece, mas que é sempre necessário esclarecer. Acredito que nenhum dos seis autores reunidos na Crack, cujo maior valor é a amizade literária, deseja ou pretende ser considerado de outra forma.[5]

O brasileiro Nelson de Oliveira, ao reunir contos de vários autores numa coletânea interessante e irregular, também faz a devida ressalva:

O cosmo não é democrático, não aceita opiniões contrárias e muito menos dissidentes. Não está interessado na própria cotação no Ibope. Quer mais é continuar girando em torno do próprio umbigo, o resto que se dane, os insatisfeitos que se mudem. É em torno desse dilema que gira o novo conto brasileiro. A prosa curta da Geração 90 ora aceita, ora rejeita a relação sublime e absurda que há entre o homem e a natureza. Razão pela qual para muitos destes contistas a rubrica Geração 90 chega a causar asco.[6]

Além da preocupação de recusar a homogeneidade, há outros sentidos na rejeição. A perspectiva de Padilla, por exemplo, visa afirmar o primado do livro sobre autores ou sobre qualquer hipotética proposta genérica. Padilla lembra que o Manifesto Crack veio das obras, não as determinou; foi uma espécie de contingência, de inevitabilidade diante de um cenário literário e intelectual que amadurecera certas concepções, que as traduzira em livros. Isso foi apenas sintetizado no manifesto, talvez com intenção didática ou com a disposição de formular um protocolo de leitura.

Outro sentido da recusa da ideia de geração é a afirmação, especialmente importante na proposta estética em jogo, da individualidade, da subjetividade. Daí o "asco" que, segundo Nelson de Oliveira, o termo pode gerar. Apesar, porém, da intenção de evitar a identificação como geração literária, os autores oferecem argumentos que nos permitem considerá-los como tal. Afinal, a insistência na subjetividade como marca narrativa remete à noção de representação da temporalidade vivida, à qual a noção de geração literária deve ser atrelada, gerando o sentido de contexto cognitivo: o que é possível escrever ou pensar numa dada experiência histórica, suas regras e seus desvios, suas pertenças intelectuais. Ou, em outras palavras, mais do que supor *geração* como identidade de autores e obras ou de respeito estrito a um programa comum, ela indica uma experiência radical de colocar-se em seu tempo (mesmo quando se reage a ele) e de inquirir sobre seus impasses. É isso que nos permite caracterizar, por exemplo, as próprias vanguardas latino-americanas do início do xx como geração: ali havia um sentimento forte de ruptura com a tradição e a disposição de referir-se estética e politicamente ao tempo que se vivia.

Por isso podemos imaginar que exista, ou tenha existido, uma Geração 1990 — que, trinta anos depois, já proliferou, se expandiu, se desgastou e se dissolveu. Nela, algumas tensões manifestam-se por trás da diversidade de autores ou de enfoques. Na prosa, por exemplo, recusa-se regularmente a linearidade da narrativa, privilegia-se o incomum e o insólito — tanto no plano temático quanto nas opções narrativas —, faz-se prevalecer a tendência à divagação contra as aproximações filosóficas e, como já dito, exacerba-se o subjetivismo do narrador, pela visão peculiar, irônica e cínica do mundo que revela, sem necessariamente empenhar-se em argumentar ou sustentar, para além das motivações ocasionais ou pessoais, uma mitologia pessoal, suas impressões do mundo ou suas oscilações narrativas.

Vale a pena observar ainda que, embora os movimentos citados e suas características gerais costumem se referir à prosa, também na poesia os anos 1990 trouxeram — sobretudo no panorama brasileiro — disposição renovadora. É notável, nessa poesia dos 1990, a reflexão intensa sobre a linguagem, herança de Oswald de Andrade, de João Cabral ou do concretismo, sem que se descarte o apelo lírico, por exemplo, de Drummond; ou a ausência de posições rígidas (mesmo quando alguns textos ou manifestos, lançados em orelhas, prefácios ou posfácios dos livros o sugerem) e a capacidade de confundir posições. Igualmente o privilégio dado ao rigor e ao experimentalismo, sem recair na repetição das propostas da vanguarda dos anos 1950, aproxima poetas e prosadores. É interessante, por exemplo, como ressoam de forma semelhante as falas do Manifesto Crack e do poeta e crítico brasileiro Frederico Barbosa. No Crack, reivindica-se, junto com a prioridade do livro, uma literatura "profunda", relativa ao "momento atual de seus escritores", e apresenta-se a proposta de forma sucinta: "Os romances Crack compartilham essencialmente o risco, a exigência, o rigor [...], uma polifonia, um estilo barroco necessário, uma experimentação, o rigor livre das complacências e dos pretextos".[7]

Frederico Barbosa, num texto breve, defende posição bastante semelhante:

> Um, dois, três, quatro... Quatro nomes, três palavras, duas indagações e uma afirmação categórica [...]. Os nomes: Gregório de Matos, João Cabral de Melo Neto, Haroldo de Campos e Augusto de Campos. As palavras: critério, rigor e exigência. As indagações: como continuar a "tradição do rigor" estabelecida na literatura brasileira por esses poetas? E, ainda mais, como fazê-lo procurando ampliar o exíguo público leitor hoje dedicado à poesia? A afirmação: arte é norma, poesia é palavra em ordem.[8]

Independentemente da forma — poesia ou prosa — e da nacionalidade, a mesma defesa do rigor, da multiplicidade de vozes ou posições narrativas; a evocação do literário em si, isento de compromissos externos à constituição da obra. Cada um busca o universal cantando sua aldeia — para usar a célebre conclamação de Octavio Paz — e atualiza a criação literária por meio do reconhecimento dos mecanismos internos do texto. Coincidente, também, é a eleição, nos dois casos, de um mesmo passado estético, de uma mesma tradição, a do barroco.

Claro que o barroco não é unanimidade na leitura da tradição processada pela Geração 1990, mas em todos os autores e em todas as obras — acentuando o caráter geracional — há a disposição de reinventar o cânone, realizar julgamentos estéticos e políticos e restabelecer filiações intelectuais: redesenhar o passado e definir um lugar no presente.

Em primeiro lugar, é preciso que se lembre algo sabido, mas muitas vezes esquecido: tradição se inventa e reinventa, se faz e se refaz; precursores são eleitos por seus intitulados sucessores mais do que os determinam. Em segundo lugar, relembremos também o fato de sermos, em medida mais ou menos acentuada, herdeiros do espírito moderno e de sua vocação iconoclasta e cultuadora do novo; cultores de uma tradição, já disse Octavio Paz, que se faz pela sequência de rupturas, e não pela continuidade.[9]

No contexto brasileiro e no hispano-americano, encontra-se tanto a disposição de alardear a ruptura com a tradição como a opção antônima de relê-la e de estabelecer laços com o passado. Marcelo Mirisola, no debate mencionado no início, preocupa-se em situar sua literatura como tributária essencialmente de uma cultura pop, do universo do entretenimento e da circulação midiática, tudo mesclado a experiências íntimas. Nelson de Oliveira observa, na já citada apresentação de *Manuscritos de computador*, que: "Vale a pena observar que esta é a primeira geração de escritores cuja infância foi bombardeada pelo veículo de comunicação mais agressivo do planeta: a televisão".[10]

Na mesma linha, ecoam também algumas declarações contundentes de Medina Reyes, quando perguntado sobre as influências em sua obra:

[Minhas influências são] as canções de Prince e os livros de Truman Capote, filmes como *Paris, Texas*, de Win Wenders, a música de Pixies e Nirvana, as propostas de John Galliano, a comida de minha mãe, as lutas de Cassius Clay e Sugar Ray Leonard. As mulheres que me despedaçaram o coração quando tudo parecia perfeito. Os medos da minha infância, que ainda me assolam certas noites. A poesia de Emily Dickinson e Cesare Pavese. As feridas de bala que tenho na perna direita e na barriga, a de faca que tenho no lábio e as milhares que não se veem por estarem lá dentro.[11]

Fora as concessões a Emily Dickinson e Cesare Pavese, únicos representantes de uma cultura letrada — e essa concessão parece ser motivada menos pela escrita de ambos, e mais pela leitura quiçá dilacerante que Medina fez deles —, a grande influência literária é a vida: marcas de uma experiência urbana, de uma condição que ele próprio define como "à deriva". Claro que há, na autodefinição, muito de artifício, de propaganda e de construção de um personagem literário que procura diluir as fronteiras entre o autor e os narradores de seus livros. Há também um esforço evidente de provocar um efeito de realidade no ocasional leitor. Daí, inclusive, o título de "realismo urbano" que se costuma atribuir a ele e a outros de sua geração.

Mais do que as referências pop a que atribui a origem de sua escrita, é a produção dessa ilusão de realidade por trás do texto, é essa sugestão de que algo vibra em cada página ou palavra, de que a representação é um espelho-palavra da vida sem mistificação que estabelece o corte na tradição, que rejeita um passado literário cujo nome é realismo mágico. Gabriel García Márquez, como se vê, está na linha de tiro. E Medina Reyes reage violentamente a ele: de trocadilhos com seu nome a acusações pessoais graves. E a recusa mais importante: a negação da capacidade do chamado realismo mágico de se referir à experiência histórica colombiana:

A magia colombiana é um produto de García Marqueting. Macondo lhe deu muito dinheiro e atraiu muitos turistas europeus. Nós que vivemos na Colômbia sabemos que as pessoas aqui não voam pelos ares vítimas de um esconjuro, mas, sim, de uma bomba.[12]

Claro que nem todas as críticas ao realismo mágico têm a virulência da de Medina Reyes. Como também nem toda leitura da tradição, pela Geração 1990, desemboca na rejeição de qualquer linha de influência da literatura latino-americana passada. Muitas vezes, a iconoclastia inconsequente e a falsa defesa da despreocupação estética são apenas aparentes. Ainda que os textos de antologias, revistas ou mesmo de alguns livros sugiram aparente desapreço às regras formais de construção literária e ao rigor estético, esse desleixo, na Geração 1990, é parte compositora de um estilo e de uma atitude literária.

Na poesia brasileira, há um esforço de diálogo ainda mais intenso (ou mais regular ou mais obrigatório) de revisitar a tradição do que na prosa. O caráter laboratorial e a dimensão de "oficina" da poesia implicam ler e reler, forçam a construção de diálogos com outras temporalidades e com os projetos literários em jogo naquele tempo. Esse, inclusive, talvez seja um dos grandes méritos da poesia dos 1990. Autores como Heitor Ferraz ou Fabrício Carpinejar, sempre guardadas as peculiaridades de cada obra, revalorizam a metáfora, recorrendo à tradição de 1922, mas igualmente reiteram o apreço pela concisão ou pela secura de Cabral. Destacam a posição do sujeito narrador e privilegiam os jogos de memória, ao sabor de Manuel Bandeira, e ao mesmo tempo insistem no coloquialismo de Oswald de Andrade. Josely Vianna Baptista recupera o barroco, mas não o faz pelo atrelamento direto de sua poesia a outras formulações de busca do barroco no século xx brasileiro; ao contrário, incorpora sobretudo a tradição hispano-americana, estabelecendo diálogo forte com Lezama Lima, de cuja poesia e romanesca, inclusive, é a melhor tradutora no Brasil. Frederico Barbosa, Régis Bonvicino ou Nelson Ascher, independentemente de suas disposições ocasionalmente semelhantes ou distintas, partilham, por exemplo, a disposição de conciliar tradições literárias variadas do xx, recusam posições rígidas e permitem uma revisitação da história literária ou da produção poética não marcada por eleição exclusiva de escolas ou de filiações (mesmo quando alguns textos ou manifestos, lançados em orelhas, prefácios ou posfácios dos livros o sugerem; o que já foi, inclusive, observado, com argúcia, por Viviana Bosi, numa resenha de *Contracorrente*, de Frederico Barbosa). São capazes de celebrar Oswald, mas reconhecer Mário; de associar Paulo Leminski e Guimarães Rosa; de compor diálogos entre os concretistas e Carlos Drummond de Andrade.[13]

De qualquer forma, a literatura brasileira não é assombrada por um fantasma do porte do realismo mágico. No cenário hispano-americano, a força desse passado — força literária, de difusão e de mercado — torna inevitável o sentido ruptural que a Geração 1990 assume: ela precisa reagir para definir seu lugar, para respirar. Por isso, mesmo longe da posição belicosa de Medina Reyes e de Alberto Fuguet, o tema é revisitado em todos os autores ou obras. Ignacio Padilla, por exemplo, é mais sofisticado ao abordar a relação dessa geração com a tradição do realismo mágico. Falando de autores que influenciaram a Geração Crack, como o chileno Roberto Bolaño ou o espanhol Enrique Vila-Matas, resume o momento do corte:

[Tais autores] são efetivamente os mestres indiscutíveis não apenas daqueles que compõem a Crack, mas de qualquer autor latino-americano nascido na década de 1960. Diferentemente de seus discípulos, eles quase nunca anunciaram de maneira explícita sua frustração diante da quimera, da invenção, da aberração do realismo mágico. Simplesmente demonstraram com seus livros que a boa literatura nasce e se faz distante dos cenários bananeiros e da fantasia desaforada que pretende vender exotismos fáceis.[14]

A Geração Crack, de resto, poupa García Márquez, reconhece a maestria de suas obras e acusa seus diluidores de degradarem a literatura latino-americana por meio da repetição exaustiva de um modelo artificial, mas de mercado garantido. Coloca-o em seu cânone, ao lado de Julio Cortázar, Jorge Luis Borges — evidentemente —, Carlos Fuentes e Ricardo Piglia — os dois últimos, inclusive, foram dos primeiros a celebrar e a elogiar, com Cabrera Infante, os livros da Crack. Refaz, dessa forma, o cânone, estabelecendo, à semelhança do que ocorre na poesia brasileira, mais pontos de influência do que uma única linha.

Importante é reconhecer que as diferentes leituras da tradição e os graus variados de iconoclastia coincidem na recusa sistemática e na busca de superação do realismo mágico, ao demonstrar o esgotamento de um modelo, sua banalização e a confusão que ocorreu dos anos 1960 aos 1990: o que era signo identificador da América Latina, apoiado em considerações e forte significado histórico — a ideia de uma América insólita, em que a diversidade e a antítese se tornam marcas de aproximação e identificação (como em Alejo Carpentier ou em José Lezama Lima) —, tornou-se suposto gênero literário e regular bandeira política, com decorrente perda da qualidade estética.

Longe da politização dos anos 1960, longe da urgência na definição da identidade latino-americana (que, afinal, já fora resolvida bem antes dos 1960, mas ressurgiu então em função da centralidade político-ideológica que essa década lhe atribuiu), os autores da Geração 1990 afirmam o universal, procuram o real e sabem-se provisórios. As experiências hispano-americanas e brasileiras distinguem-se, certamente em função da força tão distinta da geração literária que as precedeu. Mas não é de diferenças que se compõem essa relação e a circulação possível de ideias? Deixemos, então, a última palavra com Ignacio Padilla, que compara o panorama literário mexicano ao do restante da América hispânica:

> O panorama é similar, não idêntico. Basta citar a singularidade do desenvolvimento recente da nova narrativa colombiana. O que une as novas literaturas em espanhol é sua pluralidade, sua diversidade. Na imensidão de vozes surgidas nos últimos anos é possível encontrar de tudo [...]. Cada um escreve com absoluta liberdade. A rebelião contra os moldes de exotismo e do realismo mágico, antes exigidos pelo mercado, é o que nos une e nos permite ser diferentes.[15]

Nesse panorama *similar*, podemos incluir o Brasil. E nas similaridades, ecoa a ideia ampla e plural de América Latina. Quase setenta anos depois de *A expressão americana*, Lezama Lima provavelmente gostaria de ouvir isso.

LEITURAS

História de um distanciamento:
As memórias de Piglia
nos diários de Renzi[*]

Quase no fim do primeiro volume de *Os diários de Emilio Renzi*, o narrador explica:

> [...] de todos os signos da linguagem, o Eu é o mais difícil de controlar, o último que a criança adquire e o primeiro que o afásico perde. A meio caminho entre ambos, o escritor adquiriu o hábito de falar de si mesmo como se falasse do outro.[1]

De quem são as memórias lançadas, entre 1957 e 1967, em cadernos esparsos, por um candidato a escritor que então vivia seus "anos de formação" e que quase seis décadas depois — sabendo-se condenado à paralisia e a uma morte triste e provavelmente rápida — organiza, seleciona, recorta, remonta, reescreve e finalmente publica tudo isso? Seria um "livro sobre nada", à semelhança do que Gérard Genette escreveu sobre a maioria dos diários?[2] Na "Nota do autor" do primeiro volume de *Os diários de Emilio Renzi*, o narra-

---

[*] Publicado em *Literatura e Sociedade*, São Paulo: FFLCH-USP, série 29, n. 24, 2019.

dor admite o risco: "No começo as coisas foram difíceis. Ele não tinha nada para contar, sua vida era totalmente trivial".[3]

Nos três volumes dos diários, os registros funcionam como uma das máquinas narrativas que tanto fascinaram Ricardo Piglia: eles contam a história alinear da formação de um escritor. Acompanhamos sua infância e os casos que ouviu do avô Emilio — que lutou na Primeira Guerra Mundial por causa de uma paixão. Conhecemos os cursos que fez na Universidade de La Plata, os debates com professores e colegas, as relações com os familiares e com as mulheres, os amores e a redação de seus primeiros textos. Estrategicamente, no volume 1 e no volume 3, os capítulos alternam o dia a dia com material ficcional — pequenos contos, esboços de textos —, mais uma vez indeterminando as fronteiras entre realidade e ficção. Não por acaso, o aprendizado do narrador deriva mais do mundo que lê do que do mundo que ele vê: "É com os escritores imaginários que eu aprendo o que quero fazer. Por exemplo, Stephen Dedalus ou Nick Adams. Leio suas vidas como um modo de entender do que se trata. Não tenho interesse em me inspirar nos escritores 'reais'".[4]

Passear pelas páginas de *Os diários de Emilio Renzi* permite, ainda, compilar a vertiginosa lista de livros e leituras que movem Renzi/Piglia nesses dez anos: Marcel Proust, Lionel Trilling, Herman Melville, Edmondo De Amicis, Charles Dickens, Julio Verne, Carlo Emilio Gadda, Domingo Faustino Sarmiento, Gustave Flaubert, Witold Grombowicz, Virginia Woolf, Rudyard Kipling, Ricardo Güiraldes, G. K. Chesterton, Jean-Paul Sartre, Leonid Andréiev, Willliam Faulkner, Albert Camus, Juan Carlos Onetti, J. D. Salinger, Nikolai Gógol, Martin Heidegger, Bioy Casares, Scott Fitzgerald, Kafka, Saul Bellow, Fiódor Dostoiévski, Robert Walsh, Henry James, Roa Bastos. A lista é imensa e incrivelmente variada. Como o leitor habitual de Piglia pode imaginar, James Joyce, Cesare Pavese, Roberto Arlt, Ernest Hemingway e Jorge

Luis Borges têm lugar privilegiado. É borgiana, aliás, a insistência do narrador em ressaltar o primado da leitura sobre a escrita. Logo no início do primeiro volume, ao comentar sua relação com os livros que leu, atesta:

> *Como li alguns dos meus livros* poderia ser o título de minha autobiografia (caso a escrevesse). Primeiro ponto, portanto, os livros da minha vida mas nem todos os que li, e sim aqueles dos quais lembro com nitidez a situação e o momento em que os lia. Se eu me lembro das circunstâncias em que estava com um livro, isso para mim é a prova de que ele foi decisivo.[5]

Autobiografia fragmentada, descrita como colagem de leituras feitas; passado cifrado nas lembranças dos momentos vividos com livros cujo significado literário pode ser irrelevante, pois eles valem pela persistência na memória, pela capacidade que tiveram de iluminar uma cena vivida, pelas "emoções associadas ao ato de ler. E muitas vezes atribuo a esses livros a paixão da época (que já esqueci)".[6] O autor como leitor: o Piglia-jovem espelhado e concentrado em livros esparsos e desordenados pelo tempo — e o olhar ordenador do Piglia-maduro lançado ao passado:

> Não são necessariamente os melhores, nem os que me influenciaram: são os que deixaram uma marca. Vou seguir esse critério mnemônico, como se eu contasse somente com essas imagens para reconstruir minha experiência. Um livro na lembrança tem uma qualidade íntima somente *se vejo a mim mesmo lendo*. Estou do lado de fora, distanciado, e me vejo como se fosse outra pessoa (sempre mais jovem).[7]

"Do lado de fora, distanciado": na capa do livro, quem assina é Ricardo Piglia, mas os diários não são do eu, são do outro: Emilio Renzi. Nem o mais incauto leitor que abra as páginas dos três volumes em que Piglia resumiu seus cadernos pode, portanto, se sentir enganado: a sobreposição de telas sobre o passado é explicitada desde o título: *Os diários de Emilio Renzi*.

Mas quem é Emilio Renzi? Para o leitor, Renzi é um personagem recorrente de Piglia. Ele aparece em sua obra desde a década de 1960, assina textos de crítica, protagoniza contos e atua nos cinco romances que Piglia escreveu, desde *Respiração artificial* (1980) até *O caminho de Ida* (2013). Muitos críticos preferem descrever Renzi como alter ego de Piglia: seu segundo eu, seu outro lado, sua projeção e sombra no texto. A associação Piglia/Renzi soa ainda mais perfeita se lembrarmos que o nome completo do escritor é Ricardo Emilio Piglia Renzi — ou seja, Renzi está em Piglia, faz parte de Piglia.

A relação entre os dois, porém, é mais complexa, como já mostram as primeiras linhas de *Anos de formação*. No texto intitulado "Nota do autor" — logo, supostamente indicativo da pessoalidade do relato —, o narrador alerta para a duplicidade Piglia/Renzi ao usar a terceira pessoa para se referir ao autor do diário e ao empregar aspas, recurso de citação, para lhe dar voz:

> Tinha começado a escrever um diário no final de 1957 e ainda continuava a escrevê-lo. Muitas coisas mudaram desde então, mas ele permanecia fiel a essa mania. "Claro que não há nada mais ridículo do que a pretensão de registrar a própria vida. Você imediatamente vira um *clown*", afirmava. Mesmo assim, ele está convencido de que, se uma tarde não tivesse começado a escrevê-lo, nunca teria escrito mais nada.[8]

Ao caracterizar os diários como a origem e a condição da obra futura, Piglia estabelece um vínculo definitivo entre a suposta verdade contida no diário e o registro imaginativo da ficção; ele cria um "intervalo" e nele combina descompasso e encontro.[9] É nesse intervalo que se imiscui a imaginação; e esse é o caminho de Piglia na organização de seus cadernos. Nas páginas dos três volumes dos diários, expõem-se as estratégias de especulação e de burla, e a proliferação de sentidos e vozes deslocadas e distancia- das: da leitura dos cadernos à escolha (ou descarte) dos fragmen- tos, da reescrita às sucessivas revisões, da mão que os escreveu por anos e anos à intermediação da assistente que acompanhou Piglia, bastante doente, nos últimos anos. Assim, a agilidade e a instantaneidade do registro diário foram trocadas pelo ritmo necessariamente lento da construção de um livro e, sobretudo, de significados para a experiência perdida. Também a ordem cro- nológica das anotações de cinquenta e tantos anos sucumbiu ao trabalho seletivo:

> Transcrevo meu diário sem seguir uma ordem cronológica, isso seria terrível e muito tedioso, disse. Viajo no tempo, pego os ca- dernos ao acaso e às vezes estou lendo minha vida em 1964 e de repente já estou no ano 2000 [...] meus cadernos são minha má- quina do tempo.[10]

O diário, gradualmente transposto para a forma de livro, reitera a resposta à sua pergunta inicial sobre o motivo de escrever um diário: Piglia não pretendia procurar a realidade; queria recriá-la ou negá-la, como admite ao falar de seus dezesseis anos e dos dias di- fíceis em que iniciou os cadernos — logo depois do golpe que der- rubou Perón em 1955, seu pai passou quase um ano preso e, uma vez libertado em 1957, a família tinha que se mudar de Adrogué e buscar abrigo mais seguro: "Nesses dias, em meio à debandada, num dos cômodos desmantelados da casa, comecei a escrever um diário. O que eu procurava? Negar a realidade, recusar o que estava por vir. Ainda hoje continuo escrevendo esse diário".[11]

Na fronteira volátil entre história e ficção, a memória aproveita a brecha que os cadernos oferecem para perscrutar e reencenar o passado, para analisá-lo, interpretá-lo, restaurá-lo seletivamente[12] e recriá-lo na narrativa; é nela que Piglia estetiza o real e conecta a escrita do diário ao registro do romance, combinando memória, realidade e ficção. A operação é semelhante à de falar de si como se fosse de outro — olhar para si a partir de fora ("gostaria de escrever sobre mim mesmo em terceira pessoa"),[13] posicionar-se "a meio caminho" entre o eu e o outro, enfatizando mais uma vez a decisão de externalizar a autoria de um relato que a princípio parece tão pessoal, verídico e intransferível, como um diário. Mesmo sem endossar plenamente a "negação autobiográfica", sem "desejar ser um outro"[14] e nele concentrar a figura e a possibilidade da autoria, a estratégia deslocadora de Piglia é clara e, ao revelá-la, ele responde ao que Georges Didi-Huberman considera um desafio central na composição de diários: "É terrivelmente difícil apresentar claramente a que estamos nós mesmos direta e vitalmente expostos. Como escrever o que sofremos, como construir um logos — ou se fazer uma categoria de espécie, uma ideia, um *eidos* — com seu próprio *páthos* do momento?".[15]

O logos pigliano é construído pela estratégia de deslocamento e distanciamento desenvolvida em *Os diários de Emilio Renzi*, traduzida nos gestos de circular livremente pela cronologia, olhar para si como se estivesse fora, combinar o eu ao outro e jamais discerni-los na — como diz, a bonita epígrafe proustiana que abre *Anos de formação* — "multiplicação de si mesmo, que é a felicidade". Nesse processo cheio de contrastes, o que eram documentos íntimos e pessoais metamorfoseiam-se em material literário a ser publicado — tornado público; o que se supunha desmistificador era um lance a mais na construção de uma obra e de uma persona literária.

Em suma, a assinatura de Renzi no lugar da de Piglia ajuda a afastar qualquer compromisso com a verdade, reivindica o espaço da ficção e desvela o estatuto literário do texto. Da mesma forma, esse distanciamento da autoria e de toda responsabilidade sobre a memória e a evocação do passado orienta o esforço de transpor para o presente a experiência vivida no passado, transmutando-a. Para Didi-Huberman, trata-se de uma "tomada de posição" e ele enfatiza que

> é preciso compreender que não há nada de simples em tal gesto. [...] distanciar supõe [...] aguçar seu olhar. [...] Distanciar seria mostrar mostrando que se mostra, e assim dissociando — para melhor demonstrar a natureza complexa e dialética do que se mostra. Nesse sentido, *distanciar é mostrar*, isto é, desunir as evidências para melhor unir, visual e temporalmente, as diferenças. [...] Distanciar é saber manipular seu material visual ou narrativo como uma *montagem de citações* referidas à história real.[16]

O leitor que acompanha a construção dessa memória enviesada não enxerga o passado, mas o diálogo entre os diversos estratos do tempo[17] e o recurso à ficção como forma de produzir significados para a experiência histórica e de possuir o passado — e a consciência dele — com base em fragmentos sutis.[18] Jacques Rancière, em *O fio perdido*, analisa o papel revelador que a ficção pode exercer para a apreensão, necessariamente ambígua — e por isso fértil — do real:

> [...] a ficção não é [apenas] uma invenção de mundos imaginários. Ela é, em primeiro lugar, uma estrutura de racionalidade: um modo de apresentação que torna as coisas, as situações ou os acontecimentos perceptíveis e inteligíveis; um modo de ligação que constrói formas de coexistência, de sucessão e de encadeamento causal entre os acontecimentos e confere a essas formas as carac-

terísticas do possível, do real ou do necessário. [...] E os desregramentos da ordem ficcional permitem, contrariamente, pensar as relações entre as palavras e as coisas, as percepções e os atos, as repetições do passado e as projeções no futuro, o sentido do real e do possível, do necessário e do verossímil do qual se tecem as formas da experiência social e da subjetivação política.[19]

Regrar e desregrar, nos termos enunciados por Rancière, são os movimentos a que Piglia recorre — por meio da oscilação na autoria ou do trabalho da memória — para afastar-se da experiência e lhe atribuir significados, para restaurá-la, não mais como realidade, e sim como ficção. No segundo volume dos diários — *Os anos felizes* —, Piglia esclarece a opção pela narrativa imaginativa: "Nunca me preocupou a ideia de que a literatura nos afastasse da experiência, porque, para mim, as coisas acontecem ao revés: a literatura constrói a experiência".[20] O comentário, anotado num domingo, 29 de setembro de 1968, antecipa em mais de dez anos a escolha da epígrafe de seu romance mais intenso e mais colado ao momento vivido: *Respiração artificial.*[21] Escrito durante a escabrosa ditadura militar argentina, o livro enfatiza a necessidade de construir o passado para compreender o presente, teoriza sobre as contingências e as possibilidades da história e tenta alcançar, por meio de uma viagem à ficção, alguma compreensão do presente. Sua epígrafe, que pressagia as vertiginosas aventuras de Emilio Renzi e de Marcelo Maggi, é composta de dois versos do célebre "The Dry Salvages", de T.S. Eliot:

> *Vivemos a experiência mas perdemos o significado,*
> *E a proximidade do significado restaura a experiência*

Vale a pena prosseguir a leitura por mais alguns versos:

Vivemos a experiência mas perdemos o significado,
E a proximidade do significado restaura a experiência
Sob forma diversa, além de qualquer significado. Como já se
[disse,
A experiência vivida e revivida no significado
Não é experiência de uma vida apenas
Mas a de muitas gerações — não esquecendo
Algo que, provavelmente, será de todo inefável:
O olhar para além da certeza
Da História documentada, a olhadela,
Por cima dos ombros, lançada ao terror primitivo.[22]

Nenhuma verdade sobre o passado é acessível, pois o significado de toda experiência vivida é volátil e jamais sobrevive aos estratos que se acumulam do tempo, à interferência de novas temporalidades — e "gerações" —, às outras vidas que vivemos posterior ou simultaneamente àquela que pretendemos revisitar. A história, com seus caprichos de dama elegante e seu compromisso com a verdade possível e tangível, documenta poucas e precárias certezas; daí a necessidade de lançar "a olhadela,/ Por cima dos ombros [...] ao terror primitivo" e a todos os terrores que devamos enfrentar. David Lowenthal já observou que a sensação de perda do passado provoca a contínua evocação da experiência vivida e o esforço de reinventá-la na memória ou na ficção.[23] Esse anseio de evocar o passado justifica as duas faces e os dois tempos do diário: sua escrita "a quente" e a edição posterior que reconstrói e restaura, alterados, seus significados. Num tempo ou no outro, o diário é sempre o negativo da realidade. Nega-se a realidade por meio da mentira — algo próprio da ficção —; nega-se a realidade para conhecê-la e compreendê-la, para recriar os significados possíveis da experiência passada, para ordenar o tempo vivido.[24]

Nega-se a realidade para produzir literatura — esta, a preocupação central de *Anos de formação*. Embora os dois volumes posteriores de *Os diários de Emilio Renzi* — *Os anos felizes*, lançado em 2016, e *Um dia na vida*, de 2017 — também reflitam prioritariamente sobre a literatura, é no livro inicial que ela desponta como objetivo de vida e trabalho do narrador. Piglia/Renzi se prepara para ser escritor, imergir no mundo da ficção e da crítica. A literatura é sua única aposta ("tenho que entender que somente minha literatura interessa [...]. Sou alguém que apostou a vida numa única cartada."),[25] mas a escrita ainda é um alvo na noite, um caminho enigmático a ser trilhado num mundo que precisa ser criado, em que o Eu e o outro se confundem, ora se expõem, ora persistem secretos: "Na literatura, acho, o fundamental é ter um mundo próprio. No meu caso, esse material é secretamente autobiográfico e depende da infinidade de histórias familiares que fui escutando ao longo da vida".[26]

A anotação de janeiro de 1964 é seguida por observação sobre as hesitações da memória e a sobreposição de temporalidades: "Por alguns momentos estou em outro tempo, não se trata de uma lembrança, e sim, antes, de voltar a viver as emoções do passado. [...] Enfim, queria estabelecer uma distinção entre recordar e viver — ou ver-se viver — no passado".[27]

O desassossego do narrador não se restringe à esfera pessoal; ele inclui a constatação acerca do lugar da literatura num período de fortes tensões políticas dentro e fora da Argentina, como quando afirma — talvez antecipando a noção de "ficção paranoica" a que se dedicou tantos anos depois — que "a literatura seria uma alternativa às manipulações da linguagem e aos usos da ficção por parte do Estado"[28] ou na interpretação que ensaia a partir da leitura de Dashiell Hammett: "por que se narra dessa maneira? Porque nesse mundo tudo está em perigo, todos se sentem vigiados e a violência pode explodir a qualquer momento. O procedimento narrativo dá a entender tudo isso sem dizê-lo".[29]

Nesse "mundo em perigo" a ficção tem também o papel de instigar a imaginação moral — noção que surgiu com Edmund Burke, no final do século XVIII, e que remete à capacidade de conceber e representar a diversidade do humano e de reconhecer suas peculiaridades e ambiguidades.[30] Nos diários de Piglia, ela assume a condição de imaginação acerca das contingências, ironias, ambiguidades e ambivalências dos textos e dos sujeitos com quem, desde o lugar de leitura e da perspectiva imaginativa que assume, partilha a experiência histórica das frementes décadas de 1960 a 1980 na América Latina.

Sabemos que a tradição literária argentina, desde a metade do século XIX — ou mais especificamente a partir do *Facundo*, de Sarmiento, um dos objetos da leitura frequente e da obsessão analítica de Piglia —, indeterminou as fronteiras entre gêneros e o ensaísmo pôde se misturar com a ficção, a história, o jornalismo, a etnologia, o comentário político e o relato pessoal. É nessa confluência de muitos registros, diferentes entre si mas intercambiáveis, que *Os diários de Emilio Renzi* mesclam história, memória, ficção e exercício da crítica. É nesse terreno que constrói seus duplos: público e privado, instantaneidade e longa duração, memória e história, leitor e escritor, passado e presente, verdade e ficção, Piglia e Renzi.

Mais de uma vez Piglia referiu-se aos diários como "o romance de uma vida": uma reflexão sobre a figura do autor, fazendo-a vagar entre as condições de narrador e personagem; um desvelamento gradual das leituras e das experiências vividas; uma autobiografia produzida no cotidiano, e décadas depois reinventada ficcionalmente; um olhar de estranhamento e vertigem sobre o passado; uma radiografia dos mecanismos de construção da memória, com a recorrente apropriação individualizada da experiência coletiva; um assombro ante a importância da imaginação moral, sobretudo em tempos sombrios; a história de um distanciamento e a reafirmação da centralidade da ficção como gesto crítico para lidar com a inquietante prolixidade do real — prolixidade do real que, já disse Borges, é nossa maior angústia; pode nos paralisar, mas permite também que reconheçamos — como constata o hesitante Emilio Renzi do final de *Anos de formação* — que mesmo nos momentos mais pérfidos sempre haverá alguém, ou algum texto de ficção, para nos sustentar no ar: "Isso que é narrar, disse em seguida, arremessar-se no vazio e acreditar que algum leitor vai segurá-lo no ar".[31]

"O que restou de tudo isso?": Signos da arte e da memória em *Cinzas do Norte**

L'être est toujours dans cette distance, quelque part entre un soi insondable et l'autre en soi.

Dans la sensation du temps. Dans l'amour, que est l'impossibilité de la fusion entre soi et l'autre.

Dans l'art, l'expérience de l'altérité.

Mathias Enard, *Boussole*

Logo na abertura de um livro inteiramente dedicado a Marcel Proust, Gilles Deleuze sintetiza o que lhe parece o esforço e a preocupação principais de *Em busca do tempo perdido*:

[...] o tempo perdido não é simplesmente o tempo passado: é também o tempo que se perde, como na expressão "perder tempo". É certo que a memória intervém como um meio de busca, mas não

---

* Publicado em *Intelligere, Revista de História Intelectual*, série 2, n. 2, 2016.

é o meio mais profundo; e o tempo passado intervém como uma estrutura do tempo, mas não é a estrutura mais profunda.[1]

O passado é estrutura do tempo e a memória é estratégia de investigação, mas é preciso identificar o que suporta tempo e memória, o que ultrapassa a camada mais tênue da busca do tempo perdido e a orienta, desde o fundo. Deleuze — na contramão de parte significativa da fortuna crítica proustiana, que tende majoritariamente a localizar no tempo a obsessão central do narrador da obra — prossegue na caracterização de uma obra que se vale da memória e do passado, mas cujo objeto principal não se restringe a eles:

> Não se trata de uma exploração da memória involuntária, mas do relato de um aprendizado [...] a memória só intervém como o meio de um aprendizado que a ultrapassa tanto por seus objetivos quanto por seus princípios. A *Recherche* é voltada para o futuro e não para o passado.
>
> Aprender diz respeito essencialmente aos *signos*. Os signos são objeto de um aprendizado temporal, não de um saber abstrato. Aprender é, de início, considerar uma matéria, um objeto, um ser, como se emitissem signos a serem decifrados, interpretados. Não existe aprendiz que não seja "egiptólogo" de alguma coisa. Alguém só se torna marceneiro tornando-se sensível aos signos da madeira, e o médico tornando-se sensível aos signos da doença. A vocação é sempre uma predestinação com relação a signos. Tudo que nos ensina alguma coisa emite signos, todo ato de aprender é uma interpretação de signos ou hieróglifos. A obra de Proust é baseada, não na exploração da memória, mas no aprendizado dos signos.[2]

Egiptólogo, marceneiro e médico — tríptico de ofícios aqui usados como metáforas — remetem a um fazer equivalente: a busca de sinais que permite o desvelar de um processo educativo, aprendiz, formador. Em Proust, os signos orientam, assim, as estratégias de recuperação e reinvenção do passado. O passado, por sua vez, é uma mescla: conjugação plural de mundos e experiências sensíveis, aptos a produzir registros heterogêneos e de leitura desigual que o presente se empenha em captar para, a partir deles, construir significados.

Independentemente da controversa hierarquia que Deleuze sugere — aprendizado dos signos como móvel da escrita proustiana; memória e passado como caminhos ou mecanismos que permitam a posterior significação —, a percepção da literatura (ou, de forma mais ampla, da arte) como um jogo que implica transitar por distintas temporalidades, decifrar as marcas da experiência vivida, conjugar memória e razão e (re)construir significados transcende a obra de Proust. Da mesma maneira, a reunião do passado e da memória com seus signos e sua leitura não é exclusividade da literatura proustiana; Jorge Luis Borges, por exemplo, insistiu bastante no papel primordial e reinventor da leitura, capaz de proporcionar simultaneamente odisseias no passado e no presente, vertigens na memória e no universo do leitor.[3] Antes dele, Fernando Pessoa notara em "Autopsicografia", poema bastante famoso, o descompasso entre experiência vivida, experiência narrada (significada) e experiência lida.[4] Depois de ambos e certamente influenciado pelo argentino, Umberto Eco teorizou acerca do prosseguimento da obra de arte no momento da fruição e enfatizou a inevitabilidade da combinação entre os muitos tempos da memória e as diversas possibilidades da leitura:

> Com esta poética da sugestão, a obra se coloca intencionalmente aberta à livre reação do fruidor. A obra que "sugere" realiza-se de cada vez integrada pelas contribuições emotivas e imaginativas do intérprete. [...] o texto se propõe estimular justamente o mundo

pessoal do intérprete, para que este extraia de sua interioridade uma resposta profunda, elaborada através de misteriosas consonâncias.[5]

O conjunto de signos emitidos por uma obra comunica-se com o leitor, provoca reflexão e consciência; a partir da decifração emocional, imaginativa ou racional desses sinais, o leitor, também intérprete, produz compreensões novas. Para Eco, a abertura proporcionada pela continuação da obra nos momentos de leitura deriva de um tempo que abandonou a noção de um logos criador como razão e origem de tudo. A obra aberta também permite a difusão mais fácil e ágil de visões policêntricas do mundo e da realidade, rejeitando concepções integralizadoras ou totalizadoras; amplia-se, portanto, o espaço da subjetividade e a perspectiva — ou ângulo de visão — tornam-se mais importantes do que supostas e restritivas "essências do objeto": o *ver* substitui o *ser*, a percepção do tempo e do passado ganha agudeza e a consciência histórica passa a impregnar o reconhecimento do mundo.[6]

Da conexão entre signos, passado, memória e leitura, constrói-se o campo de possibilidades e o dinamismo de uma obra, amplia-se sua capacidade comunicativa e estabelece-se, num espaço interpretativo marcado pela incerteza e pela hesitação positivas, o diálogo entre artista e fruidor. É justamente essa relação simultaneamente complexa e inevitável que se estabelece nos romances de Milton Hatoum, leitor de Proust, Pessoa, Borges, Eco. Não por acaso, os narradores de Hatoum são sempre escritores: dedicam-se a reunir e decifrar os sinais que permitam restituir o passado; sabem, porém, que nenhuma versão do vivido será completa ou verdadeira, que a memória é traiçoeira e jamais se confunde com a história, presa que é de angústias, dilemas e enganos pessoais. Mesmo assim prosseguem. A narradora não nomeada de *Relato de um certo Oriente*[7] manifesta-se numa longa carta e a personagem Emilie — observou Stefania Chiarelli — age como uma "Sherazade no Amazonas". Ela tenta

> colar os diversos relatos, partindo de sua própria memória e lançando mão da memória dos demais, permite que se articulem diversas versões, muitas vezes conflitantes, que se acomodam para dar lugar a uma colcha de retalhos. Ela tenta dar conta de uma parte da história de uma certa família de um certo Amazonas, de um certo Oriente. De um certo Brasil. Não se faz presente a ideia de totalidade, apenas a possibilidade de se narrar uma fatia da vida, com toda a incompletude que isso encerra.[8]

Nael, filho bastardo e narrador de *Dois irmãos*, observa a trajetória de Yaqub e Omar e, a partir da dupla margem (não é filho reconhecido e vive no quintal, fora do interior/centro da casa), relata a tragédia da família e busca, na narrativa, sua origem e uma revelação que ele sabe que nunca encontrará. Embora se esforce por compreender a história dos dois irmãos, aos poucos afasta-se de ambos e do que cada um, direta ou indiretamente, quis lhe deixar: livros ou lições arrevesadas de vida. De Yaqub e de seus projetos, de sua insistência para que fosse para São Paulo; de Omar, a quem vê pela última vez sob um toró. Distancia-se da tempestade de uma relação infernal e banal, das expectativas desiguais que criamos para nós e para nossos filhos. Distancia-se do olhar e das vidas à deriva, constata que o futuro é "essa falácia que persiste" e abandona a casa que metaforiza a família e o passado, traduzidos num signo de deterioração:

> Nos fundos, o capim crescera, e a cerca de pau podre, cheia de buracos, não era mais uma fronteira com o cortiço. Desde a partida de Zana eu havia deixado ao furor do sol e da chuva o pouco que restara das árvores e trepadeiras. Zelar por essa natureza

significava uma submissão ao passado, a um tempo que morria dentro de mim.[9]

Em *Órfãos do Eldorado*, o narrador é Arminto Cordovil, que, siderado por Dinaura e pela lenda da cidade submersa, reage à ganância criminosa dos poderosos locais — entre eles, seu pai — e consome-se, sob o signo da orfandade voluntária, para consumar seus desejos e sua paixão; resta o vazio e a constatação amarga de que "aquele lugar tão bonito, o Eldorado, era habitado pela solidão". Seu relato é purgação e amargura, é o último respiro, o anseio de dizer o que não foi dito e, principalmente, aquilo em que não se acredita, por ser inverossímil:

> Voltei para Vila Bela e fiquei escondido aqui, mas estava muito mais vivo. Ninguém quis ouvir essa história. Por isso as pessoas ainda pensam que moro sozinho, eu e minha voz de doido. Aí tu entraste para descansar na sombra do jatobá, pediste água e tiveste a paciência para ouvir um velho. Foi um alívio expulsar esse fogo da alma, A gente não respira no que fala? Contar ou cantar não apaga a nossa dor? Quantas palavras eu tentei dizer para Dinaura, quanta coisa ela não pôde ouvir de mim. Espero o macucauá cantar no fim da tarde. Ouve só esse canto. Aí a nossa noite começa. Estás me olhando como se eu fosse um mentiroso. O mesmo olhar dos outros. Pensas que passaste horas ouvindo lendas?[10]

Mesmo em outros gêneros, como nos contos de *A cidade ilhada* e nas crônicas de *Um solitário à espreita*, Hatoum insiste nos deslocamentos pelo passado como forma de significar o que foi vivido: para pelo menos um de seus personagens de *A cidade ilhada*, "viajar era uma forma de viver em tempos distintos";[11] o anseio e a impossibilidade da diferença ressurgem na constatação de outra personagem: "ninguém pode ser totalmente outro". Também os narradores de *Um solitário à espreita*[12] assustam-se perante a voracidade do tempo e a selvageria da memória, esforçam-se para compreender o tempo vivido, escrevem para interpretar os sinais que, no presente, produzimos sobre o passado. Em todos esses casos, a história é sempre o ponto de partida e a ficção, movida pela memória, restitui experiências passadas.

É *Cinzas do Norte*,[13] o terceiro romance de Hatoum, que, no entanto, acrescenta, e de forma explícita, um elemento decisivo à equação passado/memória/signos/leitura: o fazer da arte. O narrador principal do livro é Lavo, filho de Jonas e Raimunda, sobrinho de Ramira e Ranulfo, amigo de Mundo.[14] Lavo conta a história de Mundo e do que o cerca: os confrontos com Jano, o pai, o refúgio em Alícia, a mãe, o cuidado da empregada Naná e do motorista Macau. Ao recuperar tardiamente a história do amigo, Lavo também faz o balanço de uma geração derrotada, que viveu sob as trevas da ditadura civil-militar dos anos 1960-80 e dos projetos de modernização e internacionalização da economia amazônica.[15] É auxiliado, no relato, por outros dois narradores, vozes que ele cola à sua: a do próprio Mundo, que se manifesta logo na primeira página, ressurge nos fragmentos de um diário e nas cartas que envia da Europa para, depois, finalmente, fechar o romance; e a de Ranulfo, que aparece em oito breves capítulos não numerados e destacados em itálico.[16] É Ranulfo, inclusive, quem define o fazer do escritor, numa resposta meio enviesada à irmã Ramira:

> Lembro que, em plena tarde de um dia de semana, Ramira o [Ranulfo] encontrou lendo e fazendo anotações a lápis numa tira de papel de seda branco. Perguntou por que ele lia e escrevia em vez de ir atrás de trabalho.
>
> "Estou trabalhando, mana", disse tio Ran. "Trabalho com a imaginação dos outros e com a minha."

Ela estranhou a frase, que algum tempo depois eu entenderia como uma das definições de literatura.[17]

No final do livro, diante das tragédias pessoais que se sucedem, Ranulfo apressa seu relato: "Deu uma pancadinha na mesa, e a voz ferina veio à tona: 'Agora vai embora, preciso ficar sozinho. Quero terminar logo essas histórias. Depois te entrego a mixórdia toda... escrita a lápis'".[18] Uma vez pronta a "mixórdia", ele pede que Lavo divulgue sua história, amplie sua voz:

> Antes de mais uma viagem ao rio Negro, ele me entregou o manuscrito, dizendo com ansiedade: "Publica logo o relato que escrevi. Publica com todas as letras... em homenagem à memória de Alícia e de Mundo".
>
> Atendi ao pedido do meu tio, mas não com a urgência exigida por ele — esperei muito tempo.[19]

O ritmo da memória — eis a conclusão de Lavo — é lento, assim como é difícil cruzar e combinar plenamente as histórias de uma Manaus que conheceu sob a ditadura militar e a vertigem das mudanças velozes em seu tecido urbano e arquitetônico, na dinâmica das relações pessoais e sociais. Junto com o passado da cidade, varriam-se sonhos e desejos da geração de Mundo e Lavo. O relato organizado por Lavo depende, por isso, do afastamento temporal e da capacidade de lidar com as angústias da derrota. Não por acaso, em meio ao concerto dessas três vozes, emergem personagens sinistros, vestidos com terno ou farda, e despontam três perfis distintos de artistas, que correspondem a tempos e perspectivas éticas e estéticas contrastantes: Jobel, Arana e Mundo. Outros artistas são mencionados, mas de forma passageira, como o "índio velho e doente" — depois nomeado "Seu Nilo"[20] e de quem Mundo compra "Uma pintura em casca fina e fibrosa de madeira: cores fortes e o contorno diluído de uma ave agônica"[21] — e Alexander Flem, artista estrangeiro com quem, posteriormente, Mundo mora na Europa. Mas são Jobel, Arana e Mundo que centralizam a reflexão sobre a relação entre arte e memória, sobre o lugar da arte e o trabalho do artista.

Jobel é o artista popular. Ao ver suas peças pela primeira vez, no ateliê de Arana, Lavos fica impressionado:

> O que mais me atraiu foi uma série de objetos pintados com cores fortes: pequenas mulheres de barro, sentadas ou deitadas, que pariam peixes e serpentes. Tinham uma expressão estranha, todas de boca aberta, lábios grossos e vermelhos; olhavam para o alto; na cabeça, um véu de tule puído e manchado.[22]

Arana nota a atenção de Lavo e logo deprecia o trabalho de Jobel:

> "Foi um cara adoidado que fez essas coisas", disse Arana.
> "Um louco?", perguntei, dirigindo-me a Mundo.
> "São objetos toscos", disse o artista, com desdém.
> Mundo tocou a face de uma escultura e se agachou para observá-la de perto.
> "Comprei essas peças só para ajudar o coitado, mas arte não é isso", disse Arana, enquanto subia para o mezanino.[23]

O nome de Jobel reaparece sessenta páginas depois, pela boca de Ranulfo, que o celebra, contrapondo-se (e contrapondo-o) a Arana:

> Depois ele [Arana] se aproximou do Pai Jobel, o louco do Morro da Catita. Pai Jobel morava na mata do castanhal; andava nu, subia o morro de braços abertos, entrava na igreja de São Francisco e

pregava no púlpito. Alduíno Arana tirava o louco da igreja, e os dois santos saíam abraçados. Só que um dos santos, o Jobel, era escultor. Ninguém se interessava pelas caboclas de barro que ele fazia, umas mulheres socadas que pariam bichos. Jobel pintava as estatuetas com figuras geométricas tortas... figuras vermelhas, amarelas, azuis. O padre Tadeu gostava dele, dava tinta e pincel para ele trabalhar. Objetos lindos, que nem peças marajoaras.[24]

Em seguida, o tio de Lavo relata o desfecho da vida e da arte de Jobel:

> O artista, mesmo, é o louco Jobel. Foi recolhido depois das diabruras que fez na igreja. Teimou que estava apaixonado por Nossa Senhora da Conceição, beijava e abraçava a estátua da santa. Aí os fiéis empombaram com ele, e até tua tia ficou fula da vida. Jobel ficou mais de dez anos trancado no hospício. Morreu por lá. Não tinha família, ninguém... Um doido sozinho no mundo. Fui várias vezes ao hospício, levava barro mole, tinta e retrato de santinhas. Ele adorava santas, era um apaixonado de verdade.[25]

Para Ranulfo, Jobel é "o artista, mesmo", "apaixonado de verdade", viveu sempre embriagado pelo universo de que extraía sua arte. Doido, porém, e "sozinho no mundo", alheio à razão e ao mercado de arte — por trás de sua concepção de arte, ressoam as noções de autenticidade e mesmo de certa naturalidade da composição artística. Arana é seu antônimo: seu olhar está no receptor da peça, na lógica da circulação de mercadorias. Sua arte deriva da de Jobel, mas ele a altera e padroniza: cores menos intensas, deformações atenuadas, para que as peças mantenham a feição exótica mas não desconfortem o observador — que pode se tornar comprador. É novamente Ranulfo quem explica, agora a denunciar o oportunismo de Arana: "Arana comprava tudo [que Jobel fazia] por uma mixaria e ia revender aos turistas. Deve ter uma coleção dessas estatuetas na casa dele. O sacana começou a copiar essas mulheres, só que elas foram crescendo, os animais que pariam viraram monstros... e o Arana virou artista".[26]

E Ranulfo arremata com uma definição da arte de Arana que é tão extraordinária e categórica quanto crua e brutal: "Ele deve ter algum talento, mas o charlatão é mais genuíno que o artista".[27] Antes que o desenrolar da trama confirme a percepção de Ranulfo, Mundo fascina-se pelo ateliê e pela arte de Arana, que chega a conceber uma "floresta em miniatura com lascas de ossos de animais e pedaços de minérios", "um crânio, arcos de costelas, rosários de vértebras. Uma ossada".[28] Embora a procedência dos restos humanos aplicados por Arana à obra fosse suspeita, a ideia de uma representação simbólica do genocídio indígena, aguçada pela obscuridade da madeira carbonizada, atrai Mundo, que ainda ouve a explicação afetada e caricatural de Arana: "Hoje o santo baixou [...]. É um dia de grande inspiração".[29] Ainda que tenuemente, o charlatão desenha-se aos olhos de Mundo, que, ao sair do ateliê, reclama com Lavo do desinteresse de Arana por seus desenhos. Em nova visita ao ateliê, pouco tempo depois, Lavo presencia o descortinar da face oportunista de Arana: ao deparar com o que lhe pareceu "pintura de um naturalista ou viajante" — a óbvia e tradicional "paisagem de um rio margeado por uma mata densa e pássaros num céu luminoso" —, o narrador confronta o artista: "Não é o contrário do que ensinaste para Mundo?" e ouve a resposta direta, quase em tom de desculpa: "É um quadro encomendado [...]. E o gosto não depende só de mim, depende de quem olha".[30] A referência ao "olhar" de quem encomendou revela o respeito não pelo leitor/fruidor, e sim pelo mercado de arte, em sua dinâmica e padronização do gosto; a autenticidade que Ranulfo enxergava em Jobel é trocada por falseamento e pela concessão, mascarando a opção pela arte como mercadoria a ser consumida por turistas. A partir daí, a transformação de sua obra o afasta em definitivo de qualquer experimentalismo ou conceitualismo e ele não se preocupa mais em justificar a guinada estética:

> O artista também recebera uma encomenda não de Jano ou Alícia, mas de um executivo japonês de uma das novas fábricas de Manaus. Disse que o pedido lhe dera muito trabalho. Não perguntei do que se tratava: bastou olhar as fotos coloridas de araras numa parede. Duas, de asas abertas, cresciam numa tela, e prometiam voar num céu dourado que iluminava a floresta.
>
> Arana disse que os executivos japoneses e coreanos nem falavam português, mas davam muito valor à arte: compravam quadros sem pechinchar, e isso era raro na nossa cidade.[31]

O caminho para o sucesso comercial estava aberto e Arana, ambicioso, avança na direção de contratos mais volumosos e relações bastante poderosas. O leitor o encontra, páginas à frente, de terno e gravata, vendendo peças caras e imensas para políticos e militares, contribuindo com a decoração de gabinetes de presidentes e governadores. O artista, agora célebre, descobre com agilidade o valor da madeira e passa a transformar

> grandes toras de mogno em animais enormes, que nem metiam medo, nem surpreendiam, nem emocionavam. Suas telas, que traziam paisagens com caboclas e índias nuas, a pele acobreada e um sorriso complacente, eram pastiches pobres de Gauguin e das pinturas do salão nobre do Teatro Amazonas. A técnica não era menos impecável que o exotismo. Num dos quadros, uma plateia de índios extasiados assistia a uma ópera.[32]

Ao adotar o clichê como regra e o dinheiro como móvel de seu trabalho, Arana enuncia uma concepção do trabalho artístico obviamente oposta à de Jobel, louco precursor. Sobretudo: atrela a arte aos mecanismos políticos e financeiros do presente e adere à voracidade do mercado; o lugar do artista, para ele, é ao lado do poder — esteja este nas mãos dos militares ou dos nem tão novos governantes do país redemocratizado da metade dos anos 1980 — e das instituições que asseguram estabilidade política sob um regime excludente, a mesma estabilidade do observador ou comprador de sua obra, que jamais sentirá inquietude ou hesitação diante da representação artística. Em outras palavras, prevalece a noção de uma arte acessória e passiva, tanto na decoração de ambientes como na intervenção política ou social.

O terceiro artista é o mais importante do livro, seu personagem principal e ocasional narrador: Mundo. A princípio, ele é um jovem desenhista intuitivo e compulsivo, desafiador e arrogante, que desconsidera as ameaças do autoritarismo vigente:

> No silêncio nervoso de uma prova de matemática, ouvíamos o ruído da ponta do lápis no papel, rabiscando seres e objetos [...].
>
> As primeiras caricaturas causaram alvoroço no Pedro II: apareceram na capa dos quatrocentos exemplares do Elemento 106, o jornaleco do grêmio. Destacava-se o desenho do semblante carrancudo do marechal-presidente: a cabeça rombuda, espinhenta e pré--histórica de um quelônio, o corpo baixote e fardado envolto numa carapaça. Ao redor das patas, uma horda de filhotes de bichos de casco com feições grotescas; o maior deles, o Bombom de Aço, segurava uma vara e ostentava na testa o emblema do Pedro II.[33]

Animalização dos poderosos, ridicularização dos poderes em todas as escalas: do "marechal-presidente" ao bedel da escola, passando por uma ampla gama de bajuladores e interesseiros também plurais, "horda de filhotes" macroscópicos ou microscópicos. O quelônio é metáfora do exótico e do grotesco; do passado que, a despeito do aparente anacronismo, de soar tão desconectado em relação ao presente, insiste em persistir; da proteção exagerada dos capacetes e coletes que apenas revelam a fragilidade interior. Não por acaso, em outra passagem, Ranulfo usa a carapaça de um quelônio real para servir um guisado feito com sua carne.

Aos poucos, Mundo se instrui nas artes — os demais aprendizados, escolares ou militares, não lhe interessam. Reúne exemplares da coleção Gênios da Pintura, sucesso nas bancas de jornais brasileiras da década de 1970, explora livros e revistas que encontra no ateliê de Arana, conhece a arte popular de Jobel e Seu Nilo. Jamais abandona o traço e a disposição satírica no desenho; na vida — e antes que a arte performática que explodia em outras partes do país chegasse a Manaus —, torna-se uma espécie de performer intuitivo, esporádico e circunstancial, movido pela raiva e pela rebeldia. É o pai, que deplora sua "vocação artística", quem percebe, algo inconscientemente, o movimento de Mundo na direção de uma arte afeita ao presente e ao imediato, de intervenção direta e, por isso, às vezes inconsequente. Jano ironiza: "Uma grande vocação artística não depende apenas de uma escolha. Além disso, Mundo pensa que a revolta é uma façanha".[34]

Numa viagem com a mãe ao Rio de Janeiro, Mundo visita museus e galerias, faz cursos, conhece novos artistas e materiais. Sua busca até então aleatória de uma nova expressão encontra algumas respostas no panorama artístico da cidade e especialmente no contato com Alexandre Flem, artista compassado com a movimentação cultural europeia:

> Fora Alex que o levara para ver um trabalho estranho: as pessoas entravam numa tenda, vestiam uma capa de plástico cheia de dobras e passavam a girar, gritar, e tentavam se libertar de muitas coisas.

"O corpo participa da obra, faz parte da arte", disse Mundo, animado.[35]

O relato de Mundo, transcrito por Lavo, mostra um passo a mais, e decisivo, na construção do artista que ele quer ser: a percepção de uma arte não passiva ou contemplativa, que exija o envolvimento do público e atue, também, como instrumento de libertação da voz, do gesto, do corpo. O performer intuitivo vê-se diante de uma proposta em que a revolta — ao contrário do que concebe Jano — pode ser mesmo uma "façanha" e, além disso, conjugar-se com a arte. É desse aprendizado que se origina seu projeto do *Campo de cruzes*, a ser realizado justamente no Novo Eldorado, bairro recém-criado onde seu pai investe dinheiro e os militares governantes, poder. Lá também mora a família de Cará, amigo e colega da escola militar que morrera em meio a um dos brutais treinamentos a que eles eram submetidos. Arana — que ouve com tédio e desinteresse o relato de Mundo sobre a instalação que conhecera no Rio — tenta dissuadi-lo da ideia e desencadeia uma discussão áspera e reveladora:

Mundo tirou o papel do bolso e mostrou o desenho: queria espetar uma cruz de madeira queimada diante de cada casinha do Novo Eldorado; ao todo, oitenta cruzes. Depois ia pendurar trapos pretos nos galhos da seringueira no meio do descampado...

"A ideia é queimar também o tronco da árvore", acrescentou.

Arana se deteve no desenho, depois pegou o papel e balançou: por que escolhera o Novo Eldorado?

Mundo contou que no internato tinha pesadelos com a paisagem calcinada: a floresta devastada ao norte de Manaus. Visitara as casinhas inacabadas do Novo Eldorado. Andara pelas ruas enlameadas. Casinhas sem fossa, um fedor medonho. Os moradores reclamavam: tinham que pagar para morar mal, longe do centro, longe de tudo... [...] Ele dormira na rede da família de Cará. O sol esquentava as paredes, o quarto era um forno, pior que o dormitório do internato. Os moradores do Novo Eldorado eram prisioneiros em sua própria cidade. Isso não justificava a escolha?

"Sei que esse bairro é um crime urbano", disse Arana. "Mas é a primeira grande obra do Zanda, o ídolo do teu pai. Foi nomeado prefeito e quer mostrar serviço. Acho que deves usar a revolta para outras coisas, Mundo. Um tronco queimado com um monte de cruzes... Isto não é arte, não é nada."

Mundo tomou um gole de uísque, se virou lentamente para mim e imitou a voz de Arana: "Não é arte, não é nada. Ouviste essa, Lavo?".

"Já bebeste muito", advertiu Arana, incomodado. "Não é arte, não é nada mesmo. É só provocação, vão te perseguir..."

"E se me perseguirem? Se eu for preso? Vão me dar porrada, me matar? Dane-se!"

"Dane-se? Há quanto tempo tu frequentas o meu ateliê? Todo mundo sabe disso, teu pai foi o primeiro a saber. Queres te vingar dele, não é? Mas não vai ser com esse *Campo de cruzes*... nem com a minha ajuda. Não ponho meu nome nisso, nunca!"

Mundo deu um murro na mesa: "Esse é o artista".[36]

Ao relatar o confronto, Lavo assume a voz de Mundo, com o emprego, no quarto parágrafo, do discurso indireto livre e assim se alinha a ele contra a reação medrosa e conservadora — política e esteticamente — de Arana. Mas os reparos morais que podem ser feitos à fala de Arana são secundários; o trecho expõe mais do que a ruptura definitiva entre os dois artistas: é uma radiografia da rede de poderes — Zanda é o militar que governa a cidade e coordena o trabalho de modernização — e também uma radiografia dos compromissos desiguais de cada um deles, de sua concepção divergente de arte e política, que aqui aparecem imiscuídas uma na outra, vertiginosas intervenções no presente, dinâmicas como o desenrolar da história, mas, ao mesmo tempo, repletas de referências e signos do passado.

O *Campo de cruzes*, afinal realizado com o apoio de Ranulfo, é uma denúncia, conforme Mundo deseja, mas de brevíssima duração. Destruído pela polícia, agrava o cenário de penúria e tristeza do Novo Eldorado e acaba nas páginas do jornal, que reproduz a foto da instalação ao lado de um texto irônico intitulado "*Campo de cruzes*: filho de magnata inaugura 'obra de arte' macabra". O artista é apresentado como "um filho rebelde, estudante fracassado e dândi fardado que queria fazer arte contemporânea num bairro de gente pobre, onde quase todos são analfabetos".[37] O ciclo de contrastes, aberto pela discussão entre Mundo e Arana, completa-se nas constatações do jornal de que a arte é unívoca (daí as aspas empregadas em "obra de arte" no título do artigo), de que sua fruição depende de uma condição social elevada e de que a contemporaneidade estética é incompatível com o projeto de uma Manaus moderna. O texto reitera, ainda, outro clichê, o do artista como enganador — para validar o comentário sobre Mundo entreouvido por Lavo, dias depois, no velório de Jano: "Diz que é vadio, quer ser artista...".[38]

O mesmo Lavo constata, ao observar os objetos do pai de Mundo: "O dono daquele acervo odiava a arte do filho, talvez odiasse a arte e o próprio filho".[39] Dois desses supostos ódios são de explicação mais rápida. O que se dirige à arte do filho é óbvio e revela, também nesse caso, as discordâncias políticas e estéticas entre os dois. O ódio ao filho, por sua vez, pode derivar da discreta ambiguidade sexual de Mundo ou da sombra de bastardia que o acompanha durante todo o romance — ou, ainda, de todos os sonhos que o pai sonhara para ele e que se haviam esfumaçado logo depois da infância. Mais intrigante, no entanto, é o ódio devotado à arte como um todo: como pode odiá-la alguém que tem quadros e afrescos em casa e frequenta os espaços institucionais e oficiais de celebração artística da cidade? Lavo, que entrevê a pergunta, não tem ainda a resposta: só a receberá de Mundo, em sua carta final.

O aprendizado de Mundo completa-se na Europa e inclui Francisco de Goya, Diego Velázquez e Francis Bacon; ele agora endossa a dura avaliação de Ranulfo sobre o charlatanismo de Arana e envia a Lavo uma caricatura do artista intitulada "O descanso do impostor".[40] O afastamento é definitivo também no que tange às concepções que guiavam Arana:

> Arana bem que tentou inocular na minha cabeça o veneno de uma "arte amazônica autêntica e pura", mas agora estou imunizado contra as suas preleções. Nada é puro, autêntico, original... Planejo desenvolver uma obra sobre a Vila Amazônia. Quero usar a roupa e os dejetos do meu pai. Uma ideia que tive em Berlim, quando andava pelo Tiergarten...[41]

A distância de Manaus leva Mundo a revisitar imaginativamente a cidade. Ele quer falar do presente, agir no presente, oferecer sinais que as pessoas possam decifrar para compreender uma cidade, uma região e um país à deriva. Para tanto, precisa rejeitar a arte totalizadora e monocêntrica, qualquer representação naturalizada que se pretenda mimética ou deseje legitimar-se por meio do apelo a uma tradição pretensamente estática ou fixa. No lugar da autenticidade calculada, fingida e comercial de Arana — e à semelhança do que já pretendera no *Campo de cruzes* — ele investe na impureza, privilegia a deformação. O resultado é o conjunto de quadros que Lavo só conhece meses depois da morte do amigo, na casa carioca de Alícia: sete telas que a mãe de Mundo define como "esquisitas":

Na primeira pintura uma figura masculina aparece de corpo inteiro, os olhos cinzentos no rosto severo, ainda jovem, terno escuro e gravata da cor dos olhos, as mãos segurando um filhote de cachorro, e, ao fundo, o casarão da Vila Amazônia, com índios, caboclos e japoneses trabalhando na beira do rio. Mundo, no meio dos trabalhadores, olha para eles e desenha. Nas quatro telas seguintes as figuras e a paisagem vão se modificando, o homem e o animal se deformando, envelhecendo, adquirindo traços estranhos e formas grotescas, até a pintura desaparecer. As duas últimas telas, de fundo escuro, eram antes objetos: numa, pregados no suporte de madeira, os farrapos da roupa usada pelo homem no primeiro quadro, que havia sido rasgada, cortada e picotada; na última, o par de sapatos pretos cravados com pregos que ocupavam toda a tela, os sapatos lado a lado mas voltados para direções opostas, e uma frase escrita à mão num papel branco fixado no canto inferior esquerdo: *História de uma decomposição — Memórias de um filho querido*.[42]

O eco de Francis Bacon, por trás da representação do pai e de Fogo, seu cachorro, não escapa aos olhos e à leitura que Lavo faz da obra principal de Mundo, que é tanto a síntese — contém elementos de todos os passos de seu aprendizado, desde a caricatura do marechal quelônico até o experimentalismo estético londrino e alemão da década de 1970 — como o resultado de sua longa e conturbada formação artística e pessoal:

Pensei nos sete quadros: a técnica apurada do primeiro retrato de corpo inteiro, com a paisagem e os trabalhadores ao fundo, e, na sequência, o rosto de Jano envelhecendo, num tempo que ele não chegou a viver, como se até o momento da realização da pintura (e mesmo muitos anos depois) o pai estivesse vivo, e apenas a roupa e o olhar permanecessem imunes à passagem de décadas. Os olhos sumiam em cavidades ou manchas escuras, e na fisionomia se revelavam traços do focinho de um cachorro, os dentes caninos; os dois corpos deformados e decompostos. A consciência aguda da natureza animal, a verdade mais bruta, nua e crua. Mas, ao contrário de Alícia, eu não tinha certeza de que as figuras se remetiam de fato a Fogo e seu dono. Pareciam seres desconhecidos, que o tempo distorcia até tornar grotescos.[43]

Também não foge ao narrador principal a universalidade da obra, que recorre ao cenário íntimo e aos conflitos familiares para em seguida superá-los e aludir a um mundo que, tal qual seu autor homônimo e o próprio sentido da arte, se desfaz e desintegra. Um mundo corroído por doença — fruto da carência de liberdade e da clandestinidade obrigada —, uma doença metaforicamente similar à que matou o artista, devastou uma geração inteira e lhe impôs o signo definitivo da derrota.

Embora bastante distintos, os três artistas que *Cinzas do Norte* apresenta — Jobel, Arana e Mundo — têm um ponto em comum: sua arte deriva do passado e pretende expressá-lo, filtrando-o pela memória. O universo mítico e religioso da arte de Jobel evoca, por princípio, o passado, até porque, para ele, esse passado continua vivo, intenso, presente. Arana, em suas concessões ininterruptas ao gosto e à padronização e artificialização da arte popular, precisa se manter ligado a registros ancestrais. Mundo, por sua vez, lança-se febrilmente ao presente, ao impasse político com que se defronta e à figura do pai que hostiliza, mas o faz embriagado pela relação complexa e difícil com o passado e, talvez, por algum desejo difuso e impreciso de futuro. A rigor, nenhum deles realiza plenamente sua arte; todos fracassam em algum aspecto e enfrentam, com maior ou menor consciência, o peso desse fracasso.

É preciso, entretanto, acrescentar um quarto artista à lista: o escritor Lavo. Mais do que pela amizade com Mundo, ele consegue avançar na interpretação das telas porque — egiptólogo, marceneiro e médico, como nas metáforas de Gilles Deleuze — recupera sinais do passado e articula vozes heterogêneas e dissonantes. Da mesma forma como ocorre na obra final de Mundo, Lavo compreende que a intervenção no presente depende da memória e que narradores e personagens são memórias individuais do coletivo. Sobrinho de uma costureira que passou a vida a esperar pela atenção fragmentária do homem que idolatrava, ele alinhava os relatos da história vivida, confronta-os à história narrada e constrói, leitor aplicado, os significados possíveis.

Quem vive a experiência perde o significado, já ensinou T.S. Eliot; ao buscarmos um significado, encontramos outro, mais plural, mais complexo, jamais individual e sempre capaz de reunir experiências e memórias de muitas gerações, vislumbrando o terror do passado que insiste em caminhar ao nosso lado. É esse terror que Mundo enfrenta; é sobre ele que Lavo escreve, num esforço de se libertar da história e acordar do pesadelo amargo que, com alguma frequência, ela nos lega. Talvez seja também esse anseio de libertação que leva Mundo a conceber a memória como caminho da arte. Daí a resposta indireta que oferece à pergunta de Lavo: se Jano, no fundo, não odiava a arte em si. Na carta que encerra o romance, talvez seu testamento, Mundo praticamente formula uma teoria sobre o lugar do artista:

> Em Londres me concentrei nos sete quadros-objeto, era um modo de me libertar. A imagem de Jano não ficou isolada na minha cabeça, era o processo que interessava, a vida pensada, a vida vivida, dilacerada. Pintar não é uma maneira de lembrar com cores e formas? Inventar a ida numa situação extrema? Passei semanas no sobrado da Villa Road, sem sair, pintando dia e noite, destruindo e pintando outra vez, tentando encontrar a imagem em seu instante de plenitude. Não sei quanta coisa veio do acaso, quanta coisa veio

dos estudos e esboços, esse difícil equilíbrio entre o acaso e a intenção. [...] Me livrei de um peso quando terminei esse trabalho, mas não me considero um artista, Lavo. Só quis dar algum sentido a minha vida.[44]

Sua arte, fruto de diversas obsessões cruzadas, é o oposto da celebração artística oficial do pai: recusa-se a ser complemento ou ornamento. Para Mundo, arte é impermanência, desassossego, ambiguidade: deve provocar instabilidade, e não conforto; é a deformação, não a forma precisa e concluída; é a agulha do instante, aturdida pelo presente que insiste em provocar o passado e gerar, a partir daí, signos que guiam a compreensão da experiência vivida. Na mesma carta, Mundo ainda relembra o impacto que as telas provocaram em sua mãe:

> [...] na volta de Londres, [Alícia] passou dias no Rio prometendo me contar um segredo; ia contar e ficava entalada, e só conseguiu revelar que estava perturbada com os quadros sobre Jano. Agora sei que meu trabalho foi um demônio que moeu sua consciência, roendo-a e queimando-a por dentro.[45]

Ao evocar dilemas do passado singular por meio do processo de formação de um artista como Mundo, *Cinzas do Norte* cria o passado como representação desestabilizadora,[46] fala de uma história que nos é estranha e familiar, ou estranhamente familiar. Descreve errâncias e hesitações na vida de seus personagens e narradores e define sua continuidade, ao reconhecer o próprio movimento de leitura como errático e hesitante. Ao leitor cabe, então, lembrar — e aprender — que o desassossego angustiado que os perfis artísticos construídos na obra provocam vem, em parte, de fora — de um mundo em convulsão, não necessariamente acomodado pela passagem do tempo e pelas reinvenções da memória — e, em parte, de dentro — da maneira como nossa posição de leitores nos permite desdobrar qualquer leitura na vida.

Diante do cadáver do amigo Cará, Mundo faz um gesto simbólico: "Tirei a impressão com tinta vermelha, extraída de sementes de urucum".[47] O leitor cuidadoso não resiste: extrapola o livro e relaciona a cena à célebre bandeira de Hélio Oiticica, que mostra o Cara de Cavalo morto e constata a porosidade entre marginália e heroísmo. Aí se desvela o sentido da arte de Mundo, movida por signos que o presente e a memória emitem contínua e simultaneamente; signos que atiçam a consciência do passado e dispõem-se a mover o leitor. Esta, de resto, talvez tenha sido a arte possível nos sombrios anos 1970: uma arte das margens, dos estertores, que se consome para consumar-se. É por isso que as últimas palavras do artista são inevitavelmente claustrofóbicas e amargas, tratam de perdas irreversíveis — perdas que todos sofremos:

Sinto no corpo o suor da agonia. Amigo... e não primo. Esse teto baixo, paredes vazias, ausência de cor e de céu... O sol e o céu do Rio e do Amazonas... nunca mais... Só essas paredes, e esse cheiro insuportável... Agora escuto a minha própria voz zunindo e sinto fagulhas na cabeça, e a voz zunindo, fraca, dentro de mim... Não posso mais falar. O que restou de tudo isso? Um amigo, distante, no outro lado do Brasil. Não posso mais falar nem escrever. Amigo... sou menos que uma voz.[48]

Octavio Paz e o labirinto da América Latina[*]

O filósofo mexicano Leopoldo Zea afirmou que o tema da identidade é o que permite à América Latina viajar constantemente "em busca de si mesma".[1] Por sua vez, a crítica Irlemar Chiampi enfatizou que a busca dessa identidade foi o "motor do pensamento americanista".[2] Ambos estão corretos. E é, ainda, necessário atestar que boa parte da historiografia e da crítica cultural latino-americana (ou sobre a América Latina) se engalfinha ainda hoje nas discussões acerca do que é o latino-americano e muitas vezes nos exercícios simultâneos — aparentemente coerentes, mas algo paradoxais — de denegar matrizes de formação e afirmar a originalidade plena do processo histórico de formação cultural — ainda mais nos dias atuais, quando as discussões étnicas reassumiram, com força e justiça, o centro da pauta americanista. Por fim, é também correto afirmar que o livro de ensaios mais conhecido de Octavio Paz, *O labirinto da*

---

[*] Publicado em *História Revista*, Goiânia: UFG, série 2, n. 13, 2013.

solidão (1950), dispõe-se a investigar os caminhos peculiares da identidade mexicana.

Ao destacar a preocupação identitária no Brasil — mas com argumentos que são igualmente adequados ao contexto latino--americano —, o historiador da arte e professor do departamento de história da Unicamp Luiz Marques, ex-curador do acervo do Museu de Arte de São Paulo (Masp), observa que

> vale lembrar que a noção mesma de identidade, pertencente ao domínio da psicologia, nunca deixou de promover aberrações quando transplantada para o terreno da cultura. Deste transplante redundam, com efeito, impasses ou contradições facilmente identificáveis.[3]

Em seguida, Marques aponta contradições dos esforços identitários, aumentando um pouco nossa preocupação sobre como lidar com o tema: "A primeira delas é que a identidade não pode ser uma meta, uma construção, pois ou é um a priori absolutamente objetivo, involuntário e inconsciente de si, ou não é, e não será jamais, identidade".[4]

A percepção do paradoxo da busca identitária, não por acaso, já estava em dois dos maiores escritores da América Latina: Machado de Assis, no incrível "Instinto de nacionalidade", ensaio de 1873, e Jorge Luis Borges, principalmente (mas não só) em seus escritos posteriores aos anos 1930. Para ambos, a identidade só pode existir em duas condições: ou ela é natural (e, nesse sentido, não comporta quaisquer discussões ou problematizações; resta apenas assumi-la e conformar-se a ela) ou é uma construção (portanto, não oferece nenhuma possibilidade de espelho absoluto e definido; não "identifica", pois não torna ninguém idêntico ao outro ou ao modelo). E, em qualquer dos casos, deve-se ter o cuidado — o alerta também é antigo — de não a supor tão ampla que a tudo abarque, nem tão limitada que só a encontremos no espelho.

Não se trata de questão apenas retórica na tradição cultural latino-americana. Primeiro, pela já destacada força da questão identitária no pensamento americanista. Segundo e, sobretudo, pelos inúmeros usos, inclusive políticos, da defesa da identidade — pela direita ou pela esquerda, pelos governos ou por seus adversários, pelas políticas culturais de variadas ordens, pelos inúmeros projetos de afirmação cultural. Os exemplos são incontáveis, com consistências, estratégias de aplicação e efeitos dos mais diversos: do peronismo e do varguismo aos Centros Populares de Cultura da União Nacional dos Estudantes (UNE), nos anos 1960; da mistificação em torno da suposta "autonomia paraguaia", no período Francia-López (1816-70) anterior à Guerra do Paraguai, ao bolivarianismo chavista. Evidentemente, tal uso não é ilegal, ilícito ou equivocado; entretanto, precisa ser tomado pelo que é: um manejo ideológico que inúmeras vezes dispôs-se a "naturalizar" a identidade e, a partir dos resultados da identificação constituída, formular as bases de sua afirmação ou da defesa de interesses (políticos, culturais, sociais etc.) específicos, mascarados como manifestação de algo coletivo e legitimados pelo suposto "resgate" de algum passado que reúna e "identifique" as pessoas.[5] Tomar as construções identitárias pelo que são — com sua, repitamos, forte carga ideológica — é inclusive a única maneira de evitar que sucumbamos ao peso de uma proposta uniformizadora e autoritária no âmbito da cultura. O princípio dessa crítica é destacado por Marques no artigo citado:

> Nenhuma cultura pode se dar por programa tornar-se ela mesma, tornar-se mais autêntica, pela simples razão que a autenticidade não é por definição um constructo. A identidade é um inevitável

já dado, é um ponto de partida involuntário, não um ponto de chegada.[6]

E isso porque, já de saída, a busca de uma identidade deriva, arremata Marques, de uma contradição:

Chegamos, assim sendo, a uma terceira aporia evidente: a identidade nacional como programa é uma denegação, pois sua reivindicação é ipso facto confissão de sua ausência. E quando esta reivindicação formula-se como negação do modelo europeu, as coisas pioram ainda mais. Pois a ninguém escapa que se afirmar como negação implica frisar a supremacia do modelo negado, de existência logicamente prévia e positiva. Assim, quanto mais se tentou e se tenta afirmar a identidade nacional, mais fortemente se reafirmou e se reafirmará sua inexistência.[7]

Será que Octavio Paz, ao tratar do tema da mexicanidade, desconhecia os dilemas e percalços dos esforços identificadores — e a historicidade da identidade como preocupação e móvel do pensamento americanista? A pergunta, evidentemente, é apenas retórica; Paz sabia, e bem, das limitações de toda indagação identitária — e dos ocasionais resultados a que ela chegasse. Tanto é que elegeu uma metáfora que assume o sentido da aporia: labirinto. E foi por meio desse recurso de estilo que Paz pensou a peculiaridade da formação mexicana e, por extensão, da América Latina, e o problema de sua identificação.

Em primeiro lugar, datemos o livro de oito ensaios do qual partimos. *O labirinto da solidão* foi publicado em 1950, pelos Cuadernos Americanos. Em 1959, a Fondo de Cultura Económica lançou a segunda edição, revista e aumentada, em que Paz aproveitou, provavelmente, as mudanças feitas para a tradução francesa (também de 1959) e alterou, sobretudo, sua interpretação da Revolução Mexicana. Além disso, incluiu um novo ensaio — "Nossos dias", que passou a ser o oitavo, transformando o antigo ensaio número oito, "Dialética da solidão", em apêndice. A partir de 1970, as edições passaram a contar com o "Postdata" — na origem, uma conferência proferida na Universidade do Texas, em Austin, em dezembro de 1969. Em 1975, Paz concedeu uma longa entrevista a Claude Fell, intitulada "Vuelta a *El laberinto de la soledad*" — a entrevista foi publicada em novembro daquele ano no número 50 da revista mexicana *Plural* e, depois, compilada no volume de ensaios *O ogro filantrópico*, de 1979. Passou a incorporar, também, as edições de *O labirinto da solidão*.

Fixemo-nos, contudo, à escrita e à primeira publicação do livro, no imediato pós-Segunda Guerra Mundial. O impacto do conflito na redação da obra foi declarado pelo próprio Paz:

> Depois da Segunda Guerra Mundial, percebemos que esta criação de nós mesmos que a realidade exige não é diferente da que uma realidade semelhante reclama dos outros. Vivemos, como o resto do planeta, uma conjuntura decisiva e mortal, órfãos do passado e com um futuro a ser inventado. A história universal já é tarefa comum. E o nosso labirinto, o de todos os homens.[8]

Para Silviano Santiago, era o reconhecimento de que "a força nacionalista latino-americana" foi "neutralizada" pela "sua inscrição no Ocidente e no planeta", provocada pela Segunda Guerra. O predomínio norte-americano na região, agora incontestável, e sua decorrente "exportação de influência, vigilância, controle e poder"[9] impediam a crença num ocasional isolamento latino-americano e forçavam a aceitação de que a política e a cultura latino-americana agora se jogavam no plano universal — o que podia reforçar o sentido da prospecção identitária e provocar o surgimento de novas formas de afirmação (ou desejo) de autonomia, mas, sobretudo, implicava o redimensionamento da questão em função do "novo lugar no mundo". Santiago reforça, ainda, o que lhe parece um compromisso político que envolveu a obra — não por acaso, publicada em tempos de franca aposta no desenvolvimento: uma crença na "possibilidade ufanista e, paradoxalmente, universal de desenvolvimento econômico dos países atrasados".[10] O termo "atrasados", observa ainda o autor, sempre aparece entre aspas, o que indica o otimismo "consciente ou inconsciente" de superação da condição secundária.

Para Paz, no entanto, a discussão sobre o contato com o mundo não se iniciou com a guerra. Foi um pouco antes, e no cenário rebelde da Guerra Civil Espanhola, em 1936, ou talvez ainda mais cedo, na infância. É sabido que o pai de Paz, Octavio Paz Solórzano, zapatista, foi exilado do México nos anos que se seguiram à Revolução de 1910-7. Paz, nascido em 1914, tinha então seis anos, seguiu o pai e passou a viver na imensa colônia de desterrados políticos hispano-americanos de Los Angeles. Em suas palavras:

> Tinha seis anos, e não falava uma só palavra de inglês. Lembro vagamente do primeiro dia de aula: a escola com a bandeira dos Estados Unidos, a classe sem decoração, as carteiras, os bancos duros e meu susto diante da ruidosa curiosidade de meus colegas e o sorriso amável da jovem professora, que procurava aplacá-los. Era uma escola anglo-americana e apenas dois dos alunos eram de origem mexicana, ainda que nascidos em Los Angeles. Aterrorizado por minha incapacidade de compreender o que me diziam, me refugiei no silêncio. Ao fim de uma eternidade chegou a hora do recreio e do lanche. Ao sentar-me na mesa, descobri com pânico que me faltava uma colher; preferi não dizer nada e ficar sem comer. Uma das

professoras, ao ver meu prato intacto, me perguntou, com sinais, a razão. Sussurrei "*cuchara*", apontando a do colega mais próximo. Alguém repetiu em voz alta: "¡*cuchara!*". Gargalhadas e algazarra. Começaram as deformações verbais e o coro das gozações. O bedel impôs silêncio, mas na saída, no arenoso pátio esportivo, a gritaria me rodeou. Alguns se aproximavam e me jogavam na cara, com uma cusparada, a palavra infame: "¡*cuchara!*". Um deles me deu um empurrão, eu tentei revidar e, imediatamente, me vi no meio de um círculo: diante de mim, com os punhos fechados e em atitude de boxeador, meu agressor me provocava, gritando-me: "¡*cuchara!*". Trocamos golpes até que um bedel nos separou. Ao sair, nos repreenderam. Não entendi uma palavra da bronca e voltei para casa com a camisa rasgada, três arranhões e um olho semifechado. Não voltei à escola por quinze dias; depois, pouco a pouco, tudo se normalizou: eles esqueceram a palavra *cuchara* e eu aprendi a dizer *spoon*.[11]

O episódio, diz ele, teve caráter exemplar: era um aprendizado da diferença e, claro, da intolerância diante da diferença. E tudo piorou, insiste Paz, na volta para o México após dois anos de exílio. Os colegas da nova escola mexicana, uma escola francesa,

não demoraram para decidir que eu era um estrangeiro. [...] Saber que eu era recém-chegado dos Estados Unidos e minha aparência — cabelos castanhos, pele e olhos claros — poderia explicar sua atitude; não totalmente: minha família era conhecida em Mixcoac [...]. Voltaram os risos e as gozações [...].[12]

Seguindo os passos da criança que Paz foi, o resultado é que

A experiência de Los Angeles e a do México me provocaram pesadelos durante muitos anos. Às vezes pensava que era o culpado

— com frequência somos cúmplices de nossos perseguidores — e me dizia: sim, eu não sou daqui nem de lá. Então, de onde sou? Eu me sentia mexicano — o sobrenome Paz aparece no país desde o século XVI, dia seguinte da Conquista — mas eles não me deixavam sê-lo.[13]

É tripla, além de exemplar, a condenação para aquele que não é igual. O desterro, lembra Paz, é um tema recorrente desde a figuração dos filhos de Adão; seu sentido é universal. No entanto, as outras duas condenações são históricas: o mexicano nos Estados Unidos e o estrangeiro no México. Sob as três figuras, universais ou históricas, vige o signo da suspeita, daquele que não é digno da confiança, porque indecifrável: vive e funciona segundo outro código. E poucas características mexicanas, ressalta Paz, são tão destacadas como a suspeita e a desconfiança. Daí a disposição de entender as bases históricas dessa atitude perante o outro.

Na origem de *O labirinto da solidão*, portanto, havia questões de toda ordem: do panorama histórico trágico da Guerra Civil Espanhola e da Segunda Guerra Mundial à experiência individual de uma infância que, até por não ser incomum em seus problemas, ativou a disposição investigadora do adulto. E, finalmente, a percepção de que havia um traço específico do mexicano na agudeza da reação ao outro, um conflito interno ao México que precisava ser visto e analisado. Por isso, conclui, escreveu o livro:

> Por tudo isso não é estranho que, desde minha adolescência, me intrigasse a desconfiança mexicana. Parecia-me a consequência de um conflito interior. Ao refletir sobre sua natureza, constatei que, mais do que um enigma psicológico, era o resultado de um trauma histórico enterrado nas profundidades do passado. A desconfiança, em vigília perpétua, cuida para que ninguém descubra o cadáver e o desenterre. Essa é sua função psicológica e política. Pois bem, se a raiz do conflito

é histórica, só a história pode esclarecer o enigma. [...] Sem me dar conta do que fazia, movido por uma intuição e picado pela memória de minhas três experiências, quis romper o véu e ver.[14]

Os temas e as preocupações do livro também foram ensaiados muitos anos antes, pelo menos doze. Na década de 1940, um terço dos artigos que escreveu para o diário *Novedades*, da Cidade do México, abordava a questão da identidade mexicana, compondo uma espécie de "pré-história ou premonição de *O labirinto da solidão*".[15]

O livro foi escrito em Paris, entre 1948 e 1949, onde Paz vivia desde o final de 1945, ocupando um posto secundário na Embaixada mexicana. Ele reconhece que a distância do México e a pouca ocupação no verão de 1949 o ajudaram a redigir a primeira versão da obra nas tardes das sextas, nos sábados e nos domingos e nas demais noites da semana. Escreveu rapidamente: "disputava uma corrida comigo mesmo" e aguardava, ansioso, o desfecho. A ânsia de acabar logo traduzia, diz, a expectativa de que na última página chegasse à revelação. "Quem eu iria encontrar no final? Conhecia a pergunta, não a resposta."[16]

Evidentemente não havia nenhuma resposta à espera. E o que Paz considerou uma "vingança contra o México e contra si mesmo", contaminada por uma relação ambígua de amor e de ódio, acabou por se converter num livro de história. Sobre a história do México, sobre o próprio funcionamento da história e de seus mecanismos de significação do passado. Um livro de história, porém, que não agradou sobretudo os mexicanos. Apesar de uma resenha parcialmente elogiosa recebida do importante intelectual mexicano José Vasconcelos, a reação foi, a princípio, silenciosa — um silêncio eloquente. Saíram apenas seis resenhas da primeira edição que quase se limitavam à descrição do livro.[17] Três anos depois, as discordâncias vieram à tona. Em 1953, Juan Hernández Luna publicou uma resenha violentíssima, em que acusava Paz de escrever contra o México e de desconhecer os "verdadeiros mexicanos" e privilegiar os que

> "não gostam de nosso país, que renegam suas tradições e que se exilam voluntariamente nos Estados Unidos ou na Europa", "grupos de solitários, de derrotados", que "jamais podem ser tomados como protótipo da mexicanidade" e que Hernández Luna associa, finalmente, com "o mexicano conservador, o mexicano católico que não dá valor" à "tradição revolucionária", cujos análogos contemporâneos seriam "o nazista alemão e o fascista italiano, a quem a Segunda Guerra Mundial deixou sós e órfãos".[18]

Na prática, Hernández Luna, por trás do aparente existencialismo essencialista, apenas pretendia, na boa tradição corporativa da academia, defender seu colega de departamento Samuel Ramos, que ele julgou criticado pelo livro de Paz — e era criticado de fato, sem que isso invalidasse a importância que os estudos de Ramos tiveram para Paz. Incrível é que essas críticas — insustentáveis à luz de uma boa leitura da obra — continuam sendo repetidas, ainda hoje, pelos desafetos de Paz e por aqueles que, sobretudo nas academias latino-americanas, consideram-no inimigo ideológico. O enfurecido nacionalismo da crítica na prática comprovou que a tese de Paz, afinal, estava correta — como ele mesmo, na expectativa de reações duras ao livro, advertira, em carta escrita a Alfonso Reyes em 23 de novembro de 1949 (antes, portanto, da publicação do livro):

> Não faltará quem use os dentes afiados de sempre e que o acuse de dar as costas ao México. [...] lhe confesso que o tema do México

— imposto por decreto de algum imbecil convertido em oráculo da "circunstância" e do "compromisso" — começa a me pesar. E se eu mesmo acabei por escrever um livro foi para me livrar dessa enfermidade que seria grotesca se não fosse perigosa e escondesse um desejo de nivelar tudo. Um país bêbado de si mesmo — em uma guerra ou em uma revolução — pode ser um país são, recheado de essência ou em busca dela. Mas essa obsessão na paz revela um nacionalismo torto, que desemboca em agressão, quando se é forte, e em narcisismo e masoquismo, quando se é miserável, como ocorre conosco. [...] Ou para dizer mais claramente: temo que, para alguns, ser mexicano consiste em algo tão especial que nos nega a possibilidade de sermos homens, a seco. E lembro que ser francês, espanhol ou chinês são apenas maneiras de ser algo menos que o francês, o espanhol ou o chinês.[19]

A segunda edição, embora tenha sido mais lida e melhor recebida, não deixou de sofrer ataques fortes. Emmanuel Carballo, codiretor da *Revista Mexicana de Literatura*, chamou o livro de "'obra imprecisa, sinuosa, relampejante e, talvez, nociva [...] uma mescla — mal digerida — de sociologia, psicologia, história e poesia', em que 'o sofisma se justapõe à verdade, à objetividade uma subjetividade extrema e delirante'".[20] Paz reagiu às críticas e confirmou sua constatação de que a intelectualidade mexicana padecia de ferrenho nacionalismo, que lhe impedia admitir qualquer crise da nacionalidade ou mesmo questionar a suposta naturalidade do "ser nacional". Por isso, Paz insistiu, os temas do livro partiam do reconhecimento crítico da postura dos mexicanos perante o nacional: "a vergonha de ser mexicano, a consciência da festa como ritual sagrado, a cortesia como simulação, o resgate necessário do passado histórico e do legado religioso, a postulação de uma futura revelação".[21] O nacionalismo dessa inteligência, que silenciou ou reagiu com aspereza, era fundado na ideia da revolução redentora e na crença de um futuro pródigo. Aí estão as duas matrizes de que Paz trata no *Labirinto da solidão*: a celebração idealizada do futuro e o peso da tradição da Revolução Mexicana de 1910 na memória histórica e na cultura política do país. Foi nelas que baseou sua leitura do México e do mexicano. Porque o livro é, desde a primeira linha, precisamente isto: um esforço para compreender os mecanismos e as formas de representação da mexicanidade — daí inclusive rechaçar, de maneira decisiva, qualquer discurso essencialista ou ontológico acerca da identidade mexicana.

Ao que tudo indica, o livro foi concebido inicialmente como um romance — escrito nos primeiros anos parisienses e jamais publicado. Segundo o próprio Paz, era um pastiche de D. H. Lawrence e suas apaixonadas reflexões sobre as relações entre os sexos.[22] A opção pela ensaística, no entanto, não implicou o descarte completo das estratégias narrativas ficcionais. Certas palavras ou ideias, bastante repetidas nos oito ensaios, acentuam a influência lawrenciana e a disposição para a ficção: sangue, por exemplo, ou o erotismo tomado como forma de religiosidade, mais do que prazer ou anseio de liberdade.[23]

O ensaio literário como forma de representação — e decorrente indagação das nacionalidades — não nasceu, evidentemente, com Paz. O impacto dos recursos ficcionais, tampouco. Numa listagem arbitrária e rápida, bastaria lembrar do importantíssimo *Facundo* (1845), de Domingo Faustino Sarmiento, ou de obras pouco anteriores à de Paz: *Radiografia do pampa* (1933), de Ezequiel Martínez Estrada, *Casa grande & senzala* (1933), de Gilberto Freyre e, principalmente, *Raízes do Brasil* (1936), de Sérgio Buarque de Holanda. Em todos eles — e no *Labirinto* — "representar" se confina com "desterritorializar", lembra Santiago, que vai ainda mais longe e destaca outro sentido, gramaticalmente apropriado: "duplicar".[24]

Foram muitos os deslocamentos — ou as duplicações — operados por Paz. Em primeiro lugar, ele circulou entre precursores que incorporou em suas andanças pela geografia e pelas bibliotecas. Há traços do surrealismo, que o marcou profundamente (sobretudo a partir de sua visita à Espanha, em 1937, e de sua estadia parisiense), ao lado de indagações trazidas pela psicanálise: o próprio conceito de revolta que empregou (*re-volta*) deve bastante ao universo psicanalítico. Paz manteve distância do contexto existencialista francês em que escrevia, mas incorporou a questão existencial — no sentido estrito — da "estranheza" e do desassossego. Dialogou com o marxismo e recorreu de forma estratégica a algumas de suas chaves interpretativas — sobretudo no diagnóstico da dependência da condição moderna da América e nas considerações sobre identidades coletivas (no ensaio "Os filhos da Malinche"). Nunca, porém, privilegiou dimensões estruturais, mantendo-se voltado à discussão do olhar incomparável de cada experiência individual e, com frequência, circunstancial.

A duplicação manifesta-se também na capacidade de combinar, numa mesma sintonia, temas (só) aparentemente incompatíveis: a conjunção entre o advento da modernidade e a evocação da tradição — tema frequente na obra de Paz, depois consolidado no conhecido ensaio "A tradição da ruptura", em que formula uma teoria da modernidade no Ocidente.[25] Muito além das questões familiares, é a disposição de trazer o passado para o presente que explica sua defesa categórica do zapatismo como possuidor da "verdade profunda" da revolução de 1910: o zapatismo teria conseguido, segundo sua ótica, algo que os demais grupos revolucionários não pretenderam ou não puderam atingir: o reconhecimento do passado como tempo de fundação e a percepção da Revolução de 1910 como momento de reinvenção — ou ressignificação — do México. Dessa forma, Paz traduzia um repertório de possibilidades sociais e culturais para o mexicano e permitia compatibilizar o cenário crítico da modernidade com o peso da tradição pré-colombiana, resultando numa experiência peculiar de modernidade. Assim se dá o decisivo trânsito entre ficção e história em *O labirinto da solidão*: o livro recupera o passado mexicano — desde o mais distante possível, anterior à conquista europeia — para localizar os traços persistentes no mexicano e traduzir o diálogo entre temporalidades numa narrativa compreensiva, ou seja, numa interpretação do passado em diálogo com o presente.

Quando a história chega à cena principal, Paz coordena e sincroniza os vários tempos de formação do México: combinam-se no presente as diversas dimensões temporais do passado e daí resulta um México cuja história é desmontada e, em seguida, remontada, reduzindo a importância da cronologia ou da sequenciação para expor de forma categórica a articulação heterocrônica de narrativas e eventos singulares, "dos elementos que compõem cada momento da história".[26] Consegue, assim, atravessar os séculos de colonização, a luta pela independência, os conflitos entre conservadores e liberais do XIX, a Revolução de 1910 e a hegemonia ilegítima do Partido Revolucionário Institucional (PRI) entre as décadas que se seguiram à Constituição de 1917 e o final do século, a derrota das revoluções camponesas.

Nesse sentido, não há "resgate" ou "recuperação" da história, ela jamais é tratada como "*madre de la verdad*"; a história é, na verdade, sua contraface, um exercício de significação que Paz desenvolve por meio dos personagens que evoca para notar não o mexicano "essencial" — supostamente visível em algum "espelho enterrado" ou na identificação de uma nova e privilegiada raça ou cultura —, mas o mexicano móvel, variado, de constituição instável e desigual: o mexicano com suas inúmeras e sucessivas máscaras. É o *pachuco* — figura que abre o livro e "oscila com violência e sem compasso", como "um pêndulo que perdeu a razão".[27] É designado por uma palavra de significado impreciso e de origem incerta. Deslocado na geografia e na cultura, tenta afirmar uma personalidade peculiar para responder à hostilidade que enfrenta no mundo que não é o seu — e o que supõe ser (ou ter sido) seu já não o é mais:

> Perdeu toda sua herança: língua, religião, costumes, crenças. Resta-lhe apenas um corpo e uma alma à intempérie, inerme diante de todos os olhares. Seu disfarce o protege e, ao mesmo tempo, o destaca e isola: esconde-o e exibe-o. [...] Por caminhos secretos e arriscados o *pachuco* tenta ingressar na sociedade norte-americana. Mas ele mesmo veda este acesso. Desligado da cultura tradicional, o *pachuco* se afirma um momento como solidão e desafio. Nega a sociedade da qual procede e a norte-americana. O *pachuco* se lança para o exterior, não para se fundir com o que o cerca, mas para desafiar. Gesto suicida, pois o *pachuco* não afirma nada, não defende nada, exceto a sua exasperada vontade de não ser.[28]

O *pachuco*, esse deserdado, existe, portanto, num impasse: o da "desterritorialização" — e por isso ele se divide e se duplica em dois mundos e em ambos — igualmente irreais e míticos — anula-se. O mesmo ocorre por trás da terrível e rancorosa designação "filhos da Chingada" — mítica figura materna associada ao sofrimento e à violação, representação possível da conquista, com sua carga de brutalidade e de abertura à força.[29] E, claro, da assumpção como "filhos da Malinche", que, na linha reversa e complementar da figura da Chingada, revela a entrega ao dominador: Malinche foi amante de Cortez e passou a designar depreciativamente os mexicanos que se abrem ao exterior. Ser filho da Chingada é identificar-se na violência e no fechamento inútil; ser filho da Malinche é abrir-se sem reservas.[30] Na confluência das duas — a mãe duplicada —, o contínuo contraste que a formação desigual deu ao mexicano. Ou, ainda, aos dois mexicanos: o que celebra a festa e nela se transforma e o homem reservado do cotidiano — reunidos no terceiro ensaio do livro.

Pachuco, Chingada, Malinche: são todas figuras arquetípicas que revelam a duplicidade e inscrevem a história na esfera do mito. Porque o principal trânsito realizado por Paz em *O labirinto da solidão* é o que permite aproximar a história do mito e, por ele, da poesia. É também o mecanismo literário — ou a "máquina textual" —[31] que permite ampliar a explicação histórica e retomar preocupações com a interpretação histórica manifestas em textos anteriores de Paz: "Para completá-la é preciso buscar uma 'meta-história': a imaginação crítica que interprete mais além da história — como o mito ou o inconsciente; essa mesma 'interpretação poética da história' que o jovem poeta havia pedido uma década antes".[32]

Em sua modernidade peculiar, o México repassa os mitos que o fundaram e averigua sua adequação ao presente, além de projetá-los ao futuro — é essa, inclusive, a constatação de Paz ao final do sexto ensaio, em que trata da capacidade da revolução de 1910 de produzir e prolongar sua densa mitologia, fazendo com que seus heróis prossigam galopando pelos campos ou cruzando o território nacional nos célebres trens de campanha. É o repertório mítico que oferece a possibilidade de identificação — nenhuma identidade naturalizada, mas aquela constituída poeticamente em meio à história também poeticamente narrada, que remete sempre ao pessoal, à experiência irrecuperável, mas passível de ser plasmada na representação — que é também confissão de uma solidão e da perspectiva de comunhão.

À diferença de tantos intelectuais mexicanos publicamente comprometidos com o sonho da revolução — a revolução que já havia ocorrido no início do século XX ou aquela que se acreditava que ainda viesse a ocorrer —, Octavio Paz não se limitou, no horrível 2 de outubro de 1968, aos abaixo-assinados ou aos discursos inflamados. Estava na Índia, como representante diplomático mexicano, quando soube que tropas do Exército haviam aberto fogo contra cerca de 10 mil pessoas reunidas num protesto na Plaza de Tlatelolco (ou de las Tres Culturas). O saldo, nunca calculado com precisão, foi de pelo menos trezentos mortos e milhares de presos e feridos. Paz escreveu um amargo poema sobre as Olimpíadas que se iniciariam poucos dias depois na mesma Cidade do México e enviou às autoridades diplomáticas sua renúncia ao posto que ocupava e à carreira. O "Postdata" a *O labirinto da solidão*, de 1970, partiu exatamente dessa tragédia para olhar com amargura a atualidade do livro de 1950. O gesto, de óbvia coragem pessoal e de estrita coerência intelectual, é normalmente esquecido, sobretudo por aqueles que criticam sua premiação em 1990 com o Nobel e o acusam por não ter endossado a retórica de defesa de ideais revolucionários-nacionalistas — os mesmos que Paz questionara já na primeira edição de *O labirinto da solidão* e que prosseguiria criticando quando, nos últimos anos de vida e em meia dúzia de artigos (estes, sempre lembrados, embora raras vezes lidos), recusou a empolgada e superficial celebração do movimento neozapatista de Chiapas.

A questão de Paz não era a revolução — pelo menos não a Revolução de 1910 — pelo que foi ou pelo que se construiu em torno dela na farta literatura e nos desdobramentos político-partidários que dominaram o México até o umbral do século XXI. No centro de suas preocupações tampouco estava a óbvia legitimidade das reivindicações históricas e étnicas do Exército Zapatista de Libertação Nacional (EZLN) em seus manifestos e proclamas lançados a partir de 1994. Ele se inquietava ante a crença num futuro idealizado e estático, ante um passado reverenciado como fonte de ensinamentos e verdades absolutas, que, embora supostamente sustentado na história, era, na prática, sua negação. Paz insistia na necessidade de perceber a integração entre história e ficção, entre mito e poesia. Era sua resposta à crise da modernidade e à dificultosa identificação do latino-americano. Queria olhar o mexicano em movimento — no tempo, no espaço, na história — e assim perceber os caminhos que o levaram (e junto com ele, em boa medida, também os demais latino-americanos) ao labirinto no qual insistimos em ficar presos: um labirinto de naturalização precária de identidades.

Um olhar distante: Piglia
e a utopia de América Latina*

Para Maria Ligia Prado[1]

Sigo escribiendo desde acá, desde la cama, refugio y no campo de batalla.

Ricardo Piglia

Nos anos 1960, um espectro rondava a América Latina — o espectro do comunismo. Pouco tempo havia passado desde abril de 1961, quando o governo cubano declarara o caráter socialista do regime e o mundo vivia imerso na Guerra Fria.

A própria ideia de América Latina, embora não tão recente, ganhava espaço e frequentava discursos e projetos. Mesmo no Brasil, que em geral se mantinha cautelosamente afastado das discussões mais acirradas sobre identidades latino-americanas, o tema ganhava corpo e crescia o interesse pelos vizinhos — personagens ainda esfumaçados, de estranha parecença, mas cuja

---

* Publicado em Maria Ligia Prado (Org.), *Utopias latino-americanas: Política, sociedade, cultura*. São Paulo: Contexto, 2021.

história e cujo presente não soavam tão distantes ou distintos do que se passava nas terras da Bossa Nova e do Tropicalismo.

Claro que as questões nacionais que afetavam cada país latino-americano na década tinham sua especificidade. Para ficar em poucos exemplos: o México vivia o estertor da política de distribuição de terras iniciada em 1917; o Chile apostava na estabilidade política e transitou de um governo conservador para um democrata-cristão e, depois, para o projeto socialista de Salvador Allende; o Paraguai persistia sob a ditadura de Alfredo Stroessner; o Peru conhecia a experiência incomum de um governo militar dedicado a reformas sociais.

Os impasses e anseios nacionais não impediam que dois países quase extremos no poder e nas dimensões territoriais continuassem a mobilizar as notícias, atenções e preocupações: a pressão norte-americana sobre Cuba mudava sua feição — da economia para a ação militar, da ação militar para a diplomacia, e de volta para a economia —, mas persistia intensa, traduzindo os termos da bipolaridade estratégica para o cenário do continente.

Havia quem preferisse a neutralidade, mas eram muitos os que tomavam partido, e pelos motivos mais variados. O mais óbvio era ideológico: direita ou esquerda, capitalismo ou socialismo, mercado ou programas sociais? No plano simbólico, os contrastes também seguiam a pauta geral da Guerra Fria — Iuri Gagarin ou Neil Armstrong? O sorriso calculado de Kennedy ou as barbas de Fidel Castro? E quem afinal, no início dos anos 1970, merecia ter vencido a final do basquete nas Olimpíadas de Munique?

As ambiguidades podiam ser muitas, mas a palavra que movia quem se enxergava no sol do olhar do outro latino-americano — notado de frente, de relance ou em algum espelho enterrado — era uma e única: utopia. O lugar nenhum era um lugar definido e parecia promissor: América Latina. Como toda utopia, ela parecia longínqua; como toda utopia, parecia infalível. Restava encontrar caminhos para alcançá-la — e tampouco houve coincidência nos itinerários: para alguns eram as armas e o modelo ruptural da Revolução Cubana; para outros, as reformas. Havia aqueles que optavam por um trajeto aparentemente mais tortuoso, porém essencial: realizar, pela filosofia ou pelas artes, uma longa viagem em busca da América Latina, criá-la e recriá-la imaginativamente, desenhar seus contornos, cantar suas tradições, encontrar sua forma específica de expressar-se.

Foi esse esforço que fez o continente parecer tão intenso e vivaz nos anos 1960 e 1970: a música de Victor Jara ou Mercedes Sosa, a arte visual de Beatriz González ou Marta Minujín, a ficção de Carlos Fuentes ou Gabriel García Márquez distinguem-se profundamente entre si, mas se equivalem no esforço de visualizar o passado, redimir-se do que nele houve de terrível, confrontar o presente, inventar o futuro.

Naqueles dias agitados, quando a utopia de América Latina movia tantos, um jovem argentino planejava tornar-se escritor. Ele diz não saber bem por que apostou na literatura "todas as fichas" da vida, mas pagou para ver: Ricardo Piglia. No final de 1957, com dezesseis anos e em meio à confusão da mudança apressada de sua família, encontrou um caderno em branco e começou a escrever um diário. Nunca mais parou e só no final da vida cumpriu a promessa de publicá-lo. É nesses diários que Piglia encara, com calculada distância, o frenesi utópico latino-americano.

Os diários de Emilio Renzi são a transposição para livros de parte das anotações que Piglia fez em cadernos durante toda a vida — cadernos hoje armazenados em caixas e caixas do acervo da Universidade de Princeton, onde Piglia foi professor por mais de uma década. A edição em livro iniciou-se em meados da década de 2010, justamente no momento da aposentadoria do autor, e resultou em três volumes: *Anos de formação, Os anos felizes e Um dia na vida.*[2]

Cada volume tem feição própria. O primeiro abrange o período de 1957 a 1967 e combina trechos dos cadernos com relatos ficcionais. O segundo acompanha os anos de 1968 a 1975 e, exceto por um texto introdutório, é todo composto de registros diários. O terceiro traz trechos dos cadernos de 1975 a 1982, um amplo texto central e uma terceira seção intitulada "Dias sem data", que mistura anotações variadas. É possível que as dificuldades trazidas pela doença paralisante que afetou Piglia nos últimos anos de vida e o matou em 2017 tenham acelerado a finalização do projeto e reduzido, em *Um dia na vida*, a quantidade de trechos oriundos dos cadernos.

Na transição dos cadernos para os livros, as anotações foram selecionadas, reescritas, reordenadas. Ou seja, os volumes de *Os diários de Emilio Renzi* não revelam fielmente os registros acumulados, e sim sua reescrita décadas depois, o que mantém no leitor uma dúvida insistente: quem fala a cada passagem? Aquele que aos dezesseis, trinta e poucos ou cinquenta anos redigiu as entradas diárias ou o escritor consagrado que os editou aos setenta anos? A pergunta só terá resposta quando houver um cotejo cuidadoso dos cadernos com os livros. E mesmo assim a resposta será limitada, uma vez que o problema da autoria e da enunciação nos diários é seguidamente apresentado na obra: afinal, se o autor é Piglia, por que *Os diários de Emilio Renzi*?

Emilio Renzi aparece de várias maneiras na obra de Piglia. É personagem e narrador de contos e romances, assina ensaios de crítica. Com frequência, é tratado como alter ego de Piglia — para o que contribui o fato de o nome completo do autor ser Ricardo Emilio Piglia Renzi: Renzi, de alguma forma, está contido em Piglia. Atribuir a ele os diários de Piglia é criar um jogo de duplos, expresso já nas capas dos volumes, de que constam dois autores: o dos livros, Piglia, e o dos diários, Renzi.

É impossível compreender os diários sem avaliar pelo menos dois efeitos dessa duplicação. Em primeiro lugar, ela relativiza a ideia de autoria, deixando em primeiro plano o texto — o que traz consequências significativas: por exemplo, a dissolução da importância dos dados biográficos, da postura ideológica, do engajamento pessoal, da manifestação de crenças e valores ou, de forma geral, da visão de mundo de quem escreve. Em segundo, ela permite a proliferação da enunciação. Não por acaso, um dos textos finais de *Anos de formação* chama-se "Quem diz eu?" e nele o narrador ressalta que, "de todos os signos da linguística, o Eu é o mais difícil de controlar". E prossegue:

> Exorcismo, narcisismo: numa autobiografia, o Eu é todo o espetáculo. Nada consegue interromper essa zona sagrada de subjetividade: alguém contando sua própria vida, objeto e sujeito da narração, único narrador e único protagonista, o Eu parece ser também a única testemunha.
>
> Entretanto, pelo simples fato de escrever, o autor prova que não fala apenas para si mesmo: se assim fosse, bastaria uma espécie de nomenclatura espontânea de seus sentimentos, posto que a linguagem é imediatamente seu próprio nome. Obrigado a traduzir sua vida em linguagem, a escolher as palavras, o que está em jogo já não é a experiência vivida, e sim a comunicação dessa experiência, e a lógica que estrutura os fatos não é a da sinceridade, e sim a da linguagem.[3]

Após destacar a dimensão narcísica da valorização do Eu, o fragmento avança em linha oposta para sustentar duas noções fundadoras da poética de Piglia: todo significado é construído narrativamente — logo, não existe sentido intrínseco ao referente — e nenhum texto dispõe de um só enunciador. Ou seja, é impossível circunscrever qualquer texto a uma posição ou lugar únicos de manifestação, pois muitas vozes falam nele — por exemplo, por citações diretas ou implícitas, variação de voz, duplicação do narrador.

A escrita, portanto, não expõe a experiência em si, e sim sua reinvenção numa narrativa. Diários podem ser pessoais, mas não são íntimos; sugerem sinceridade, mas são representações; parecem expressivos da trajetória individual, mas falam do mundo — por exemplo, falar de um tempo em que as utopias circulavam amplamente pela América Latina. O narrador, porém, é coerentemente cauteloso: como afirmar uma pertença, delinear uma identidade ou engajar-se num projeto político — o da utopia latino-americana —, se a ficção não é escrita por um Eu definido, não dispõe de posição fixa nem deriva de voz única?

A América Latina aparece nos três livros que compõem *Os diários de Emilio Renzi*, na maioria das vezes, de forma pontual. É provável que os cadernos abordem com muito mais frequência as questões extraliterárias latino-americanas. Nas brechas deixadas pelos temas da política e da cultura argentinas, pelos debates literários e comentários de leitura, os três volumes apresentam, no entanto, uma visão peculiar do continente.

Coincidentemente, os assuntos latino-americanos de caráter extraliterário aparecem o mesmo número de vezes no primeiro e no segundo volumes, catorze, e estão ausentes do terceiro volume. Há, portanto, 28 registros, em geral breves, ao longo das 1071 páginas somadas dos três volumes. Se compararmos com as centenas de citações de livros e filmes ou as dezenas de comentários acerca dos Estados Unidos, de países europeus ou asiáticos, a cifra parece inexpressiva. Seria a América Latina uma questão sem importância para Piglia? A utopia que tantos acalentaram nos frementes anos 1960 e 1970 lhe seria estranha ou indiferente?

A primeira referência explícita aparece, em *Anos de formação*, numa observação sobre uma das disciplinas que Piglia seguia no curso de história da Universidad de La Plata. A entrada é de 7 de maio de 1960 — três anos depois do início do diário — e volta-se mais às peculiaridades do professor, Boleslao Lewin, do que ao conteúdo propriamente dito: um livro de Lewin sobre a rebelião de Tupac Amaru, suas digressões sobre a Inquisição espanhola na América e, ao fim, o relato da ousada trajetória do irlandês Guillén Lombardo, que, acossado pelo Santo Ofício no século XVI, penetrou durante a noite no quarto do vice-rei do México, entregou-lhe cópia do manifesto que antes afixara na praça central e escapou para viver entre nativos — até ser aprisionado e queimado. O anedótico é o que interessa a Piglia, mais do que a circunstância histórica específica ou os mecanismos da ação da Igreja no México colonial.[4]

Poucas páginas à frente, entra em cena o tema latino-americano (compreensivelmente) mais recorrente nos diários: a Revolução Cubana. Três observações, datadas de julho de 1960. No dia 6, nota rápida sobre as "novas nacionalizações" anunciadas por Fidel Castro e o corte na cota de açúcar cubano comprado pelos Estados Unidos. A observação encerra-se com uma intervenção pessoal — "Pressão, dificuldades, conflitos" — que produz significados mais amplos para as ocorrências e indica desdobramentos futuros. Três dias depois, uma frase breve e seca, noticiosa e destituída de acréscimos pessoais: "A Rússia anuncia que vai apoiar Cuba com seus foguetes". As sucintas impressões do narrador acerca do assunto reaparecem na entrada de 26 de julho: "Aniversário da revolução cubana. Castro continua resistindo. Só tem o apoio do México e da Venezuela. Nós estamos prestes a romper relações".[5] É a primeira vez que os diários assumem um debate diretamente continental, ao articular o movimento interno de Cuba com as pressões norte-americanas e as reações de outros países latino-americanos.

Cuba continua a ser, no mês seguinte, objeto de anotações. No dia 5, o diarista assiste à conferência de Alfredo Palacios e, após observações sobre os bigodes do conferencista, registra que ele falou de sua estadia de três semanas na ilha, a convite do governo cubano, e observou: "reforma agrária, cada trabalhador do campo recebe quatrocentos hectares, educação popular, luta contra o analfabetismo". Um comentário de Palacios — "Não são comunistas, são humanistas" — provoca a ironia de Piglia e uma resposta curiosa da amiga que o acompanha:

> Eu me inclinei para a Vicky: "Se for mesmo verdade que são humanistas, não aguentam mais do que três meses", ela deu risada, nada a pega desprevenida. É rápida e muito sagaz. "Podíamos usar a violência política como forma de educação", disse com sua voz doce. "Para cada dez camponeses que aprenderem a ler, fuzila-se um oligarca." "O terrorismo", acrescentou logo em seguida, "é a forma política da educação popular."[6]

O diálogo oscila entre o humor e o posicionamento político. Se considerarmos que o enunciador do discurso é flutuante nos escritos de Piglia e que o ato de registrar no próprio diário a fala de Vicky já é, em si, uma forma de lhe dar destaque, não é absurda a hipótese de algum endosso à violenta sugestão da "voz doce" da amiga. Para além do terreno das suposições, algo é certo: a conferência, a ironia do diarista e a pedagogia de Vicky expõem a curiosidade e a expectativa em relação aos rumos cubanos e reafirmam que falar de Cuba é falar de toda a América Latina. Cuba estava tão impressa na imaginação que no dia seguinte o narrador faz uma observação que reforça a onipresença do tema:

após assistir, com três amigas, a uma encenação de *Seis personagens à procura de um autor*, sentam-se todos num café, discutem

> os jogos imaginários de Pirandello com as identidades, e não sei por que acabamos na política clandestina e daí na situação de Cuba e nos fuzilamentos dos sicários (de Batista). "A justiça", eu disse, "é igual ao poder. Quem tem o poder é a justiça. A quem não tem só resta acreditar."[7]

O trecho é cheio de subentendidos e ambiguidades. De um lado, o narrador parece ter assumido a posição radical da amiga com quem assistira, na véspera, à conferência de Palacios. Substitui, porém, o humor ríspido de Vicky pela constatação generalizante — típica de uma conversa num café —, que articula três temas inevitáveis da discussão da época sobre Cuba e a América Latina: poder, justiça e violência. Ao subordinar a justiça ao poder, esvazia a dimensão institucional do aparato judicial e reconhece a irrupção da violência como inevitável — a dos fuzilamentos citados na conversação, a dos sicários de Fulgencio Batista, a da Revolução em si, a que enfrentam os que não fizeram nenhuma revolução. O outro lado do excerto é menos preciso ou direto e mais interessante: nesse mundo em que a violência assume dimensão central e se manifesta nos poderes de todas as ordens e escalas, resta uma só saída para quem não tem poder: "acreditar".

Embora seja possível entrever alguma entonação irônica, certamente o emprego do infinitivo verbal não é unívoco. "Acreditar" é palavra corrente na América Latina dos anos 1960. Crença na redenção histórica — algo que, de resto, poderia ser usado como justificativa para o gesto brutal do fuzilamento por quem hoje controla a justiça e o poder, daqueles que antes exerciam o mesmo controle e recorriam à violência como tática e estratégia. Crença de que a ação pode transformar o presente e criar um futuro. Crença —

irmã da utopia, seu andaime e sua possibilidade. Renzi não está disposto a atuar diretamente na luta direta pelo futuro ou transpô-la para sua produção literária — como fizeram, por exemplo, Gabriel García Márquez ou Carlos Fuentes nas ficções em que sonharam a superação dos impasses históricos latino-americanos e apontaram futuros desejáveis. A perspectiva de Renzi é outra, assim como outra é sua compreensão do lugar da política na arte, o que não o impede de "acreditar". Tanto acreditava que cinco dias depois participou de uma assembleia e defendeu a divulgação de manifesto estudantil de apoio a Cuba:

> Assembleia de estudantes para discutir uma moção de apoio a Cuba. Aceitar o fato de que a União Soviética respalda e sustenta a revolução é admitir que Cuba se transformará num satélite soviético, mas repudiar a ajuda dos russos é entrar no jogo dos americanos. Como fazer? Propusemos um repúdio aos planos de invasão norte-americana, mas sem incluir na declaração nenhuma observação sobre a interferência soviética, como pediam os anarquistas. A proposta foi aceita por 60 a 40.[8]

O diarista assume posição clara, expressa no uso da primeira pessoa do plural ("Propusemos") e na convicção de que o tema da pressão norte-americana era mais urgente e importante do que a da sovietização de Cuba. A moção de apoio contém um pragmatismo comum à época: rejeitar o imperialismo é a pauta principal. Interessa mais, porém, reparar na dimensão continental e internacional que o assunto cubano alcança: falar de Cuba é de novo falar da América Latina, lidar com as incertezas do presente cubano é manter a possibilidade de cogitar um futuro para o continente.

Após seguidas menções à Cuba em meados do ano de 1960, a América Latina some dos diários por quase dois anos, para ressurgir em meio a um comentário sobre os interesses de leitura do narrador e sua participação na política universitária. A observação transforma-se num elogio a Che Guevara e à importância do guerrilheiro e da revolução de Cuba:

> como influenciaram em mim, e em todos os meus contemporâneos, a revolução cubana e a figura do Che Guevara, que tivera uma atuação deslumbrante na OEA, perto de nós, na reunião de Punta del Este, com sua farda verde-oliva, sua barba rala e sua estrela de cinco pontas na boina, que parecia um terceiro olho no seu rosto tão argentino.[9]

A descrição de Guevara é interessante, pois combina dois elementos francamente associados à revolução de 1959 — a farda e a barba, marcas persistentes da guerrilha —, com um terceiro traço (a boina com estrela) que se colou à figura internacionalizada do Che e um quarto, a nacionalidade argentina. Para falar da força simbólica da imagem, o diarista metaforiza na estrela a capacidade visionária do personagem, articula a especificidade cubana com o impacto mundial da revolução e conclui com a identificação de outra marca local, a argentina, que aproxima o Che do próprio narrador e do lugar em que os cadernos são redigidos.

A "influência" da revolução e de Guevara é, no entanto, relativizada já na frase seguinte, quando o diarista afirma o primado das leituras sobre a observação da ação política: "Mas, como sempre aconteceu em minha vida, o que realmente me convenceu foram os livros".[10] A assertiva borgiana — chegar ao mundo pelos livros — ajuda a compreender a estratégia peculiar de referenciação, nos diários, ao conjunto da América Latina e à sua vida extraliterária — social, econômica e política: Piglia/Renzi não reconhece nenhum primado da experiência real sobre a textual e o aprendizado é sempre a combinação das duas instâncias, que se desenvolvem no "mundo próprio" do escritor, onde a vida é narrada. Em outros termos: o referente em si não contém significado, que é produzido no processo de representação.

Após outro período de abandono das questões continentais, a invasão norte-americana a São Domingos traz os dilemas latino-americanos de volta aos diários. O tema é desenvolvido nas primeiras anotações de maio de 1965. Registram-se, além da invasão propriamente dita, "manifestações de repúdio" ocorridas em Buenos Aires, resistências dominicanas ao ataque e uma longa citação de um discurso em que o presidente norte-americano Lyndon Johnson procura justificar a ação. O conjunto de informações extraídas da imprensa combina-se com uma reflexão teórica e estratégica dos "amigos de esquerda" sobre um tema leninista — "a dificuldade de fundar uma estratégia revolucionária na insurreição urbana" —[11] e o confuso relato pessoal da participação do narrador num ato pró-dominicanos defronte ao Congresso argentino:

> Nós, manifestantes, nos agrupamos em frente ao Congresso e os cossacos investiram contra a multidão, que se dispersou em pequenos grupos e tornou a se reagrupar várias vezes. Eu, de minha parte, tenho uma versão confusa dos fatos. Só me lembro do Alfredo Palacios falando contra a intervenção norte-americana nas escadarias do Congresso e depois me vejo sentado a uma mesa do bar La Ópera, na Corrientes com a Callao, mas não me lembro do que aconteceu no meio.[12]

A primeira frase sugere um relato objetivo, a segunda atesta a hesitação do narrador e a terceira assume a fragmentação própria da memória (e de qualquer diário). No entanto, mesmo o suposto relato objetivo recebe tratamento ficcional: a cena parece saída de um filme e a metáfora dos policiais argentinos como "cossacos" coloca em xeque a ilusão de realidade do informe, antecipando sua substituição, nas frases seguintes, pelo esfumaçamento da memória.

Novo conflito ocorre uma semana depois, em meio a outro protesto diante do Congresso, agora entre grupos de direita e esquerda. O leitor do diário acompanha quase uma cena de faroeste, com direito a mais de meia hora de tiroteio. A perspectiva do diarista é de novo assumidamente enevoada e o confronto aberto é relatado a partir da ação individual de "um rapaz de terno e óculos escuros atirando", escondido atrás de um banco de praça, que se levantava, atirava e se agachava de novo.[13] A realidade da invasão norte-americana a São Domingos e dos protestos argentinos contra a ação são o suporte para que os diários construam representações ficcionalizadas da América Latina.

Depois do assunto São Domingos, é só perto do final que *Anos de formação* traz de volta a Revolução Cubana e seus símbolos. No dia 13 de outubro de 1967, o diarista observa que

> Se for mesmo verdade que mataram o Che Guevara na Bolívia, algo mudou para sempre na vida dos meus amigos e também na minha. Semana sombria, com notícias desencontradas. Choveu sem parar. Lembro que eu estava caminhando com o Ismael Viñas pela rua Libertad, pulando poças e atravessando pinguelas improvisadas, quando recebemos a notícia. Grande comoção.[14]

A ambientação do trecho é sombreada e chuvosa — prenúncios do escurecimento e do luto. A notícia da morte do Che alcança Renzi e o amigo numa rua chamada "Liberdade" enquanto eles avançam com dificuldade — pulando poças — e valem-se de "pinguelas improvisadas" para seguir em frente. Pode ser que a descrição da ocorrência seja literal e as metáforas, incríveis coincidências. Difícil, porém, acreditar que a cena não tenha sido recriada imaginativamente para incorporar sentidos da vida e da morte do Che: a liberdade como trilha em meio à obscuridade, a busca de caminhos.

Após três dias, o diário traz a confirmação da morte, por Castro, e agora não há ficcionalização. O debate é político e as dúvidas acerca da relação de Che com o regime cubano intrigam o narrador, que lista perguntas: "por que Guevara saiu de Cuba e por que foi ao Congo e depois, sem apoio, embarcou na guerrilha boliviana", "por que os cubanos não o resgataram".[15] Uma semana depois, Renzi relata uma conversa telefônica com um amigo, "abatido e distante". Um ano antes ele viajara a Cuba para "preparar uma nova aventura guerrilheira, que agora vejo ligada aos contatos argentinos que o Che esperava que o acompanhassem na Bolívia".[16] Em julho de 1970 — três anos se passaram — a questão continuava a afligir o diarista numa conversa com o amigo Andrés: "O Andrés tem a hipótese de que, na Bolívia, Guevara estava tentando provocar uma invasão norte-americana para assim deflagrar um novo Vietnã. Pode ser. O curioso, para mim, é que os cubanos não o tenham resgatado com vida".[17]

A certeza da morte e o conhecimento de antecedentes da operação provocam, no narrador, dúvidas profundas e deslocam o debate para uma zona cinzenta que ultrapassa a morte de Guevara e atinge em cheio a utopia de América Latina: a que Che pretendia construir, aquela em que tantos acreditaram, aquela que levou Che, desamparado, a morrer na selva boliviana. Depois dessa morte, ainda haveria lugar para a utopia?[18]

A primeira menção de *Os anos felizes* a assuntos extraliterários latino-americanos é indireta e insiste no debate sobre Cuba. Piglia retorna de uma viagem à ilha — onde foi receber o prêmio da Casa de las Americas por *Jaulario* —[19] e, no dia 31 de janeiro de

1968, conta o encontro com Virgilio Piñera, escritor perseguido pelo regime castrista:

> Encontro o Virgilio Piñera no Hotel Habana Libre, levo para ele uma carta do Pepe Bianco, vamos para o jardim, ele me diz. Estou cercado de microfones, estão escutando o que eu digo. Era um homem frágil e sutil. Sem conhecê-lo, já gostávamos dele. [...] Que perigo ou mal esse artista refinado podia causar à revolução?[20]

A dúvida sobre a conduta do governo de Cuba, já manifesta na anotação de 16 de outubro de 1967, torna-se perplexidade e Piglia, que nunca foi um entusiasta do regime, não registra quase nada da viagem e concentra sua desconfiança num contraste: a força e o poder da revolução ante a fragilidade e a sutileza de Piñera. Talvez o desconsolo com os rumos da ilha explique a desaparição do tema Cuba — e de qualquer questão extraliterária latino-americana — pelas 140 páginas seguintes de *Os anos felizes*. Renzi volta ao tema apenas em outubro de 1969 e para confirmar seu distanciamento: "Os cubanos me mandaram vários livros e insinuaram um possível convite, embora da minha parte as relações tenham esfriado depois do apoio de Castro à invasão soviética da Tchecoslováquia".[21] Em 19 de junho de 1970, a questão ressurge num outro contraste:

> A Celina me conta que o Lucas T. estava contrariado porque não pôde comentar comigo que tinha visto meu livro publicado em Havana, na época em que fazia treinamento militar em Cuba. O segredo político se choca com a espontaneidade afetuosa da amizade. Atrair o ódio, promover a indiferença dos conhecidos para guardar o segredo da vida clandestina. Vivem duas vidas, uma visível que muda e se torna cinzenta porque está a serviço da segurança da outra vida (na qual anda armado, procurado pelo Exército).[22]

A irritação do narrador evidentemente não deriva do desconhecimento de que era necessário que Lucas T. sonegasse informações para proteger a si e aos amigos. O registro é duro porque percebe a duplicidade, a "vida cinzenta" do amigo, o sacrifício da amizade em nome da ação política — caracterizada com duas palavras fortes: ódio e indiferença.

Em 5 de setembro de 1970, um novo tema latino-americano surge nos diários: a chegada de Salvador Allende à presidência do Chile. A comparação com Cuba é inevitável:

> A vitória de Allende no Chile ("primeiro marxista a tomar o poder pelas urnas no Ocidente", segundo os jornais) implica várias interpretações: por um lado, triunfa a postura tradicional dos partidos comunistas de tomar o poder pela via pacífica; por outro lado, acende na direita um alarme que não leva em conta se a posição que o governo socialista assume foi conseguida pelas armas ou pelo voto, vão atacá-lo e tentar liquidá-lo sem jogar limpo e recorrendo — eles sim — à via armada. A morte do Che e o apoio de Fidel à invasão soviética da Tchecoslováquia são o marco da situação. No Chile, o reformismo é uma política de massas e a esquerda pode talvez conseguir aquilo que realmente foram tentar com o voto. A linha dos grupos armados aparece desmentida nessa situação e fortalece na Argentina a posição negociadora do peronismo (que também se apoia nas massas e nos sindicatos).[23]

Embora o trecho deixe óbvio o apoio ao projeto de Allende, ele vem cercado de dúvidas quanto ao futuro e o narrador assume feição frequente nos diários: a do demiurgo, que antecipa acontecimentos futuros. Não é possível saber se quem prevê o golpe da direita — que de fato aconteceu num mesmo setembro, três anos depois — é o Renzi de 1970 ou o Piglia de 2016, que selecionou e reescreveu os cadernos para editá-los sob a forma de livro. Como já destacou, entre outros, Martín Kohan, os volumes dos diários são uma versão bastante diferente em relação aos cadernos.[24] De qualquer maneira, é interessante como Cuba persiste onipresente na abordagem dos assuntos latino-americanos. Treze dias depois, ele relembra o encontro com Piñera, detalha o diálogo em discurso direto (e não no indireto livre que empregou na nota de 31 de janeiro de 1968), enfatiza a posição do escritor cubano ("um homem magro, lúcido, que admiro muito", "Uma pessoa frágil, amável, muito educada, que só se interessa pela literatura, mas que aceitou a revolução com alegria e não se exilou") e acentua as críticas ao regime de Castro:

> Por que [Piñera] é perseguido? "Porque sou invertido", ele disse com um sorriso, recorrendo a um termo da velha guarda. O invertido, o inverso, que está virado. Eles o consideram um perigo político, são esses os delírios forjados por quem se julga investido de uma verdade política pela história.[25]

Em seguida — num trecho que se inicia pelo reconhecimento de "Meu comportamento estranho em Havana, em janeiro de dois anos atrás" —, relembra a dificuldade que enfrentou em Cuba para ler um livro de Guillermo Cabrera Infante, exilado desde 1965: tentaram dissuadi-lo, olharam-no com "sigilo e reprovação", anotaram seu nome e dados pessoais. O aturdido Renzi constata:

> Muitos leitores correram o risco de se expor para poder ler um romance que admiravam. Imagino que tudo isso, além das discussões e os encontros, me levou a um estado de grande excitação nervosa que durou até o fim da minha estada em Cuba. Tratou-se da presença brutal de uma realidade para a qual eu não estava preparado. *Me caí de la mata*, como dizem os cubanos.[26]

A utopia sucumbiu à realidade, e a realidade chega ao diarista por meio da literatura sufocada pelo regime. Tanto que o convite de Roberto Fernández Retamar — trazido pelas mãos de Rodolfo Walsh e mencionado em 2 de março de 1971 — para que Piglia componha o comitê de redação da revista da Casa de las Americas provoca surpresa e não recebe grande atenção. Meses depois, em outubro, Piglia lamenta: "devia ter escrito ao Retamar deixando bem clara minha posição sobre Cuba".[27] Em maio de 1971, Cuba volta ao radar do diarista, agora num episódio famoso, que mobilizou grande parte da intelectualidade latino-americana: o "caso Padilla". Os termos com que Renzi trata a perseguição ao poeta Heberto Padilla — acusado de ser contrarrevolucionário, preso, torturado e forçado a uma autocrítica pública por ter divergido da política cultural do regime — são implacáveis: "ridícula autocrítica estalinista [...] discursinho (que parece redigido pela polícia política)", "discurso policialesco de Castro", "se eles trataram assim um poeta que posava de dissidente, pode-se imaginar o que se passa com os opositores de origem popular", "são bem visíveis os procedimentos dos dirigentes cubanos, que só abrem a discussão quando o assunto já está encerrado, e só resta a todos concordar com a decisão que tomaram em segredo".[28] Entre final de maio e início de junho, Piglia registra com distanciamento crítico — juntamente com o relato de seu encontro com Padilla durante a visita a Cuba em 1968 — as polêmicas sobre o tema entre amigos (León Rozitchner, David Viñas, Rodolfo Walsh, Lucas T.) e outros intelectuais (José Aricó, Carlos Altamirano, Héctor Schmucler) e atesta com ironia um impasse da intelectualidade de esquerda latino-americana: "Criticar ao mesmo tempo o liberalismo dos intelectuais que querem ser protagonistas da história e as vacilações da cúpula revolucionária cubana parece impossível".[29] Diferentemente do "sobressalto" que o narrador identifica em intelectuais de esquerda e do "horror da violência" expresso pelos liberais "pela violência stalinista contra a dignidade humana", o caso Padilla vem confirmar uma decisão já tomada por Piglia havia anos: a página da utopia cubana estava virada.

Evidentemente a abordagem da América Latina nos diários de Piglia não se resume a assuntos extraliterários — até porque o tema principal dos volumes é a ficção e os anos 1960-70 foram marcantes no cenário literário do continente. No entanto, raras vezes os livros estabelecem vínculos entre autores hispano--americanos e debates que remetam a questões externas aos próprios livros ou contos comentados.

Em janeiro de 1967, um manifesto assinado, entre outros, por Julio Cortázar, David Viñas e Mario Vargas Llosa, que advogava pela "urgente transformação da literatura na América Latina", recebe tratamento rápido e irônico por Piglia.[30] De 23 de abril a 16 de maio de 1967, a América Latina surge em observações sucintas sobre um prólogo que Piglia escreve para uma antologia de crônicas e de contos. Embora não abra espaço para discussões mais profundas, o projeto contém uma observação interessante sobre o continente: "O encontro com a língua falada de cada país (Cabrera Infante, Juan Rulfo, Julio Cortázar etc.), ao mesmo tempo que nos separa da suposta língua-mãe (o espanhol), recorta e unifica a literatura da América Latina. Tendência ao realismo linguístico e à mimese da oralidade".[31] Entre 1969 e 1970, há notas, sem empolgação, sobre projetos de David Viñas: a produção, em Roma, de uma revista sobre América Latina, a redação de um romance, de um manifesto coletivo de latino-americanos e de uma coleção de viajantes pela América Latina.[32]

É em duas reflexões cáusticas sobre *Cem anos de solidão*, de Gabriel García Márquez, de 1967, que Renzi concilia a discussão geral da literatura com as imagens de América Latina que a ficção produz. O livro desagrada ao argentino e o excerto é exemplar da posição crítica de Piglia diante do "boom literário" — termo que a crítica cunhou para designar o sucesso de público e crítica de alguns escritores do continente na década de 1960, e usualmente associado também ao engajamento político desses autores e de suas obras — e, por conseguinte, diante da invenção ideológico-literária, pela ficção, de uma identidade latino-americana:

> Por um lado, acho que é demasiado — profissionalmente — latino-americano: uma espécie de cor local festiva, com um pouco de Jorge Amado e também de Fellini. A prosa é muito eficaz e também muito demagógica, com términos de parágrafos muito estudados para provocar um efeito de surpresa.[33]

Três meses depois, um encontro pessoal com García Márquez reacende as anotações sobre o livro:

> O García Márquez entrou com tudo na discussão [sobre diferenças entre formas breves, novelas e romances], mostrando que conhece bem os procedimentos e a técnica da narrativa, e durante um bom tempo a conversa girou exclusivamente em torno da forma literária, e deixamos de lado a demagogia latino-americana dos assuntos próprios desta região do mundo, e falamos de estilos e modos de narrar, como Kafka, Hemingway ou Tchékhov, e dos problemas do excesso de palavras necessárias para escrever um romance.[34]

O elogio técnico a García Márquez submerge no tom ácido da observação geral sobre a "demagogia" — palavra que sintetiza a disposição de abundar em cor local para definir um espaço, inclusive de mercado, para a produção artística continental. A mão pesada do diarista volta a atingir García Márquez numa anotação de junho de 1973: "a influência de García Márquez, realismo mágico, niilismo narcisista".[35] Concentrar-se na própria figura de autor, enxergar no referente uma identidade para si: o antônimo do projeto literário de Piglia.

A incompatibilidade de Piglia com as utopias literárias de América Latina difundidas por García Márquez resulta do descompasso entre as poéticas de ambos e da diversa percepção da relação entre arte e política. O segundo volume dos diários traz duas críticas à centralidade da posição do escritor no debate literário ou político e ajuda a compreender a caracterização da politização da literatura em García Márquez como demagógica e narcisista. No 8 de setembro de 1970, uma observação irônica: "Como sair da posição meramente testemunhal de que o escritor se vale para demonstrar que está de acordo com as boas causas?".[36] Mas é no relato de uma visita tensa de Aníbal Ford que o narrador expressa toda sua irritação:

> Da parte dele, o quê? Um excesso de referências a si mesmo, às coisas que escreveu ou está escrevendo, e um populismo cuja consequência lógica é o anti-intelectualismo e a divisão entre certos objetos que podem ser criticados e outros não. [...] O escritor se coloca no centro do mundo, todos devem lê-lo, etc.[37]

Renzi mira um alvo facilmente identificável no cenário dos anos 1960-70: o escritor engajado, que privilegia assuntos e temas do momento, atitudes e posicionamentos ideológicos, sobrepõe a preocupação política à reflexão estética e valoriza sua posição "testemunhal". Em outras palavras, sua perspectiva diante do mundo, a pertença a determinado grupo, a construção identitária a que se dedica.

O debate prossegue no terceiro volume dos diários, que cobre o período pós-1976 — anos da ditadura militar e de reflexão candente sobre o vínculo entre arte e política. Manifesta-se, por exemplo, nas divergências profundas em torno dos rumos da revista *Punto de Vista*, como mostra a entrada de 4 de novembro de 1977: "Ontem à noite, nova discussão com Beatriz [Sarlo] e Carlos [Altamirano] sobre Lukács: a literatura é uma forma de ideologia e, portanto, reflete. Apaguem o projetor, digo eu".[38] Para Piglia, a literatura é por definição política — a política, no sentido lato, está entranhada na construção ficcional de mundos — e devido a isso não "reflete" nada:

> Quanto à relação entre vida e literatura, é preciso ver de que lado se coloca o sinal positivo: ver a literatura a partir da vida é considerá-la um mundo fechado e sem ar; ao contrário, ver a vida a partir da literatura permite perceber o caos da experiência e a carência de uma forma e um sentido que permita suportar a vida.[39]

"A literatura é experiência, e não conhecimento do mundo", registra Piglia em 16 de abril de 1966. E arremata com uma definição do que elege como ponto de contato entre realidade e ficção: "O sentido da literatura não é comunicar um significado objetivo exterior, mas criar as condições de um conhecimento da experiência do real".[40] Não por acaso, em 13 de maio de 1970 faz um elogio à maneira como James Joyce trata a relação entre literatura e política: por meio da rejeição do "conhecimento exterior".[41] Em outras palavras, a ficção promove uma experiência que ultrapassa a realidade "testemunhada" pelo artista, que não pode supor a autonomia do referente, e sim empenhar-se para produzir, na narrativa, significados que o transcendam. Impossível não associar a percepção pigliana das possibilidades da arte e do diálogo entre ficção e política à epígrafe do romance *Respiração artificial*, de 1980: "Vivemos a experiência mas perdemos o significado,/ E a proximidade do significado restaura a experiência".[42] E o poema de T.S. Eliot prossegue, enfatizando a diversidade da nova experiência e sua capacidade de ultrapassar gerações, temporalidades, espaços geográficos ou identitários.

Voltemos à questão: seria a América Latina sem importância para Piglia? Ele se manteve indiferente à utopia vivamente acalentada nas décadas de 1960 e 1970? Não, sem dúvida.

Ele deseja outra América e sabe que seu tempo não é o presente da instabilidade política e da repressão militar. Mantém, porém, evidente distância dos registros do pensamento latino--americanista da época, que propõem que a arte olhe para o mundo externo e dele extraia sua luminosidade — é por isso que reage às cores fortes da identificação continental e descrê das utopias constituídas na contemplação do referente. O narrador plural de *Os diários de Emilio Renzi* prefere representar nos interstícios da realidade, na contramão de seus contemporâneos. E, narrando, constrói significados em que desenha seu olhar, indireto, para a América Latina: um "refúgio, e não campo de batalha".[43]

Sobre fantasmas e homens: Passado e exílio em Onetti[*]

Para Davi Arrigucci Jr.

A referência de toda despedida é o passado.

George Steiner, *Gramáticas da criação*

Durante décadas, o uruguaio Juan Carlos Onetti foi secretário de redação do tabloide *Marcha*. Ele cuidava da seção cultural e publicava relatos e pequenas notas de crítica. Em 1939 lançou seu primeiro romance, *O poço*, que fez rápido sucesso entre jovens intelectuais e candidatos a escritor uruguaios. A fama de Onetti ficou confinada, no entanto, a esse pequeno grupo mesmo durante os quinze anos que morou na agitada (cultural e politicamente) Buenos Aires, de 1941 a 1955.

O poço se passa em Montevidéu; o romance seguinte, *Terra de ninguém* (1941), em Buenos Aires. Mas em ambos já se percebe a forma de representação urbana que Onetti desenvolveu

[*] Publicado em *Varia História*, Belo Horizonte: UFMG, série 62, n. 33, 2017.

depois, em muitas histórias, sob o nome da cidade fictícia Santa María. É uma cidade de imigrantes, como as que os vanguardistas dos anos 1920 conheceram tão bem. Só que, em Onetti, a cidade, minuciosamente descrita, não é ambiente ou espetáculo frenético, não é exposição do avanço técnico ou problematização dos ritmos erráticos do projeto moderno na América Latina; ela está no centro da obra, é uma espécie de mundo novo, regula e move os personagens, que imergem, angustiados, numa modernidade precária e desorganizada, quase sempre se abandonam, preguiçosos, por trás de seus cigarros, enfurnados em espaços íntimos, às vezes claustrofóbicos, e em vidas simplificadas e comuns, varadas de desenganos, ilusões, cansaços e mentiras — tudo em doses miúdas, discretas, contidas, simbolicamente reunidas numa Yoknapatawpha latino-americana.[1] Nas cidades onettianas não há multidões, mas vazios, e as diversas tramas que se cruzam nas histórias persistem em suspenso, "sem discórdia, nem resolução, todas no meio do caminho".[2]

Muitos desses personagens narram a própria história, incorporando vozes e olhares alheios, produzindo pequenas tramas que se sucedem e se misturam. São personagens que reaparecem seguidamente nos contos e romances, fazendo com que os romances se pareçam com sucessões de contos e os contos, com capítulos de romances[3] ou com novelas marcadas pelo esforço compreensivo do passado, mais do que pela disposição de indagar os desdobramentos futuros da trama.[4] No conjunto, os personagens garantem a unidade orgânica da obra e dissolvem, ao menos em parte, a linha que separa um gênero do outro: trançam-se as histórias, combinam-se os gêneros. A esse universo, Onetti acrescentou o rigor literário, a discussão sobre tempo e memória e, com A vida breve (1950), ampliou seu temário, incorporando a ficção dentro da ficção e um caleidoscópio de mundos imaginários.

O reconhecimento, de fato, do significado amplo de sua obra só veio após 1960. Mesmo assim, sua diferença em relação aos escritores do "boom" — termo inventado pela crítica na tentativa de caracterizar uma geração de escritores desiguais — era patente e o mantinha à margem de muitas iniciativas editoriais e de parte do vasto público leitor que se formou em torno dos relatos, por exemplo, de Carlos Fuentes, Gabriel García Márquez ou Mario Vargas Llosa. As leituras onettianas de William Faulkner, Louis-Ferdinand Céline e Jorge Luis Borges deixavam-no distante da magia e do maravilhoso explícitos em alguns de seus (quase) contemporâneos e que, no uruguaio, manifestavam-se cuidadosamente vestidos de um realismo acintoso, repleto de detalhes e descrições, de um esforço de constituir "uma realidade que finge estar calcada na realidade mais objetiva e reconhecível".[5] Ao contrário do que ocorre na obra da maioria dos escritores do boom, em Onetti nunca houve nenhuma preocupação aparente com cor local ou disposição de caracterizar uma literatura latino-americana, capaz de denotar a experiência singular do subcontinente, sua história e suas perspectivas futuras. Ele rejeitou o recurso à ficção como parte do esforço de identificação da América Latina e dos latino-americanos e, mais de uma vez, ironizou de forma cruel a tentativa de reunir, numa só rubrica, as diversas manifestações e expressões artísticas do continente:

> Os escritores agrupam-se em gerações para ajudarem-se uns aos outros. Depois organizam máfias.
> Não acredito que exista una narrativa latino-americana como tal. Inclino-me mais a acreditar na existência de vários escritores isolados.[6]

De forma equivalente, Onetti reagiu a uma resenha norte-americana de *O estaleiro* (1961), que associava diretamente o livro ao panorama socioeconômico uruguaio. Comenta Vargas Llosa:

> Quando Onetti leu a crítica de David Gallagher no lançamento de *O estaleiro* em inglês, segundo a qual este romance poderia ser lido como uma alegoria da decadência do Uruguai, protestou, repetindo algo que já havia dito antes: "Esse tipo de romance não me interessa. Não há nenhuma alegoria de decadência. Há uma decadência real, a do estaleiro, a de Larsen". [...] Temos que entender esta reação principalmente como uma recusa da miopia da crítica que desnaturaliza as obras literárias para convertê-las em meros veículos de propaganda e divulgação ideológica.[7]

Para Ana Cecilia Olmos, mais do que aceitar de pronto o desinteresse de Onetti em relação à experiência histórica e à sua ocasional projeção no contexto ficcional, é necessário reconhecer, em tal negativa, a "impertinência da posição de Onetti" e sua posição continuamente excêntrica em relação à "vocação latino-americanista" e à "intenção de representatividade" — que emergiram nos anos do boom e que correram paralelamente à produção ficcional do uruguaio —, e a "distopia de sua própria narrativa com relação a uma especificidade latino-americana".[8] Conclui Olmos:

> Se há algo que interessa destacar ao pensar sobre a narrativa de Onetti no contexto do boom latino-americano é como ela resistiu às metáforas macondianas que tentavam dar conta da modernidade desigual e tardia dessa região do continente e que, apesar de sua eficácia estética, ameaçavam absolutizar a alteridade cultural em um enigmático exotismo impossível de ser apreendido pelos parâmetros da razão. Em outras palavras, quando a narrativa dos anos 1960 impôs a dimensão mítica como modelo fundador da

literatura latino-americana, a narrativa de Onetti já estava aí para preservar a potência da negatividade da ficção e corroer as certezas de qualquer relato de origem.[9]

A rejeição onettiana ao referencialismo direto e imediato e à produção de uma síntese identitária não implica a exclusão de toda e qualquer referência às circunstâncias históricas latino--americanas; ao contrário, como se pode notar nos contos discutidos à frente — "A face da desgraça" e "Presencia", em que passado e presente se manifestam por meio de cifras e alusões que compõem, sob o signo da descrença nas totalizações, uma América instável e em contínuo processo de reinvenção. Em outras palavras, ao rejeitar a odisseia em busca de uma identidade de latino-americana, a que tantos autores e boa parte da fortuna crítica do boom se dedicaram, Onetti "renuncia" à manifestação direta do cotidiano,[10] imerge num espaço ficcional — equiparando seu mundo, na expressão que intitula o livro de Vargas Llosa, a uma "viagem à ficção" —, potencializa a capacidade da escrita imaginativa mesmo sem explicitar suas bases teóricas[11] e desdobra a expressividade da narrativa. Ricardo Piglia acrescenta o trabalho do texto, como marca da "potencialidade da ficção" em Onetti:

> [...] seus adjetivos duplicados não esclarecem o que é descrito, e sim confundem e expandem. [...] O uso reiterado das formas adverbiais e dos pronomes incertos definem uma descrição que não ilumina o sentido, mas o ensombrece e sempre o desloca, criando uma ambiguidade posicionada no centro da frase e de seus ritmos narrativos.[12]

Nada mais distante da explicitação ou da preocupação com a experiência real, vivida, do que a opção de ensombrecer e deslocar, em vez de esclarecer e centralizar. Nada mais distante da furiosa constituição de um sentido uno — como a identidade nacional ou continental que tantos textos da literatura hispano-americana dos anos 1960 perseguiram — do que a "proliferação de sentidos" de que fala Liliana Reales:

> Veremos que o que está por "trás das linhas" onettianas desenha vários pontos de refletividade que têm a ver com o discurso de uma narrativa que irá construindo um relato feito de montagens. O recorte assume a elipse como forma de construir. O texto se torna irônico e ambíguo, gerando uma polissemia labiríntica, gerando a perda *do* sentido para garantir a proliferação de sentidos.[13]

Essa "proliferação de sentidos", entre outros efeitos, aproxima o registro de Onetti da prática historiográfica. Não por acaso, as constantes comparações que a crítica recente fez entre a obra do uruguaio e a do argentino Jorge Luis Borges — outro autor que, por décadas, foi visto como alheio à experiência histórica — enfatizaram as estratégias alusivas a que ambos recorreram para, sem nenhuma imposição de um sentido ou de uma lógica histórica aos leitores, sugerir movimentos de interpretação da experiência vivida.[14] Exemplar, nesse sentido, é a sutileza com que as marcas nacionais e a flutuação entre o específico e o universal aparecem nos dois autores:

> Com a narrativa do uruguaio Juan Carlos Onetti acontece algo similar ao que acontece com os textos do argentino Jorge Luis Borges: sendo profundamente nacionais são, também, profundamente universais [...]. De fato, a literatura de Onetti constitui uma retomada, a partir da imaginação, das grandes questões que têm inquietado o homem contemporâneo e que encontram seu ponto de deflagração na ideia de desfundamentação do ser. Um forte rumor heideggariano ressoa em Onetti e é aquele que diz "o ser não é", o

ser apenas acontece; é apenas um acontecimento histórico-cultural num mundo que se experimenta dentro do horizonte constituído pelas ressonâncias da linguagem. Para investigar as consequências e implicações dessa ideia, Onetti demarca o espaço imaginário de Santa María, que recria os problemas cruciais do homem urbano contemporâneo como a fragmentação e a dissolução do eu.[15]

O paradoxo é apenas aparente: a recusa da contaminação direta entre referente e texto e a imersão na ficção operam como estratégias discretas, mas vertiginosas, de recriação imaginativa do real vivido. Sem alinhar-se aos sonhos redentores do boom, Onetti estabeleceu outra forma de aproximação com a história: "labiríntica", "polissêmica", jamais essencialista e sempre inquieta diante da instabilidade e da variabilidade da experiência histórica. Vargas Llosa preocupa-se em expor o entranhamento profundo entre fantasia e realidade em Onetti:

A literatura não é um mero produto da "superestrutura" que reflita a estrutura social como um espelho. Pelo contrário: é uma realidade autônoma, construída com a fantasia e com as palavras e a partir da experiência de um criador que, embora compartilhe de maneira geral as vivências sociais e históricas de seu tempo e da sociedade com seus contemporâneos, representa sobretudo uma consciência individual insubordinada do artista e criador contra o mundo onde vive e que, mais do que descrever, procura, em sua obra, deslocar, opondo-lhe outro, feito à imagem e semelhança não do mundo real, mas de sua própria rebeldia ou desacato ante o mundo tal como ele é. Por isso, na literatura o verdadeiramente literário de uma obra não é o que ela reflete da realidade, e sim o que incorpora a ela pela ficção — subtraindo ou acrescentando: o elemento incorporado.[16]

Mesmo que não caminhemos até o fim na trilha da leitura de Vargas Llosa — que, lembra Olmos, "prefere insistir em uma leitura da narrativa de Onetti com base naquele paradigma dominado pela reflexão sobre a identidade latino-americana"[17] e acaba por identificar, paradoxalmente, traços que o igualam à crítica do subdesenvolvimento latino-americano e à disposição redentora de García Márquez ou Alejo Carpentier —,[18] é preciso reconhecer que sua constatação da forma ambígua e alusiva como Onetti se refere à experiência histórica reforça a posição "excêntrica" e "impertinente" da obra do uruguaio. A "indecisão e os limites incertos entre a ficção e a realidade",[19] que marcam sua ficção, soam hoje, inclusive, mais atuais e de maior vigor crítico do que as constantes alegorias e metáforas dos escritores do boom: "No mínimo, poderíamos dizer que a ficção de Onetti preservou uma potencialidade crítica que algumas daquelas narrativas, pelo fato de estarem vinculadas a uma representatividade latino-americana, perderam rapidamente".[20]

Dois contos de Onetti — "A face da desgraça" e "Presencia" —, distantes quase vinte anos um do outro, reforçam essa percepção e reiteram o caráter coeso da obra do uruguaio, ao mesmo tempo que explicitam algumas de suas questões centrais: o peso do passado sobre o presente e a valorização da escrita ficcional — que incorpora a realidade vivida, integrando-se a ela e oferecendo uma potente estratégia interpretativa da história. São contos que surgem e se desenvolvem em zonas de fronteira, zonas porosas: os limites permeáveis que separam a ficção da história e as margens quase imperceptíveis que diferenciam o passado do presente e configuram, inclusive, espaços de exílio — como Onetti já mostrara em *A vida breve*.

"A face da desgraça" foi publicado em 1960 e retoma, em versão ampliada, um conto de 1944, "A longa história" — relato em que a dimensão policial do enredo era mais claramente definida. "Presencia" é de 1978, quando Onetti vivia no exílio madrileno do qual jamais regressou. As tramas dos dois contos são, à primeira vista, mais ou menos simples.

Em "A face da desgraça", o narrador se hospeda num balneário e enfrenta a culpa que se autoatribui pelo recente suicídio do irmão. A aproximação gradual com uma garota de quinze anos o tira, ao menos parcialmente, da imolação e das noites insones; depois que se encontram e se deitam na praia, ele lhe relata suas angústias e, ao narrar, liberta-se, sente-se redimido. Na manhã seguinte, é preso, responsabilizado pelo assassinato da menina, ocorrido na noite anterior. Ele se deixa prender, aceita a acusação e incorpora a culpa, mesmo mantendo a dúvida se de fato foi o assassino: "Não se preocupem: assinarei o que quiserem, sem ler. O divertido é que estão enganados. Mas não tem importância. Nada, nem mesmo isto, é realmente importante".[21]

O conto é aberto com a primeira descrição da garota. Ela surge pedalando, de passagem, num entardecer: "Tinha o corpo vertical sobre o selim, movia as pernas com fácil lentidão, com tranquila arrogância, as pernas cobertas com meias cinzas, grossas, lanudas, eriçadas por galhinhos de pinheiro-bravo. Os joelhos eram espantosamente redondos, bem-acabados, em relação à idade que o corpo mostrava". O narrador a observa da varanda do hotel, sozinho. Ele explica que "A luz levava a sombra da minha cabeça até a beira do caminho de areia que, entre arbustos, une a estrada e a praia ao casario". É "bem rente à sombra de minha cabeça" que ela freia a bicicleta e desce, pisando "agora na sombra de meu corpo". Ele a analisa e calcula que "vinte metros e menos de trinta anos" os separam. Ele acredita que ela "oferece" um sorriso a seu "cansaço" e a paisagem crepuscular — "aquela luz do suor e da fadiga que recolhia o último resplendor ou o primeiro do anoitecer para cobrir-se e destacar-se feito máscara fosforescente na escuridão próxima" — reitera o contraste entre os dois e anuncia, mais do que duas idades, dois tempos em que é possível viver: ela é o presente e a iminência sempre incerta do futuro, ele é completo passado, é finitude, esgotamento.[22]

Num diálogo silencioso, os olhares de ambos confluem para a linha do horizonte, e a imagem orienta um caminho para a leitura do conto: linha do horizonte, afinal, é metáfora da verdade possível, da certeza que temos ou podemos ter; linha do horizonte é a perspectiva que buscamos, a angulação de nosso olhar num mundo que não oferece razões puras ou verdades absolutas, cujo conhecimento direto é impreciso e limitado. Linha de horizonte abre também, na metáfora que Carlo Ginzburg colhe na obra de Marcel Proust, a possibilidade de representar "ao revés": descartar as ideias preconcebidas, "as fórmulas pré-constituídas, os hábitos rígidos";[23] rejeitar uma versão estática do passado que se tenta impor, absoluta, ao presente.

Na confluência dos olhares e do sorriso da menina com o cansaço do narrador de Onetti, abre-se a possibilidade de o narrador observar o passado de outra maneira, reconstruí-lo, ressignificá-lo, percebê-lo esfumado, denso e profundo, destituído de verdades plenas, aberto à imaginação do presente. O narrador constata: "Era como se já nos tivéssemos visto, como se nos conhecêssemos, como se tivéssemos guardado lembranças agradáveis". Ele não sabe quem ela é, rejeita nomeá-la. A garota vai embora na bicicleta, mas prossegue na imaginação do homem como baliza e proporção — pelo antagonismo — de seu desconforto: "Tentei medir meu passado e minha culpa com a vara que acabava de descobrir: a garota esguia e de perfil contra o horizonte, sua idade tenra e impossível, os pés róseos que a mão havia golpeado e pressionado".[24] Ele, que iniciara o encontro apenas como uma sombra, vislumbra, no contraste da jovialidade e do fim de tarde, a suavidade que a vida lhe tirara.

A primeira referência direta à morte de Julián, irmão do narrador e origem de sua culpa, só aparece no final da terceira página do conto. Julián, morto e nomeado, irrompe em cena por meio de uma lembrança e de uma foto desbotada num recorte de jornal. O narrador confessa: o ritual de tirar repetidas vezes o pedaço de papel da mala e observá-lo longamente era "um rito imbecil", uma "forma de loucura". Ele olha a imagem impressa — um homem de cara espantada, boca ligeiramente sorridente e bigode caído — e relê a crônica que havia decorado desde a manchete: "Suicida-se caixeiro fugitivo". Faz um balanço do que lhe restou do irmão, combinando objetos materiais dispersos — uma "série de romances policiais", "roupas que não posso usar porque ficam justas e curtas em mim. E a foto no jornal sob o longo título" — e sentimentos complexos — o desprezo pela forma como o irmão "aceitava a vida", a irritação por sua humildade, o "cheiro de velho" de seu colete, o ríctus de sua boca.[25] A lembrança da menina reaparece em meio aos resíduos da memória e ele constata que a ter notado foi inútil, mera futilidade:

> Lembrei-me da esterilidade de ter pensado na garota, minutos antes, e no possível começo de uma frase qualquer que repercutisse num âmbito diferente. Este, o meu, era um mundo particular, estreito, insubstituível. Não cabiam ali outra amizade, presença ou diálogo senão os que pudessem ser segregados daquele fantasma de bigodes lânguidos.[26]

O presente é fútil e o passado o espreita na forma da foto do irmão suicida; é no passado — e só nele — que o narrador consegue viver, daí a constatação corrosiva no trecho acima: "Este, o meu, era um mundo particular, estreito, insubstituível". No momento em que os olhares dele e da menina se cruzaram e, associados, construíram a linha do horizonte, ele, homem que vivia entre fantasmas, entreviu, de maneira efêmera, a necessidade de afastar-se da tirania do passado e de reinventá-lo. Nas palavras de Piglia, oscila entre

> "uma realidade cotidiana em que os personagens continuam presos [...] e outro espaço: o da aventura e do desejo", "um mundo cindido [...]: um mundo normal, natural, e um mundo mais intenso", "uma causalidade previsível e outra causalidade mais perigosa, que tem a ver com o crime, com o erotismo, com a morte".[27]

O retorno ao hotel, porém, representou também a volta à antiga percepção fixa do passado e ele nota que não pode avançar em direção a outra representação da experiência vivida: descarta, então, a jovialidade, o sorriso suave da garota, os olhares conjugados no horizonte. Identifica-se apenas com o passado, expresso no "rito imbecil" de rever o recorte e relembrar o irmão — cuja herança é breve e banal: alguns volumes de romances policiais, roupas que não servem, a foto no jornal; herança também letal: as lembranças esparsas da infância e a capacidade única de "reconhecer como irmão" o "defunto relativamente jovem".[28]

Onetti sintetiza um dilema que ultrapassa o narrador: qual é o peso do passado, como lidamos com ele? O passado, na aparência, é a mais compacta das dimensões do tempo: não tão fluido quanto o presente, não tão vago quanto o futuro. O passado nos dá certezas, nos rende memórias: garante vínculos. Vivemos no passado, já se disse, como numa casa previamente conhecida, cujas regras ninguém precisa explicar porque a intimidade já as decifrou, fê-las previamente conhecidas.[29] Mas o passado também traz angústias e o desconforto do narrador é acompanhado — só à primeira vista de maneira paradoxal — pela satisfação triste de sentir-se pertencente a uma família, a meia dúzia de lembranças, a certos gestos inconscientes — um movimento da boca, o encolher do ombro esquerdo.[30] Para reagir à aparição vivaz da garota, o narrador se apega à fantasmagoria como traço de identidade e aceita, convicto, a "possessão" do presente pelo passado.[31]

É quando chega, assoviando, Arturo, o amigo com quem divide os dias e o quarto. De imediato, Arturo o admoesta mais de uma vez: "Sempre o fantasma", "Sempre se embromando".[32] O amigo age como uma espécie de anticonsciência: tenta eliminar o remorso, a marca profunda do passado, e trazê-lo de volta ao presente. Arturo é pura vontade de presente, é anúncio de futuro. Convida o narrador para que o acompanhe nos prazeres imediatos e escape do tempo paralisado pela morte do irmão — tempo contínuo e repetitivo, enunciado na repetição do advérbio "sempre". Arturo ridiculariza o remorso do amigo e contesta insistentemente sua culpa, enquanto se prepara para a noitada promissora de bebidas e mulheres: clichê viril que uma vasta tradição literária elegeu como refúgio contra angústias e breve, mas eficaz, erradicação dos males que o passado impõe ao presente. À oferta gaiata de Arturo, o narrador opõe suas dúvidas, de outra tradição literária, talvez bíblicas, e carregadas de densidade: o que pode ser maior do que o vínculo entre dois irmãos? Vínculo nem sempre harmonioso, tantas vezes hostil, ocasionalmente letal, definitivo. O que pode superar os desvãos da morte? Há algum céu possível para aquele que não impediu o gesto suicida do irmão? Como não sucumbir ao passado como pátria única e inarredável, origem e destino? A explicação do narrador é categórica:

> Eu tenho uma culpa nisso tudo — murmurei com os olhos semicerrados, a cabeça apoiada na poltrona; pronunciei as palavras lentas e isoladas. — Sou culpado de meu entusiasmo, talvez de minha mentira. Sou culpado de ter falado a Julián, pela primeira vez, de uma coisa que não podemos definir e que se chama mundo. Culpado de tê-lo feito pensar — não estou dizendo acreditar —

que, se ele aceitasse os riscos, isso que chamei de mundo passaria a existir para ele.[33]

Não importa que o amigo Arturo despreze sua resposta, a questão central já foi enunciada: a culpa existe no esforço, talvez irresponsável, de ter alertado Julián para o prazer e as possibilidades do presente e do futuro, de ter conclamado o irmão a viver, tê-lo estimulado a buscar a vida, a ultrapassar a monotonia cotidiana, a banalidade. A culpa de assumir que a vida é risco. A culpa que agora o atormenta — passado amargurando o presente — deriva, portanto, de um gesto anterior, de um convite ao irmão para que afastasse o peso do passado e encontrasse o prazer do presente. Ou seja, vive-se a culpa de ter desprezado — com as devidas consequências factuais que provocaram o suicídio alheio — a força e o peso do passado, de ter subestimado sua hegemonia. Resta ao narrador, portanto, retornar ao passado e nele se enclausurar, exilado do presente, nutrido da memória. Mais do que um tempo ou uma de suas dimensões, o passado se anuncia, na voz do protagonista, como o Tempo uno e indivisível, substância formadora e deformadora dos homens. Eis um dilema diante do tempo que é recorrente em Onetti: ele parece fixo, não passa, é confuso, gira em torno de si mesmo, é imperioso; por isso, inclusive, é narrado numa sintaxe singular e tortuosa, caracterizada pela proliferação de adjetivos, pela disposição de reunir e concentrar, no texto, caminhos e possibilidades narrativas variadas e muitas vezes contrastantes. Não por acaso, à evocação de algumas lembranças de infância, segue-se, na imaginação atormentada do narrador, a lenta descrição do velório do irmão, velório atemporal, composto de horas vagas e inúteis, apresentado como uma memória da morte nua, sem adereços. Mais do que isso: para o narrador, o velório foi sobretudo o tempo de construir a culpa, apagar a própria voz, tornar-se

186

silencioso e memorioso, exilar-se internamente, estranhando o mundo a que não sente mais pertencer.

O fluxo exaustivo das lembranças, do tempo perdido, compartilhado, ora morto, ora restaurado, é interrompido por nova entrada em cena da garota, e o narrador do conto, mais uma vez, migra de uma temporalidade para a outra; sai do passado memorial e reinscreve sua voz no presente — segundo Piglia, o leitor tem dificuldade de confiar no narrador justamente por causa de sua instabilidade, da sua circulação entre distintos tempos e posições de enunciação.[34] A menina agora surge de vestido amarelo, sardas suaves "sob o tubo de luz insuportável do restaurante", braços magros, fortes e nus, ombros protegidos pelas mãos; "olhos infantis e aquosos", "calmos e desafiantes, acostumados a contemplar ou a supor o desdém"; "a orgulhosa face de desgraça". A reaparição provoca, no narrador, uma "sensação de coisa extraordinária" e ele — mais uma vez hesitante e num outro giro nas temporalidades — anestesia provisoriamente o passado e dispõe-se a decifrar o mistério que lhe parece cercá-la. Os olhares de novo se encontram, e de novo se colocam, na impressão do narrador, em conluio: a imagem da jovem se contrapõe à "tormenta da noite".[35] Ele: noite no tempo, noite na alma; ela: paz, doçura e humildade — um quase não estar no mundo, que sugere ao leitor certa equivalência com Julián, aquele que precisava ser convocado à vida. Duas poéticas em justaposição: ele, realista e verossímil; ela, magia e ficcionalidade.[36] À nova descrição do narrador sucedem-se comentários de Arturo e do garçom, que traduzem o "inapreensível segredo" da menina em revelações prosaicas e algo maldosas.[37] Para ele, porém, e a despeito da ironia dos outros homens e de breve relembrança do irmão suscitada pelo rito de consultar o velho jornal, a garota é alumbramento, é vislumbre do presente, do futuro; é uma "saída", uma "manhã, inalcançável"; é "movimentos na tarde remota", proteção contra seu próprio passado, "imorredoura atmosfera de crença e esperança sem destino", "ar quente" que pode ser respirado quando tudo estava esquecido. Ela é a possibilidade de renovação da vida, por meio de uma outra representação do passado.[38]

O que segue é risco e vertigem: o encontro dos dois, as primeiras palavras trocadas, a voz gutural dela, criança, espécie de guincho ou ronco. É a sensação, pelo narrador, de uma solidão de outro tipo, "solidão, paz e confiança".[39] É a revelação cifrada, pela menina, de que o rosto do homem já traz impresso o desfecho de ambos. É silêncio e olhares e declarações e confirmações confusas e familiaridade e sexo. Finalmente, é o relato, pelo narrador, de sua história "grave e definitiva", que ele faz "com uma séria voz masculina, furiosamente decidido a dizer a verdade, em me preocupar com que ela acreditasse ou não". Ao relatar sua sensação de culpa, o narrador consegue finalmente expiá-la: "Todos os fatos acabavam de perder seu sentido e só poderiam ter, dali para frente, o sentido que ela quisesse dar a eles".[40] A triste história do suicídio de Julián e do remorso acalentado se torna, no relato, ficção. Ela, a leitora, a ouvinte, prosseguiria a história de que ele agora parecia se libertar.

Da angústia do passado e do presente emerge, assim, uma narrativa redentora, que afasta seu autor da verdade dos fatos e transpõe sua vida para o contexto ficcional. O próprio narrador determina a transição, que ocorre simultaneamente na tram a narrada e no texto, sempre imbricados: "Falei, claro, de meu irmão morto; mas agora, desde aquela noite, a garota se transformara — retrocedendo para cravar-se como uma longa agulha nos dias passados — no tema principal de meu conto". A ficção dentro da ficção — explicitação do processo de ficcionalização, transbordamento do cotidiano para o fabuloso — assume, na história, feição de epifania, uma renovação: ela o "libertara de Julián, e de muitas outras ruínas que a morte de Julián representava e trouxera à superfície".[41]

O caminho de volta ao hotel é errático, como acontece quando a realidade se torna fugidia; depois, seus sonhos emulam as horas tempestuosas na areia. No dia seguinte, a realidade restabelece seu primado e novamente se impõe à ficção, sob a forma, primeiro, da envelhecida amante do irmão, que o visita e ri de sua culpa, tornando patética e ambígua a redenção do narrador. Ele consegue, no entanto, contornar o novo dilema e reafirma a capacidade de encerrar o passado, de diminuir seu peso e sua presença, libertar-se dos fantasmas. Sente-se feliz, dispõe-se a esperar para "ver como a manhã avança", reconhece "que podia haver outros dias me esperando em algum lugar".[42] O vislumbre do futuro, porém, é breve e o desfecho do conto expõe o narrador em sua opção final: depois de saber do assassinato da garota e de ver o corpo morto — outro defunto diante dos olhos, outra pessoa que o trouxera ao mundo e depois morrera —, assume o crime que decide viver na ficção, outra ficção, esta sem leitor ou ouvinte; a revelação, pelo policial, da surdez da criança não elimina o caráter expiatório da prosa na praia, nem da narração da culpa. Para Vargas Llosa, o narrador, conclui afinal que a ficção "é preferível ante a espantosa realidade".[43] Para Piglia, o desfecho reforça a disposição de Onetti de fazer o segredo — aquilo que não é contado numa história — persistir aos olhos do leitor: não se sabe se ele de fato a matou, uma vez que "o narrador escreve num agora que é incerto [...]. Nos movemos na tensão entre o que se sabe e o que não se diz. Não podemos confiar no narrador".[44]

O fantasma que assombra Jorge Malabia, principal narrador de "Presencia", é de outro tipo. O conto, tão breve quanto incisivo, divide-se essencialmente em três partes: na primeira, Malabia — jornalista de Santa María que vive no exílio em Madri — contrata um detetive particular para descobrir o paradeiro de María José, bibliotecária madrilena desaparecida. O encontro dos dois homens se encerra com a saída de cena de Malabia e o relato ingressa em sua segunda parte, em que uma voz onisciente segue o detetive, que nada investiga: paga dívidas de bebidas com o dinheiro recebido e bebe por mais três dias. Passeia, reza para agradecer sua sorte, aluga uma máquina de escrever. É nela que datilografa um relatório inteiramente falso, em que descreve a suposta rotina de María José e com que pretende dar satisfação a Malabia de suas atividades. Reproduzido parcialmente, o relatório fecha a segunda parte do conto.

Ao retomar a narração, na terceira parte, o jornalista constata, com emoção quase incontida, a experiência dos dias que se seguiram ao recebimento do relatório do detetive:

> Assim, pagando mil pesetas diárias, tive María José fora da prisão santa-mariense; pude vê-la percorrendo ruas com as amigas, descer até o bulevar — com névoa e sol murcho, com os botes dos pescadores, os mais frágeis do clube de remo —, não totalmente feliz, porque não estava comigo perguntando-se que intromissão da vida impedia que eu lhe escrevesse ou imaginando minha última carta de comedido otimismo que deslizava nas entrelinhas a promessa do reencontro.[45]

O custo baixo para realizar uma viagem à ficção, terra de exílio e de reconstrução da vontade que a realidade não acolhe:

> Eu a via ágil e brincalhona, rejuvenescida, quase menina pelas mentiras persistentes que eu lhe escrevera. Eu a via livre, perfilada e veloz cruzando as paisagens que tínhamos percorrido, os recantos sombrios que procurávamos sem palavras para nossos beijos e carícias. E também a via andar com suas longas pernas e as gotas de garoa. O rosto, indo, ignorante, até a esquina em que nos encontramos pela primeira vez.[46]

Nenhuma verdade sairia do relatório de investigação, pois Malabia já conhecia a verdade: María José não era bibliotecária, nem morava em Madri. Desaparecera, sim, tempos antes, vítima da "selvagem tirania" que havia em Santa María e da qual o jornalista conseguira escapar, partindo para o exílio; ela, não. O relatório detetivesco representava um documento, mesmo que falso, que facilitava a Malabia suportar a distância e o exílio;[47] criava uma memória falsa para ele, permitindo-lhe trazer de volta María José.

Vinte dias depois do primeiro relatório, ele volta a conversar com o detetive, que agora lhe fala de uma casa de encontros, casa rica, em que teriam visto María José entrar, acompanhada de "um sujeito alto, mais velho [...], meio grisalho. Muito bem vestido".[48] O narrador imerge no ciúme e, isolado e nu, reconstrói imaginariamente as cenas de carícias entre María José e seu amante. Tudo é sensual, tudo é intenso, tudo é terrível para o homem traído, que se lembra de outros dias em que esteve com ela. Só que as cenas que ele imagina não transcorrem em Madri, mas em Santa María, cidade recuperada da memória e reinventada pela imaginação do presente ante a angústia do exílio.

Edward Said, ao refletir sobre a condição singular do exilado, constata que "grande parte da vida de um exilado é ocupada em compensar a perda desorientadora, criando um mundo novo para governar".[49] Malabia, com o auxílio oportunista do detetive, de fato constrói seu mundo e, junto a ele, uma memória falsa, resultado de uma investigação falsa acerca de um caso falso. Enquanto recorda, Malabia só fisicamente está em Madri e no agora; na verdade, vive fantasiosamente em Santa María e no passado, rejeita o exílio no espaço e no tempo, busca controlar a vida que lhe escapou das mãos. Para tanto, governa o mundo de sua imaginação, que substitui a insegurança e a "condição ciumenta" do exilado,[50] e onde o que se consegue não pode ser partilhado. Se assim como a própria memória, "o exílio [...] é fundamentalmente um estado de ser descontínuo",[51] a construção de um enredo ficcional, com seus episódios e ações sequenciais, permite preencher as brechas da vida rompida e oferece uma possibilidade de ancoragem, identificação e pertença. Na obra de Onetti, lembra Vargas Llosa, a representação da realidade é sempre nebulosa e só a imaginação é límpida:

> Este é um dos aspectos que mais incomoda o leitor, que faz com que ele demore a se acostumar aos contos e romances de Onetti: que com frequência seja difícil, ou impossível, saber com precisão o que é que acontece neles. Os fatos costumam ficar na incerteza, desfeitos por uma neblina de palavras, uma prosa que, ao mesmo tempo que cria uma história, a torna sutil e dissolve sua realidade. Assim se passa com a realidade que sonhamos ou inventamos, uma realidade que, diferentemente daquela em que vivemos, carece da ordem que o tempo lhe impõe e refugia-se na sucessão de imagens sem sucessão, de justaposições arbitrárias.[52]

A imaginação, com sua capacidade organizativa, fende a neblina do real e oferece uma perspectiva clara, pois falsa, do presente e do passado. Justamente por isso, "Presencia" é composta de uma sucessão de mentiras — do narrador para o detetive, do detetive para o narrador, do narrador para si mesmo. O leitor, no entanto, não pode se julgar enganado: para ele, ninguém mente. Tudo já estava exposto no título do texto, extraído de "um fascículo impresso numa multicopiadora sempre pobremente entintada", redigido por um "grupo de desconhecidos de santa-marienses" empenhados em divulgar, mundo afora, as atrocidades do General Cot, tirano que controlava a cidade.[53] *Presencia*, representação; como representação, é encenação e é também aquilo que enuncia, em simultâneo, uma ausência e uma presença. Para representarmos, o referente não pode estar mais lá; não se trata meramente de uma duplicação. Para representarmos, criamos o simulacro que substitui o referente ausente e assim o recolocamos em cena, revivemo-lo. Da mesma forma que os santa-marienses exilados tentam tornar presente, no exílio real que vivem, a cidade perdida — e o fazem por meio do fascículo que publicam —,[54] Malabia pretende restaurar um passado e não hesita em montar a farsa da investigação. Dessa forma, representa a vida e a sobrevivência de María José, ocupando o espaço aberto por sua ausência com a presença imaginativa dela mesma, transportada para a personagem fictícia da bibliotecária madrilena.

A sucessão de mentiras prossegue até a cena final e a constatação, pelo investigador, de que María José "virou fumaça, evaporou", "desapareceu em pleno ar".[55] Nessa hora angustiada, Malabia lhe pede a fotografia de volta — aquela que emprestara para que o investigador buscasse a mulher e que, agora, sem novos fatos falsos que pudessem recolocá-la em cena, era o que lhe restava: outra representação. Passam-se, então, os infernais meses de verão antes que o jornalista receba o novo exemplar de *Presencia* e leia a notícia do desaparecimento real de María José, detida em Santa María desde o golpe militar e que sumira após ser libertada. Na novidade não havia mentiras e a verdade era brusca e dura. A desaparição real e muito mais trágica de María José sucedia-se ao sumiço fictício: a ficção antecipara a tragédia e preparara o narrador; ele já a vivera na ficção, já iniciara o trabalho de luto — elaboração do passado, redefinição da posição do enlutado no mundo que lhe restou, restituição.[56]

O desfecho do conto, com a (aparentemente) súbita intromissão da política na intimidade de Malabia e María José, ajuda a lembrar que "Presencia" talvez seja um dos textos mais explicitamente políticos de Onetti, que — como dito antes — não gostava que buscassem, em seus escritos, motivações ou alegorias da vida vivida. Aqui, porém, é quase inevitável ouvir o eco de sua prisão sob a ditadura militar uruguaia, seguida de mobilização internacional pela libertação e pelo exílio madrileno até a morte, dezenove anos depois.

Sua ficção, no entanto, não sucumbe à emergência da denúncia e do discurso político simplificado e banalizado. Onetti não sacrifica a qualidade literária, nem instrumentaliza seu texto para que ele intervenha na política do presente. A "viagem à ficção" é seu refúgio, talvez o único possível. Não por acaso, o personagem Malabia compreende que a solidão e a desesperança de exilado só encontram antítese na construção ficcional, na projeção imaginativa da memória — e a aparição do personagem em outros textos de Onetti, como no romance *Junta-cadáveres* (1964), confirma o esforço de valorizar a potência criativa da memória. Segundo Said, "para o exilado, os hábitos de vida, expressão ou atividade no novo ambiente ocorrem inevitavelmente contra o pano de fundo da memória dessas coisas em outro ambiente. Assim, ambos os ambientes são vividos, reais, ocorrem juntos como no contraponto".[57] A memória confronta a história oficial[58] e impõe uma nova perspectiva, um olhar capaz de eliminar o caráter negativo de todo exílio — "o exílio é fruto da exclusão, da negação, da dominação, da anulação, da intolerância" —,[59] tornando-se a "negação da negação, a luta pela afirmação, a resistência".[60]

Malabia cerca-se de mentiras, a rigor, para contar a única verdade que de fato desejava: a da vida de María José, de seu cotidiano de traição e engano — mas ainda assim de vida. Ele a reinventa, por isso, na ficção que constrói: para que ela sobreviva. Em face da morte e do exílio — o qual também significa perda e dissolução de referências —, esse conjunto de mentiras permite acesso à "verdadeira vida" que foi deixada para trás e substituída pela provisoriedade e precariedade da condição de exilado.[61] O conjunto de mentiras, no caso, é dado pelo trabalho da ficção; daí a constatação de Vargas Llosa:

Isso é a literatura — a realidade inventada com a fantasia e a palavra — no mundo de Onetti: o simulacro que permite viver na ilusão, provisoriamente a salvo do horror da vida verdadeira. Nessas condições, a literatura é algo precioso e decisivo, o ofício que permite aos homens suportar a existência, superá-la, opondo-lhe outra, em que têm o poder de decidir a vida deles com uma liberdade de que são privados no mundo real.[62]

Trata-se da busca de outro lugar e, simultaneamente, de outro tempo. Trata-se de rejeitar a plena (e algo vergonhosa) adaptação ao espaço onde o exilado foi constrangido a viver.[63] Trata-se de encarar a ficção como alternativa à crueza do real.

María José perdeu-se sob uma ditadura, Julián matou-se. A fantasia de Jorge Malabia lhe permite viver no interior da ficção; o narrador de "A face da desgraça" refugia-se na ficção mesmo que isso lhe custe o cárcere e a pecha de assassino — refúgio equivalente ao de outros personagens de Onetti, que, desde *A vida breve*, buscam guarida na mítica Santa María. Mas os fantasmas não os abandonam.

Há algo mais nesses dois contos — e em muitos outros textos de Onetti —, porém, do que o reconhecimento da ficção como terra de exílio. Há uma percepção complexa do passado, das formas como o presente dialoga com os tempos anteriormente vividos, das contaminações entre temporalidades e entre formas narrativas, dos acontecimentos que "obedecem à lógica do inesperado e do incompreensível e por isso provocam estranhamento".[64] Por isso, a ficção assume-se como exílio peculiar, distinto dos terríveis exílios de fato: ela não se contrapõe ao passado; ao contrário, ajusta-se a ele, recria, percorre o passado imaginativamente, permite que, a cada texto, os personagens e narradores onettianos ressurjam em diferentes situações, assumam biografias diversas.

Num texto famoso, Ricardo Piglia afirma que todo conto conta duas histórias: sob a trama da superfície caminha outro relato, *às vezes* clandestino e talvez mais eloquente.[65] Nem sempre, alerta o argentino, o leitor se dá conta do que corre nas profundezas e conflui para, no desfecho, encontrar-se com a história central e mais visível, capaz de remeter continuamente ao passado e sondar suas tensões e enigmas. O relato do assassinato da menina de "A face da desgraça", eixo da versão original de "A longa história", de 1944, mantém-se em segundo plano e só aparece de forma breve no final para terminar indeterminado: nenhuma investigação será feita e ninguém conhecerá a verdadeira história do crime. Prevalece o dilema do narrador, a evocação do suicídio do irmão e da culpa de que ele padece. Já na outra investigação que acompanhamos, a busca de María José, nada poderá resultar de verdadeiro porque os pressupostos que guiam Malabia e o detetive são falsos. Os princípios da narrativa policial contidos em ambas as histórias se mostram ineficazes para revelar a verdade: o segredo é preservado. Esta, aliás, não é a disposição da escrita de Onetti, que sempre prefere revelar a ficção e estabelece, segundo Piglia, um "pacto raro" com o leitor: "a chave é que quem recebe o relato não o compreende. Esta é uma forma básica na ficção de Onetti. Sempre se narra para outro, mas o outro não entende".[66]

Por mais pungentes que as duas narrativas pareçam, elas se resumem a enganos, vazios, gestos vagos, errância, exílios. Por mais distintas que soem, remetem à mesma questão, narram o mesmo caso, e esse relato é contundente: é o diálogo ininterrupto da história com a ficção, das margens porosas que separam, com precariedade, uma da outra, que permitem que elas se visitem e revisitem, que se contaminem reciprocamente. É esse relato que emerge da profundeza de cada conto e se apossa do leitor, movido pelo estranhamento que sentimos ao olhar para outro tempo, para outro mundo; o estranhamento do "exílio interno", da "sensação de não pertencimento, a não identificação" com um lugar ou com um tempo.[67] É o que ocorre também quando encaramos um tipo de narrativa a partir de terreno distinto, quando a perspectiva da história é orientada pelo prisma da ficção ou vice-versa. Estranhamento que Ginzburg definiu como "antídoto eficaz contra um risco a que todos nós estamos expostos: banalizar a realidade" tanto do passado como do presente.[68] Para o historiador italiano, a literatura ajuda a pensar a história, pois "tanto os historiadores como os romancistas (ou os pintores) estão irmanados num fim cognitivo".[69]

"Olhar de fora", pintar "ao revés", recorrer à ficção para ultrapassar os limites da experiência vivida, ampliar a compreensão e a capacidade interpretativa e crítica. Não é outra a preocupação dos personagens de "La cara de la desgracia" e "Presencia", que são forçados a aprender — e dificilmente aprendem — que, para compreender o passado e lidar com os fantasmas que insistem em assombrá-los, é necessário distanciar-se dele, evitar a familiaridade que apenas parece positiva e enfrentar o estranhamento; deixar de supor que o passado seja sua pátria e reconhecê-lo como terra estrangeira. Ou talvez recorrer à ficção, único local possível — sugere Onetti — onde ainda se pode viver.

Borges, em busca do Sul[*]

"O Sul"[1] é um dos raros textos de Borges que tem franca vocação autobiográfica. Para o leitor de Borges, desacostumado do tom supostamente confidencial que o conto sugere, esse convite a mesclá-lo com fatos reais, vividos pelo autor, pode ser bastante sedutor. Lá está relatado, afinal, o famoso acidente doméstico da véspera do Natal de 1938, com o rosto feminino, sombrio e aflito, de quem lhe abriu a porta e viu sua testa ensanguentada, com a febre, a náusea e o pesadelo na antessala da morte.[2] Lá está também o nome alemão do protagonista Dahlmann, paralelo da origem inglesa de parte da família de Borges. Ou a simetria da morte do mesmo personagem com a do avô de Borges, que se deixa matar após a capitulação de Bartolomé Mitre na Batalha de La Verde, em 1874. Ou a menção, logo nas primeiras linhas, ao cacique Cipriano Catriel, que apoiou Mitre no mesmo episódio histórico.

O fascínio da revelação íntima combinada com a história nacional, porém, pode limitar o entendimento do conto, como o pró-

[*] Publicado em *Variaciones Borges*, Pittsburgh: Borges Center, n. 20, 2005.

prio Borges alertou em entrevistas, ao lembrar que a atenção ao referente real, por mais correta ou adequada que seja, é apenas uma das leituras possíveis do conto, e provavelmente não a melhor, inclusive porque coloca a ficção em posição de dependência diante de uma suposta autonomia do real. Borges insistia no fato de que podemos, sim, ler a primeira parte como relato veraz e a segunda como onirismo provocado pelo efeito dos anestésicos, numa ilusão que é também alucinação. Ressaltava, no entanto, a possibilidade de entender o conjunto completo do relato como uma fábula, valorizando mais a ficção — ou a ficcionalização — do que a procura direta da experiência vivida.

Notável, em "O Sul", é como as instâncias narrativas e os espaços de revelação se cruzam. A busca do Sul, anseio central do personagem, é o que permite que histórias se relacionem e que se defina um lugar de ancoragem para que se afirmem identidades fugidias ou incertas — nacionais, locais, individuais. Se entendermos que o jogo proposto por Borges, no conto, é esse, mais amplo e mais denso, o caráter autobiográfico passa a desempenhar papel secundário: Dahlmann, paradigmático, é Borges, mas é também tantos outros argentinos numa odisseia de autocompreensão e significação de si mesmo que cruzou o século xix e parte do xx. O sentido fabuloso da história também, mais do que exemplar, ganha ares de problematização, de questionamento das peregrinações em busca de noções ocasionalmente caricaturais do que se é ou se pretende ser. Não esqueçamos que 1953, ano da publicação original do texto, é o mesmo em que Borges proferiu a célebre conferência no Colégio Libre de Estudios Superiores, intitulada "O escritor argentino e a tradição",[3] em que devasta, por meio de argumentação ao mesmo tempo irônica e insólita, os sentidos nacionalistas tão em voga sob o peronismo, conjugados aos esforços da política cultural governamental de "naturalizar a argentinidade".[4]

Antes, ainda, de irmos ao conto, vale lembrar que boa parte do temário constante de "O Sul" é recorrente em outros textos de Borges. Para nos restringirmos a contos cronologicamente próximos, basta lembrarmos de dois relatos reunidos, em 1949, em *O aleph*: "História do guerreiro e da cativa", publicada na revista *Sur* em maio de 1949, e "Biografia de Tadeo Isidoro Cruz", publicada na *Sur* de dezembro de 1944.[5] Ou "O fim", publicado alguns meses depois de "O Sul" e também em *La Nación*.[6] Em outras palavras, mais do que na esfera autobiográfica, estamos diante de inquietações, tanto históricas quanto literárias, reconhecidamente reincidentes em Borges.

O conto inicia-se pela caracterização de Juan Dahlmann, neto de um homônimo Johannes, como homem de origem ambígua, meio argentino, meio germânico. Relembram-se avós seus e os vínculos destes com a história da formação nacional argentina. Dahlmann, observa o narrador, cultiva um discreto crioulismo, manifesto num pequeno relicário pessoal: uma espada, uma foto de um antepassado, certas músicas, algumas estrofes do poema épico *Martín Fierro* (1872), de José Hernández. Vive em Buenos Aires, mas é saudoso do Sul originário, simbolizado e concretizado pela sede da estância da família, cuja "posse abstrata" e distante detém. A vontade do passado, porém, restringe-se e basta-se nesse apanhado de coisas: "as tarefas e a indolência o retinham na cidade" e Dahlmann contenta-se em sonhar o Sul, mais do que se dispõe a buscá-lo. Pensa no caminho para o Sul e na planície com a certeza de que ela o espera, mas ainda está distante.

Ocorre, então, o acidente com o batente da janela e a ameaça de morte, no mencionado trecho de forte interferência autobiográfica, e o Dahlmann revivido "odiou-se minuciosamente; odiou sua identidade, suas necessidades corporais, sua humilhação". A vida risca uma linha e o personagem ambíguo do primeiro parágrafo, que escolhera sua tradição e sua origem pela coleta de objetos, que buscara reconhecer-se no relicário impreciso que guardava, percebe a fragilidade da identidade que julga ter. Para recuperar-se do acidente e da aguda percepção de não pertença, cumpria ir ao Sul: inicia-se a viagem, e o narrador a introduz com a proclamação de que "à realidade agradam as simetrias e os leves anacronismos".[7] Híbrida, a viagem de Dahlmann guarda parecença com a vontade de encontrar o Sul, acalentada, durante anos, na indolência que vivia em Buenos Aires. Mas o tempo, velho Senhor da razão e invariavelmente da irrazão, não deixa de interferir e introduz variações no plano original, pois nenhuma tradição é plena, nem pura ou seca: a faca da história a corta e a refaz, traduzindo em diferença o que parecia repetição. Beatriz Sarlo, num famoso e excelente estudo comparativo entre "História do guerreiro e da cativa" e "O Sul",[8] destaca "a intermitência e a instabilidade" que a "dobra entre duas superfícies provoca". A terminologia deleuziana faz enxergar a passagem da superfície-razão indolente do Dahlmann pré-acidente para a tentativa de reconstruir a razão no momento — espaço da "dobra" — em que se prepara o confronto cultural provocado pela chegada ao Sul.

Antes, porém, que se manifeste o choque de tempos, Dahlmann viaja, embalado pela crença no Sul imaginário. No trem, "fechava o livro e simplesmente se entregava à vida",[9] circulando imaginariamente por lugares de memória da infância, expressos em artefatos simples, como uma tigela de sopa, ou na expectativa de reencontrar tempo e lugar perdidos, sua desejada origem-tradição-identidade. O narrador manifesta, no entanto, a ambiguidade de sua condição: "era como se a uma só vez fosse dois homens: o que avançava pelo dia outonal e pela geografia da pátria, e o outro, encarcerado numa clínica e sujeito a metódicas servidões".[10] Sonhava, Dahlmann, no efeito dos anestésicos, como sugeriu Borges? Talvez, mas seu "sonho da planície" ocorre enquanto está acordado. E, acordado e ansioso, confunde-se no reconhecimento de árvores e sementeiras. Não pode nomeá-las, insiste o narrador, "porque seu conhecimento direto do campo era bastante inferior ao seu conhecimento nostálgico e literário".[11] Viajante livresco, Dahlmann refigura a realidade como trânsito de sua imaginação e da circulação entre temporalidades reais e imaginárias: "Dahlmann chegou a suspeitar que viajava para o passado e não somente para o Sul".[12] Ou seja, ele "fechava o livro e simplesmente se entregava à vida", mas preservava seu alheamento e mantinha a vida na dimensão alegórica que a superfície de sua razão anterior compusera.

O trem corta a planície, o tempo transcorre e Dahlmann se vê, num sonho de fato, "atravessado e transfigurado". A vastidão, a intimidade e o segredo da planície o aturdem, ao mesmo tempo que se encontra em meio à "solidão perfeita e talvez hostil".[13] As pessoas ao redor lhe falam, mas Dahlmann nem sequer tenta entendê-las: "o mecanismo dos fatos não lhe importava".[14] A planície o enreda, mas ele ainda não percebe quão distante é o mundo que pleiteia como seu, quão abstrata é a origem que deseja, quão artificial é a identidade de que desfruta na imaginação e nos livros. Embora já tenha reconhecido, mesmo que tardiamente, que se aventura mais pelo tempo do que pela geografia, ele demora a perceber que o tempo lhe impõe seus desvãos: os anos desgastaram as cores vivas das paredes e das fachadas, os rostos revelam tristezas ou soberba decaída. A realidade começa a afligi-lo por mostrar que o presente difere intensamente do passado que busca e o Sul, da idealização. Para esconjurar a realidade incômoda, Dahlmann recorre ainda uma vez à ficcionalização do presente, à tentativa de impor a imaginação à experiência diretamente, a escrita de (e para) si mesmo ao referente. Os objetos reais do armazém a que finalmente chega e onde sua história se desvelará provocam lembranças de velhas edições de livros. O homem encostado ao balcão é associado à imagem do velho gaúcho que, na crença do protagonista, só sobrevive no Sul. Sua figura é apresentada como uma escultura, erigida em homenagem a um tempo desaparecido: "os numerosos anos tinham-no reduzido e polido como as águas fazem com uma pedra ou as gerações humanas com uma sentença. Era escuro, pequeno e seco demais, e estava como que fora do tempo, numa eternidade".[15]

Dahlmann observa, no velho gaúcho, o passado. E, quando o presente novamente o aturde em mais uma situação de risco — o desafio expresso numa bolinha de miolo de pão lançada ao seu rosto por vizinhos de mesa —, refugia-se em seu livro, o das *Mil e uma noites*, cujas ilustrações continuavam a servir-lhe, como antes da viagem, "para decorar pesadelos".[16] Lê uma corrente de histórias, ao mesmo tempo que procura contar-se uma história do Sul diferente da que lá vive. Concentra-se na leitura, comenta o narrador do conto, "como que para tapar a realidade".[17] Mas a ameaça o ronda e a provocação prossegue, no arremesso de outra bolinha de miolo de pão. O proprietário do bar, ao tentar impedi--lo de aceitar o desafio, chama-o pelo nome. Reconhecido — com sua identidade aclarada —, é impelido a agravar a situação, acolhe o desafio e dispõe-se ao duelo.

O passado, que Dahlmann tanto prezava, corre em seu auxílio, no gesto do velho gaúcho, que lhe atira uma adaga para que lute. "Era como", nota o narrador, "se o Sul tivesse resolvido que Dahlmann devia aceitar o duelo".[18] O ímpeto provocado pela origem e o espírito que a tradição exala o levam à ação temerária, ambientada na planície que tanto o aguardou e que agora o recebe na hora fatal. O passado imaginado e acalentado tanto tempo por Dahlmann o ajuda ao oferecer a adaga, mas, dessa forma, o condena à luta e, provavelmente, à morte. Dahlmann reconhece a armadilha em que se colocou: "inclinou-se para recolher a adaga e sentiu duas coisas. A primeira, que esse ato quase instintivo o comprometia a lutar. A segunda, que a arma, em sua mão inábil, não serviria para defendê-lo, mas para justificar que o matassem".[19] No gesto "instintivo", vibra o passado; na consciência da inutilidade da adaga para protegê-lo, o presente: na combinação de ambos, dá-se a flutuação do protagonista entre as temporalidades, entre imaginação e razão, entre história e ficção. Cruel, o narrador arremata: "empunha com firmeza a faca, que talvez não saiba manejar, e sai para a planície".[20]

Terminou assim a viagem de Dahlmann em busca do Sul. Embora brutal, a chegada ao destino lhe provoca alívio: "Sentiu, ao atravessar o umbral, que morrer numa luta de faca, a céu aberto e atacando, teria sido uma libertação para ele, uma felicidade e uma festa. Sentiu que, se ele, então, tivesse podido escolher ou sonhar sua morte, esta seria a morte que teria escolhido ou sonhado".[21] O umbral que nosso personagem atravessa não se presta a isolar, e sim a reunir, a conectar os dois mundos por onde circula e a afinal alcançar o Sul imaginário do passado narrado nos livros, o Sul que talvez não existisse mais já nos tempos do Martín Fierro. O Sul de sua suposta origem, da pertença à terra, à estância, à planície. O Sul da morte, tomada como uma compulsão, quase como uma missão.

A tonalidade autobiográfica do início do conto sem dúvida não resiste à força da fabulação da parte final: definitivamente nenhuma identidade individual é traçada em "O Sul". O rosto que vemos, imaginário ou real, é o da fabulação de um mito argentino. E o Sul de Dahlmann, à semelhança de tantas outras construções identitárias, uma ficção. A planície em que ele luta e onde talvez morra não pertence apenas ao Sul argentino; ela é mais sentimental do que real e é ubíqua, como Borges descreve no candente poema "Acevedo", que também sugere um material de origem biográfica e o transforma pelas artes da imaginação poética:

Campos de meus avós que ainda guardam
Dos Acevedo o sobrenome, o nosso,

Indefinidos campos que não posso
Imaginar de todo. Meus anos tardam
E ainda não vi essas léguas cansadas
De pó e de pátria que os antepassados
Cavalgando avistaram, os descampados
Caminhos, seus poentes e alvoradas.
A planície é ubíqua. Eu os tenho visto
Em Iowa, no Sul, na terra hebreia,
Naquele salgueiral da Galileia
Que trilharam os humanos pés de Cristo.
Não os perdi. São meus. No esquecimento
Eu os tenho, no anseio de um momento.[22]

Deve ter sido por esse momento, árido e ambíguo, ocorrido no delírio da clínica ou na imaginação, que Dahlmann viveu e morreu.

MAIS TEORIA

"Recolha de circunstâncias": O diário como álbum[1*]

> *O Diário é um gênero fácil, exceto se fizermos dele, posteriormente, uma obra complicada.*
>
> Roland Barthes

Não demora muito para que Valeria, a narradora de *Caderno proibido*, de Alba de Céspedes, se dê conta de alguns dos principais dilemas que afetam aquele que escreve um diário, que dedica parte de seu dia a registrar num caderno os fragmentos da experiência vivida:

Agora, por trás de qualquer coisa que eu faça ou diga, existe a sombra deste caderno. Nunca poderia acreditar que tudo o que me acontece ao longo do dia merecesse ser anotado. Minha vida sempre me pareceu meio insignificante, sem acontecimentos

---

* Publicado em *Literatura: Teoría, Historia, Crítica*, Bogotá: Universidad Nacional de Colombia, v. 26, n. 1, 2024.

notáveis além do casamento e do nascimento das crianças. Mas desde que, por acaso, comecei a manter um diário, percebo que uma palavra, um tom, podem ser tão importantes, ou até mais, quanto os fatos que estamos habituados a considerar como tais. Aprender a compreender as coisas mínimas que acontecem todos os dias talvez seja aprender a compreender realmente o significado mais recôndito da vida. Mas não sei se isso é um bem, temo que não.[2]

Esse diário ficcional que subverte o cotidiano e a vida da protagonista torna-se rapidamente uma "sombra" que a acompanha nas ações e enunciações cotidianas, invertendo a lógica aparente da escrita diarística: não é mais a vida que regula a confecção do diário, mas o espectro do "caderno proibido" — que ela mantém rigorosamente escondido dos olhos do marido e dos dois filhos quase adultos — que paira sobre cada um de seus gestos e de suas palavras. Mais: o *notável* da vida — aqueles eventos ou coleções de ocorrências que se destacam da massa de atos fortuitos e esquecíveis das nossas vidas — adquire outra espessura, o que causa uma redefinição dos valores atribuídos a cada ação; ou melhor, atribui significados ao que antes supúnhamos "insignificante", ao que provavelmente passaria despercebido pelos olhos ou pela imaginação da Valeria pré-caderno. Das "coisas mínimas" — que com frequência se associam ao nada cotidiano —, ao "significado mais recôndito da vida". A percepção aguda da narradora, porém, termina com uma dúvida que também é conclusão amarga: afinal, redefinir os pesos de nossas ações, de cada palavra e de cada tom, viver sob a sombra do caderno é mais provavelmente um mal do que um bem.

Outras dúvidas ficam no leitor do caderno de Valeria: o que é — ou define — de fato um diário? Por que recolher circunstâncias e colecionar anotações, tal qual num álbum? Qual é fronteira entre as três instâncias que latejam num diário — o íntimo, o privado e o público? Quanto da vida vivida — e supostamente desmistificada, pois rebalanceada em seus pesos e valores, a ponto de assombrar a própria diarista — resta nos registros cotidianos? De que minúcias ou fragmentos eles se compõem e, por meio deles, desmontam a vida para remontá-la no diário?

O "caderno proibido" de Valeria é assumidamente ficcional, embora seja frequente, entre seus comentadores, a localização de correlações possíveis de temas e preocupações da narradora com aspectos da vida de Alba de Céspedes e, melhor, com enredos e ambientações de seus outros livros de ficção — o que permite, a partir do exemplo que o excerto oferece, abrir outro território de questionamentos: quando o diarista é uma pessoa real, uma escritora ou um escritor, e a vida narrada é a daquele ou daquela que imprime seu nome na capa de outros livros: o que o diário permite entrever?

Há um caso singular: *Os diários de Emilio Renzi*, de Ricardo Piglia. A dupla assinatura na capa confunde e confessa. Confunde ao quebrar o protocolo esperado pelo leitor — que seja o escritor Ricardo Piglia a contar ali sobre sua vida; confessa ao declarar, já de saída, certos impasses da escrita diarística, a começar pela dúvida mais profunda e que é objeto de uma seção do primeiro volume da trilogia: num diário ou num texto de ficção, quem diz eu?

A contradição é inevitável: se o "Eu é todo o espetáculo" e a subjetividade impera — inclusive estabelecendo a figura do autor como referente e objeto da narrativa, além de enunciador —,[3] o referente rapidamente é forçado a ceder o protagonismo ao papel estruturador da linguagem, num esforço de tradução que contesta a existência de significados intrínsecos ao referente e desloca a centralidade para o plano da escrita e do processo de significação.

Os três volumes de *Os diários de Emilio Renzi* cobrem os períodos 1957-67, 1968-75 e 1976 em diante. A versão impressa difere em muitos aspectos da forma e do conteúdo dos cadernos: é sua versão relida, reorganizada, selecionada, alterada; é a transposição dos cadernos para outro formato, que implica exclusões, atualizações, inclusões de novos trechos. Se o relato diarístico já é uma operação de desmontagem e remontagem da experiência vivida, a passagem para a edição impressa, por sua vez, é a replicação da mesma operação, impondo mais barreiras e produzindo mais (e outros) significados para a vida que em algum momento foi de fato vivida, embora o sentido da experiência, naquele momento, não estivesse definido. Ou, nos termos da passagem citada acima, substituindo definitivamente, em nome da *comunicação da experiência,* a lógica dos fatos pela lógica da linguagem — e, acrescente-se, a lógica da composição do objeto literário.

A relação entre os dois autores identificados na capa — Renzi e Piglia — é, a princípio, íntima, pela recorrência de Renzi como personagem em todos os romances publicados por Piglia, em contos e ensaios; como um alter ego ou um autor por trás do autor que, ao duplicar a autoria, a rigor a coloca em dúvida: os diários não são do Eu, são do outro. Em segundo lugar, porque expõe a pluralidade de enunciadores de toda escrita. Em mais de um dos textos que fazem parte de *Os diários de Emilio Renzi* — e que diferenciam os volumes editados ainda mais dos cadernos —, textos que ladeiam (ou combinam-se com) o registro direto do dia a dia, a duplicidade é caracterizada e explicada. Já no início da "Nota do autor" que abre o primeiro volume — e que, como o título sugere, deveria ser expressão da pessoalidade do relato — misturam-se vozes em primeira e terceira pessoa.

Além de reiterar a explicitação imediata do primado da narração sobre o referente (ou seja, contar o vivido importa mais do que a experiência em si) — "Por isso falar de mim é falar desse diário. Tudo o que sou está aí, mas não há nada além de palavras" —, o narrador, o outro, alude ao autor, o Eu, em terceira pessoa e emprega aspas, recurso de citação e de deslocamento da enunciação, para incorporá-lo ao texto.

O mesmo movimento ocorre em "No bar", texto de abertura do segundo volume:

> Falo por mim, disse, que escrevo um diário, e os diários só obedecem à progressão dos dias, meses e anos. Não há outra coisa que possa definir um diário, não é o material autobiográfico, não é a confissão íntima, nem sequer é o registro da vida de quem o escreve que o define; simplesmente, disse Renzi, é a ordenação do escrito pelos dias da semana e os meses do ano. Só isso, disse satisfeito. [...] O Eu é uma figura oca, o sentido deve ser buscado em outro lugar; num diário, por exemplo, o sentido é a ordenação conforme os dias da semana e o calendário.[4]

Constata, assim, que a definição do que é um diário não é dada pela presença hegemônica do Eu ou de sua vida — e sim pela arbitrária, abstrata e matemática progressão das datas num calendário. Imediatamente na sequência, num jogo de ilusionismo com o leitor, amplia o paradoxo da dupla autoria e enunciação:

> Por isso, ainda que no meu diário eu vá manter a ordem temporal matemática, também me preocupa outro tipo de cronologia e outro tipo de escala e periodização, e é nisso que estou pensando, mas, claro, desde que o diário seja publicado com o nome verdadeiro do autor e em suas entradas a pessoa que as escreve seja a mesma e tenha o mesmo nome, concluiu Renzi.[5]

O conjunto de dúvidas em relação ao efetivo autor — e à própria ideia de autoria — e a explicitação da estratégia de falar de si a partir de olhar e de voz distanciados ou deslocados expõe a insistência renzi-pigliana de desnaturalizar a autoria e recorrer à forma diário como espaço — *outro* espaço, além da própria ficção e da ensaística — para refletir sobre o trabalho da escrita exige que o leitor confronte o esforço de "desidentificação" com noções presentes em estudos diversos sobre a diarística ou, de forma mais geral, sobre as "escritas de si". Philippe Lejeune, por exemplo, sustenta que o emprego do pronome na primeira pessoa do singular impõe uma unidade fictícia, ao promover uma identificação entre o sujeito de quem se fala e o enunciador.[6] Sylvia Molloy ressalta, logo no início de seu ensaio sobre a escrita autobiográfica na América hispânica, que "me interessa analisar as formas diversas da autofiguração, com o objetivo de deduzir as estratégias textuais, as atribuições de gênero e, claro, as percepções do eu que moldam os textos autobiográficos".[7] Maurice Couturier vê em procedimentos desse tipo uma "negação autobiográfica" e afirma que o escritor "deseja ser um outro" para, neste, concentrar a figura e a possibilidade da autoria.[8] Leonor Arfuch sugere a possibilidade de que "é nessa tensão entre a ilusão da plenitude da presença e o deslizamento narrativo da identidade que se dirime, talvez paradoxalmente, o *quem* do espaço biográfico".[9] François Dosse, após assumir a noção barthesiana de "biografema", conclui que "à maneira do discurso do historiador que se apresenta, no dizer de Roland Barthes, como um 'efeito de real', o gênero biográfico traz em si a ambição de criar um 'efeito do vivido'".[10]

Cinco registros espalhados por trinta anos de estudos das "escritas de si". Dissonantes entre si, mas sempre inquietos ante a tensão expressa nos relatos que sugerem indicar uma emergência do referente autobiográfico na escrita. Insinuam, em graus igualmente distintos de aproximação ou distanciamento, um debate contemporâneo ao da decolagem da produção ficcional de Piglia — cujo primeiro livro, a coletânea de contos *A invasão*, saiu em 1967 — e correspondente à data de corte entre o primeiro e o segundo volumes de *Os diários de Emilio Renzi*: a polêmica sobre a morte do autor. Curiosamente, a discussão não aparece, ao menos de modo explícito, nos três tomos. Roland Barthes e Michel Foucault — que assumiram posição central na controvérsia — não são personagens de destaque nos diários. Barthes é objeto de cinco menções no primeiro volume, nove menções no segundo e três no terceiro volume: nenhuma delas trata da discussão que o semiólogo francês propôs com alarde no artigo "A morte do autor", publicado em 1968,[11] nem dos desdobramentos da discussão barthesiana sobre o tema — sobretudo em *O prazer do texto*.[12] Foucault, por sua vez, é citado três vezes no primeiro volume, quatro no segundo e apenas uma no terceiro. No todo, vinte e cinco referências, sempre pontuais e que oscilam entre manifestações rápidas de discordância de Piglia ante proposições dos dois franceses e comentários, igualmente breves, de leituras. O relativo silêncio é algo eloquente e talvez fale mais do experiente Piglia que organiza a publicação dos diários nos anos 2010 do que do jovem intelectual do final dos anos 1960, que inevitavelmente acompanhou a discussão sobre a morte do autor: os diários mostram que ele se mantinha atualizado em relação aos debates franceses da época — tanto que cita com frequência periódicos e grupos de intelectuais que se mobilizaram em torno da discussão e conhecia bastante bem as origens mais remotas da discussão, sobretudo a constatação categórica de Stéphane Mallarmé, em "Variations sur um sujet": "a obra pura implica o desaparecimento elocutório do poeta, que cede a iniciativa às palavras".[13]

O debate sobre a morte do autor, na forma como Barthes o lançou no ensaio de 1968, traz à tona pelo menos sete eixos que nos ajudam a compreender a estratégia pigliana de multiplicação do eu: a decretação da ausência de um espaço único ou privilegiado de enunciação, de uma "palavra instauradora" — como a que se expressa na citada "Nota do autor" ao primeiro volume de *Os diários de Emilio Renzi* — gerada pelo "autor", um emissor específico (e, por decorrência, a ideia mesma do relato como "expressão" e a suposição de que haja algo interno àquele que relata e que esse interior possa ser revelado no texto); a inevitabilidade da repetição (ou: a percepção de que toda escritura é, por princípio, uma reescritura de texto anterior); o inevitável cruzamento de temporalidades em todo texto, uma vez que a escrita sempre estabelece diálogos e conexões entre a narração no presente e os eventos narrados do passado; a necessidade da figura do autor no âmbito da crítica (que articula suas análises em torno de conjuntos derivados da noção de autoria, como "vida e obra", "estilos ou escolas de época", "influência", "precursores", "linhagens ou dinastias de autores", enquadramento do texto no conjunto da "obra", "contextualização" etc.); a instabilidade e a infixidez de todo texto (o que retoma a noção de obra aberta e enfatiza a posição ativa do leitor);[14] a inexistência de "teologia" na escritura e o reconhecimento da multiplicidade de sentidos produzidos no trabalho de textualização; a leitura como necessária continuadora da escritura.[15]

Embora a discussão desdobrada no final dos anos 1960 e início dos 1970 passe por nuanças e graus distintos de radicalização, esses sete elementos são relativamente preservados nos debates posteriores, inclusive quando o próprio Barthes, cinco anos depois de "A morte do autor", enfatiza mais o lugar do leitor e, por meio deste, traz de volta, metamorfoseada, a figura do autor: "perdido no meio do texto (não *atrás* dele ao modo de um deus de maquinaria) há sempre o outro, o autor".[16]

O "retorno do autor" não implica redução do predomínio do texto e do trabalho de significação — que prossegue central —, nem restabelecimento de instâncias externas, superiores ou anteriores à escrita; ele é produto sobretudo de uma relação que se constrói no transcurso da leitura e dos interesses e das vontades (inesperadas, imprevisíveis, incertas) do leitor. O autor ressurge como um desejo do leitor e como produto de diálogo constituído na cena da leitura: o autor é uma sombra sobre o texto e "o texto tem necessidade dessa sombra: essa sombra é um pouco de ideologia, um pouco de representação, um pouco de sujeito: fantasmas, bolsos, rastos, nuvens necessárias; a subversão deve produzir seu próprio claro-escuro".[17] Por meio da mesma metáfora da sombra — presença contínua e impositiva — registrada pela personagem de Alba de Céspedes no *Caderno proibido*, Barthes justifica a atração dos leitores pela vida que parece pulsar para além do texto, mas não reconhece nenhuma imanência ou transcendência do referente; ao contrário, ressuscita o autor *no* texto, como produto e significado construídos na escrita, prensado pelo contraste entre o que se revela e o que se mascara:

> Talvez então retome o sujeito, não como ilusão, mas como *ficção*. Um certo prazer é tirado de uma maneira da pessoa se imaginar como *indivíduo*, de inventar uma última ficção, das mais raras: o fictício da identidade. Essa ficção não é mais a ilusão de uma unidade; é, ao contrário, o teatro de sociedade na qual fazemos comparecer nosso plural [...].[18]

Colocado em suspenso entre dois supostos autores — ambos sujeitos à dúvida e à hesitação, ambos se alternando na condição de enunciadores e capazes de compartilhar, mais do que uma vida, uma escrita —, *Os diários de Emilio Renzi* interpretam, de modo pigliano, a morte e a reaparição do autor, que coincidem com seu processo de ficcionalização no texto, com a teatralização de si mesmo na sociedade. Um dos registros mais precisos da autoficcionalização e da forma como ela afeta a composição de *Os diários de Emilio Renzi* aparece no segundo volume:

> Não chego a me reconhecer no indivíduo que escreve aí certos fatos da minha vida. Esse é o paradoxo, é minha vida, digamos assim,

mas não sou eu quem a escreve. Nesse ponto incerto está o melhor da minha literatura. O ser ou não ser se traslada ao conteúdo dos acontecimentos, mas quem os escreve fica à margem, a salvo da incerteza. Essa enunciação — vamos chamá-la assim — é o que justificaria publicar uma seleção destes escritos.[19]

A passagem, que corresponde à entrada do dia 22 de setembro de 1974, condensa o debate sobre a enunciação — as muitas vozes que dizem eu (mesmo num objeto literário como um diário, que se supõe pessoal) —, sobre a transposição dos cadernos para o volume publicado, sobre o diário, como se verá à frente, mais como álbum de si mesmo do que como um livro. A ambiguidade, para Martín Kohan, deriva do fato de Piglia não ter abdicado plenamente da figura de autoria — como um dia Barthes ou Foucault pretenderam fazê-lo —, e tampouco ter se conformado a reconhecer sua naturalidade. Optou pelo caminho complexo do deslocamento e da multiplicação de si mesmo:

> A autoria que Ricardo Piglia, também autor, cede ou concede a Emilio Renzi, esta decisão de incrustar um "ele" na plena escrita do "eu", não faz dos diários um romance (segundo o conhecido convite à leitura proposto por Roland Barthes) nem os converte numa ficção (porque não deixamos de lê-los no registro das verdades pessoais); mas de qualquer forma os aproxima de um regime de construção e de validação estética aos quais Piglia, evidentemente, não quis renunciar.[20]

"Ele incrustado na escrita do eu", a combinação de vozes tornada mesclagem de autores: a proposição de Kohan cita Barthes e um dos desdobramentos da morte do autor, mas também repõe, indiretamente, uma das referências decisivas para o próprio Barthes e um precursor na percepção dos mecanismos de pluralização de enunciadores, Maurice Blanchot, que ainda no final dos anos 1950 (se) pergunta "Para onde vai a literatura?" e responde destacando a publicação, então recente, de *O grau zero da escritura*.[21] Após elogiar o ensaio barthesiano ("um dos raros livros em que se inscreve o futuro das letras"), Blanchot afirma categoricamente que "a literatura começa com a escritura" e que "cada escritor faz da escritura o seu problema e deste problema o objeto de uma decisão que ele pode mudar".[22] Em seguida, insinua o problema da autoria com frases gerais, ("ocorre que não sou mais eu mesmo e que não posso mais dizer eu"[23]) e imerge no debate, analisando a presença de Proust nas páginas de *Em busca do tempo perdido*:

> Mas quem fala aqui? É Proust, o Proust que pertence ao mundo, que tem ambições sociais bastante vãs, uma vocação acadêmica, que admira Anatole France, que é cronista mundano no *Figaro*? É o Proust que tem vícios, que leva uma vida anormal, que extrai prazer de torturar ratos numa gaiola? É o Proust já morto e imóvel e enterrado, que seus amigos não reconhecessem mais, estrangeiro em relação a si mesmo, apenas uma mão que escreve, que "escreve todos os dias, em todas as horas, o tempo todo" e, fora do tempo, uma mão que não pertence mais a ninguém? Nós dizemos Proust, mas sabemos bem que quem escreve é o totalmente outro, não apenas outra pessoa, mas a própria exigência de escrever, uma exigência que se serve do nome de Proust mas não expressa Proust, que só o expressa desapropriando-o, tornando-o Outro.[24]

Poucas páginas à frente, nova inquietação, agora traduzida na pergunta "Quem fala nos livros de Samuel Beckett?".[25] Para responder à dúvida maior sobre quem fala em qualquer texto, passa à análise de *O Inominável*. A partir do livro do irlandês, arremata:

Quem então fala aqui? É "o autor"? Mas quem pode designar esse nome se, de qualquer forma, aquele que escreve já não é Beckett, mas a exigência que o arrastou para fora de si, o despossuiu e o deslocou, lançou-o para fora de si, fazendo dele um ser sem nome, o Inominável, um ser sem ser que não pode nem viver, nem morrer, nem cessar, nem começar, o lugar vazio onde fala a ociosidade de uma palavra vazia e que, mal ou bem, recobre um Eu poroso e agonizante.[26]

Boa coincidência: na entrada de 5 de março de 1969, Renzi-Piglia anota uma passagem de Beckett: "Parece que falo, não sou eu, de mim, não é de mim".[27] Interessante é que a discussão do grau zero proposta por Barthes inspira a indagação acerca do autor no Blanchot de *Le Livre à venir* que, por sua vez, inspira o Barthes de "A morte do autor". Projetar o debate para a segunda década do século XXI e para o cenário pigliano exige, em primeiro lugar, o reconhecimento de uma variação: em *Os diários de Emilio Renzi*, a não nomeação de que fala Blanchot é substituída por aquilo que parece seu oposto, mas que a rigor é outra forma de indicar e codificar a "porosidade e a agonia" do Eu uno que manifesta a presença do autor: sua multiplicação em diversos enunciadores, a variação das vozes que falam em qualquer texto. Não por acaso, o primeiro volume é iniciado por uma epígrafe proustiana: "Essa multiplicação possível de si mesmo, que é a alegria".[28] Na mesma linha, Kohan acrescenta elementos novos e decisivos à preocupação acerca da precária identidade dos diários de Renzi-Piglia e da inevitável dispersão do real provocada por uma escrita que se afasta do referente vivido e por uma leitura que procura, nas entrelinhas do discurso, os resíduos daquela experiência:

Que os diários de Ricardo Piglia se ofereçam expressamente como *Os diários de Emilio Renzi* não anula, por si só, o pacto de autenticidade vivencial que essa escrita propõe desde o emaranhamento discursivo de vivência e narração. Não o anula, mas de qualquer forma o *afeta*. Não o anula porque não deixamos de ler estes textos como plasmação direta do vivido, do pensado, do anotado por Ricardo Piglia; mas o afeta porque essa decisão de atribuí-los a outro, ao alter ego, ao outro eu, ao que é outro, indica, de maneira definitiva, que estes diários passaram por uma intervenção. Não apenas revisados, limpos, corrigidos, até expurgados; mas mais ainda: que foram reescritos e sobrescritos. Piglia, para publicá-los, os modificou e, além disso, acrescentou coisas (segmentos claramente ficcionais, segmentos de pura invenção inoculados no corpo do texto do verídico). Piglia, portanto, *tocou* em seus diários. Contrapôs, ao efeito de imediatez e de sincronização entre experiência e narração, entre vivência e escrita, que sustenta a cadência regular das anotações diárias, o destaque da midiatização e da anacronia: midiatização por colocar em evidência o artifício (na forma do distanciamento brechtiano), com a imediata atribuição a Emilio Renzi; anacronia pela intromissão declarada, desde o presente, nos textos do passado.[29]

A conclusão de Kohan traz para o centro do debate a anacronia do procedimento pigliano e enfatiza os muitos tempos em que um diário se faz e refaz — com os respectivos diálogos entre temporalidades que inevitavelmente propõe. Mais do que isso: destaca o processo de composição dos diários — publicados em livros — e o efeito fundamental da intervenção (ou do *toque*, para usar a palavra escolhida por Kohan para caracterizar a impossível pureza do material contido nos cadernos) como leitura e reescrita de si. Deixa, assim, duas questões que precisam ser investigadas: o que compõe um diário? Como se compõe um diário?

Um diário, afirmou Gérard Genette, é "um livro sobre nada": disperso, carente de coesão, de objeto definido, de estrutura e propósitos explícitos, repleto de considerações baldias e imediatas, que rapidamente são esquecidas ou deixadas de lado.[30] É difícil, ao menos a princípio, discordar da afirmação; afinal, embora as noções de memória e história pareçam intrínsecas à ideia mesma de um diário, os cadernos em que se lançam anotações recolhem apenas o transcurso dos dias e a percepção súbita, muitas vezes irrefletida, da experiência vivida; ou seja, não há história, pois não há atitude crítica; não há memória porque a memória exige camadas seguidas de elaboração.[31] O próprio narrador de *Os diários de Emilio Renzi* atesta, na já citada "Nota do autor" do primeiro volume, o "risco do nada": "No começo as coisas foram difíceis. Ele não tinha nada para contar, sua vida era totalmente trivial". E prossegue:

> Gosto muito dos primeiros anos do meu diário justamente porque neles luto contra o vazio. Não acontecia nada, na realidade nunca acontece nada, mas naquele tempo isso me preocupava. Eu era muito ingênuo, estava o tempo todo procurando aventuras extraordinárias.[32]

Barthes também reconhece no segundo volume de *A preparação do romance* — publicação que reúne seu curso derradeiro de 1979-80 no Collège de France — a aparente singularidade de escrever sem objeto: o diário como uma "recolha de circunstâncias" depois reunidas, combinadas, aproximadas como num álbum de lembranças. Defende, porém, a (possível) intransitividade do verbo escrever ou, pelo menos, que o complemento fique "*suspenso, quer no futuro, quer na indistinção, na impossibilidade de distinguir, de nomear aquilo que se escreve*".[33] Em "Délibération", ensaio publicado em 1979 — simultâneo, portanto, ao curso — ele reflete mais longamente sobre a ausência de objeto num diário:

Num primeiro momento, assim que escrevo a nota (cotidiana), experimento um certo prazer: é simples, fácil. Não vale a pena sofrer para encontrar *o que dizer*: o material está ali, imediato; é como uma mina a céu aberto; só preciso me abaixar; não é preciso transformá-lo: é matéria bruta e tem seu valor etc. Num segundo momento, próximo ao primeiro (por exemplo, se releio hoje o que escrevi ontem), a impressão é ruim: não resiste, é como um alimento perecível que muda, se corrompe, torna-se inapetecível de um dia para o outro; eu percebo, desanimado, o artifício da "sinceridade", a mediocridade artística do "espontâneo"; pior ainda: me incomodo e me irrito por notar uma "pose" que absolutamente não desejei.[34]

"Délibération" — que também inclui trechos de diário pessoal, combinados com a negação da própria capacidade de o escritor manter a necessária regularidade nos registros cotidianos — caracteriza o diário como um "texto mais ou menos impossível", destituído de forma fixa e de identidade textual, rejeita a constatação de que seja um "livro sobre o nada" e apresenta uma nova questão, associada à leitura — não a leitura externa ou pública, mas a realizada pelo próprio diarista. O escritor de si mesmo pretende conectar diretamente seu registro com a experiência vivida; nesse sentido, busca produzir na escrita efeitos que assegurem a percepção, pelo leitor futuro, de tal conexão — categorias em geral celebradas no senso comum e estranhas à produção literária, como sinceridade e espontaneidade; categorias que sugerem a imanência do referente. O leitor de si mesmo, no entanto, não cai na armadilha da sinceridade ou da espontaneidade preparada pelo escritor de si mesmo e enxerga nelas o artifício da escrita pretensiosa — não por acaso, na sequência o narrador lamenta a "pose". Ao contrário, invalida a pertinência da notação justamente por reconhecer o jogo de ilusão.

Na página seguinte, porém, a leitura do próprio diário se

desdobra em outra sensação, que à primeira vista soa oposta: o narrador sente prazer ao revisitar o passado recente por meio do fragmento lido do diário ("ele me fazia reviver as sensações daquela noite"). Ainda nesse caso, entretanto, o registro mostra insuficiência: "mas, coisa curiosa, relendo-o, o que eu melhor revivia era o que não estava escrito, os interstícios da notação; por exemplo, o cinza da rue de Rivoli enquanto eu esperava o ônibus; de resto, é inútil tentar descrevê-lo agora".[35]

As duas percepções provocadas pela revisitação das notações confluem para constatações semelhantes e põem em foco um tema pedregoso para o diarista: o que vale a pena incluir no diário? Ou: o que é *notável* e o que determina a inclusão ou a não inclusão de uma ocorrência da experiência vivida nas páginas em branco dos cadernos? Segundo Barthes:

> Em geral, anota-se porque se vê um sentido (mas, ao mesmo tempo, não queremos dá-lo), ou então porque isso vem sob a forma de uma frase (mas o que é a motivação de uma frase?). Mas, às vezes, também, e é a hesitação propriamente dita, é o notável puro, gratuito, inexplicável, enigmático.[36]

Constatação semelhante, acrescida de exemplos, aparece em "No bar", que abre o segundo volume de *Os diários de Emilio Renzi*:

> Você pode escrever qualquer coisa [num diário], por exemplo, uma progressão matemática, uma lista da lavanderia ou o relato minucioso de uma conversa no bar com o uruguaio que atende no balcão ou, como no meu caso, uma mistura inesperada de detalhes ou encontros com amigos ou testemunhos de acontecimentos vividos, tudo isso pode ser escrito.[37]

A arbitrariedade na escolha do que incluir no diário pode, como propôs Barthes, derivar de um sentido visto ou entrevisto no momento do registro, mas esse sentido rapidamente se dissolve e outros significados se produzem para o leitor — como se vê na primeira passagem citada de "Délibération", mesmo quando o leitor é o próprio diarista. O acaso, de qualquer forma, parece intervir fartamente, assim como ocasionais motivações de ordem psicanalítica presentes na hora da notação e que de imediato se rarefazem, deixando o fragmento escrito desvinculado de qualquer circunstância exterior a si mesmo. Daí a radicalidade dos exemplos dados pelo narrador de "No bar", que reconhece que o preenchimento do vazio se dá de maneira aleatória e circunstancial; é premida pelo presente, traduzida no registro em geral breve e solto: seu sentido será sempre o que o leitor futuro produzirá por meio da relação que estabelece com as notações que são aproximadas, umas das outras, na edição — da mesma forma como as fotos coletadas num álbum, a princípio descoordenadas entre si, provocam, a partir da reunião na mesma página, sentidos que a experiência vivida em cada uma delas não lhes atribuiu.

Lastimar a forma de anotar ou destacar o que não foi anotado, mas que é trazido à lembrança pelos registros — como faz Barthes em "Délibération" — expressa oscilações na leitura (inclusive no que tange à validação e à suficiência de cada registro no diário) ou no efeito que a leitura dos fragmentos provoca. Para Barthes, que desde os escritos da juventude recorria à escrita fragmentária — textos aparentemente desconectados entre si e carentes de uma estrutura que os articule — e tendeu a adotá-la cada vez com maior frequência, o fragmento associa-se sempre à prática da leitura e ao lugar do leitor. Segundo Tiphaine Samoyault, "a arte do fragmento é a arte do ataque, do 'cunho'".[38] Não por acaso, é contínua — e constantemente derivada da observação da própria escrita fragmentária — a preocupação barthesiana com a ideia de livro e sua aproximação ou distanciamento em relação ao conceito de álbum. A biógrafa relembra o recurso constante de Barthes à elaboração de "fichas" — marca acadêmica usual até a década de 1990 que o mundo digital dissolveu ou, pelo menos, redimensionou — para delimitar o que considera uma metodologia do fragmento e sua implicação direta na conformação de coletâneas de frases, que podem se assemelhar a conjuntos de aforismos e a antologias de anotações. Ela ressalta ainda duas dimensões importantes do procedimento: sua teatralidade, pois favorece a contínua troca de cena, seja na escrita seja na leitura, e seu "caráter flexível e pouco autoritário" —[39] ao leitor cabe a junção, o estabelecimento de vínculos e transições entre os fragmentos, o sequenciamento (inclusive porque a escrita fragmentária dispensa a linearidade da leitura e convida o leitor a "saltar" entre os trechos: a ordem impressa no livro é mais sugestiva que impositiva).

A escrita do diário pode ser banal, pode logo se tornar pouco apetitosa para o leitor e revelar uma inesperada "pose" do diarista; contudo, também cria condições para a escrita e leitura literárias, agindo como uma espécie de ponte que facilita a transição da "escrita ordinária", imposta pela vida privada e pela existência social, para a escrita literária.[40] Ou, em outros termos, a escrita diária e rápida não permite explicações psicológicas ou aprofundamento de qualquer espécie porque é inconsistente, não se fixa, remete ao provisório — o que, como visto nas duas observações de "Délibération" sobre a leitura posterior do fragmento, a leitura faz soar artificial ou insuficiente. É, também (e no entanto), uma base e um repertório de elementos que permitem desenvolver conjecturas sobre o trabalho em si da escrita, sobre os procedimentos de montagem e desmontagem do próprio texto, sobre as dimensões e significados que a leitura posterior venha a criar.

Ricardo Piglia, ao anotar prodigamente nos cadernos e, depois, ao reunir e editar seus diários em livro, tem consciência de todos os movimentos mencionados. A passagem já citada da "Nota do autor" não deixa nenhuma dúvida em relação ao reconhecimento da passagem da escrita ordinária para a literária ou do papel fundador que o diário exerce sobre sua produção posterior: "Mesmo assim, ele está convencido de que, se uma tarde não tivesse começado a escrevê-lo, nunca teria escrito mais nada".[41] Ao combinar materiais extraídos dos cadernos e textos ficcionais, *Os diários de Emilio Renzi* assumem diretamente sua disposição de conjugar elementos difusos — de diferentes procedência, ocorrência e oferta para a leitura —, de eliminar as tensões entre registros distintos da escrita, de investir numa narrativa de si que descarta a disposição de expor longamente o eu ao olhar alheio, de cercear a capacidade imaginativa do leitor. Dessa forma, impedem que o leitor adote posição passiva diante do texto.

A metodologia da escrita de fragmentos tem implicações, ainda, na produção de diálogos entre as temporalidades que comparecem no diário, evitando a subordinação plena do passado e do futuro ao presente: apesar de o presente, imanente, ser sempre o tempo da notação e "chantagear" permanentemente o diarista,[42] as outras temporalidades podem instaurar-se nas páginas do diário, provocando uma disjunção: "lá onde o tempo se reencontra ao disjuntar-se, coincide com aquilo que não coincide, o não coincidente que, antecipadamente, desvia-se de qualquer unidade".[43] Ao escrevermos num diário, vamos em busca do tempo perdido, supondo, talvez ingenuamente, que ao encontrá-lo conseguiremos uni-lo ao presente e explicar o presente — na prática, a revisitação escrita da experiência antes vivida não oferece a unidade que pretendemos reconhecer na vida que vivemos; ao contrário, ela expõe suas inconsistências, descontinuidades, desconexões. A fragmentação impede também qualquer ordenação autoritária do tempo e a suposição errônea de sua unicidade, continuidade ou regularidade; no lugar da linearidade cronológica — sugerida inclusive pela presença estruturadora das datações das entradas no diário — o fragmento oferece a percepção da simultaneidade e da imbricação dos muitos tempos da vida e da memória.

O reconhecimento da estética do fragmento é o ponto de partida de "Na soleira", texto que sucede a "Nota do autor" e antecede, no primeiro volume de *Os diários de Emilio Renzi*, a coleta de fragmentos extraídos do primeiro caderno de anotações e editados para a publicação dos diários em livro. A metáfora do título — extraída de um episódio vivido ou imaginado da infância — não deixa dúvida quanto ao papel que o texto representa no conjunto de *Anos de formação*: funciona como uma apresentação, propõe temas e problemas que depois serão objeto das entradas do diário, caracteriza a estratégia de composição do volume. Esclarece, em primeiro lugar, o sentido que a obra atribui à *experiência*, eliminando qualquer ilusão de que ela contenha intrinsecamente seus significados:

> A experiência, ele percebera, é uma multiplicação microscópica de pequenos acontecimentos que se repetem e se expandem, sem conexão, dispersos, em fuga. Sua vida, ele compreendera, era dividida em sequências lineares, séries abertas que remontavam ao passado distante: incidentes mínimos, estar sozinho num quarto de hotel, ver seu rosto num instantâneo, entrar num táxi, beijar uma mulher, levantar os olhos da página e dirigi-los à janela, quantas vezes? Esses gestos formavam uma rede fluida, desenhavam um percurso — e desenhou um mapa de círculos e cruzes num guardanapo —, digamos que o percurso da minha vida seria assim, disse. A insistência dos temas, dos lugares, das situações é o que eu quero — falando figuradamente — interpretar. Como um pianista que improvisa, sobre um frágil standard, variações,

mudanças de ritmo, harmonias de uma música esquecida, disse, e se ajeitou na cadeira.[44]

Num movimento que relembra a disposição não metonímica dos biografemas barthesianos, o eu é impresso na escrita por meio de manifestações soltas, assumidamente provisórias, recortes ou fotografias dos dias vividos; no lugar do "filme da vida" que tantos leitores esperam encontrar num diário, os enunciadores privilegiam instantâneos, olhares esparsos, fragmentos dispersos; transformam em texto a anotação apressada no caderno, registro irregular e inconstante. Negam, dessa forma, qualquer teleologia da vida vivida, expõem o artifício da composição editorial e substituem a "ilusão do vivido" pelo infinito da linguagem. Reconhecem o fragmento como gênero retórico[45] e como "o que se quebra, parte e diferencia, aniquilando as ilusões do pleno, do que está ligado, da representação mimética".[46] Sobretudo: desmontam a experiência vivida para remontá-la como experiência narrada, um todo que depende das partes. Do fragmento, passa-se à sua ordenação, que para Barthes é a questão principal: "Admite-se comentar, discutir a ideia de fragmento, admite-se uma teoria do fragmento [...] — mas ninguém se dá conta do problema que é decidir em que ordem colocá-los".[47]

Organizar o conjunto de anotações soltas permite constituir uma narração por meio do estabelecimento de conexões entre elas, de focalizações e hierarquizações, da construção de vínculos mais profundos entre algumas das ocorrências. Num gesto que destaca o trabalho de seleção e de ordenamento, são produzidas coleções que unificam o que antes era difuso, que articulam os eventos separados e desconectados entre si: aquilo que na vida vivida é episódico e, com frequência, destituído de lógica ou significado torna-se parte de uma narrativa sequencial sobre a mesma vida, um "contexto"[48] em que "pormenores supérfluos" e pouco notáveis contribuem para a conformação de "inventários". Articulam-se pelo preenchimento dos interstícios que os aproximam e os separam e pelos intervalos, tanto cronológicos como discursivos, que completam o esforço de atribuir valores funcionais ao "nada cotidiano".[49] O sequenciamento ou a seriação são especialmente importantes porque é neles que se produz a impressão de inevitabilidade daquela aproximação entre fragmentos ou a "ilusão do vivido" como continuidade.

De fato, o narrador de *Os diários de Emilio Renzi* percebe a desconexão entre as ocorrências vividas:

> [...] uma vida, qualquer vida, é uma desordenada sucessão de pequenos acontecimentos que, enquanto são vividos, parecem estar em primeiro plano, mas depois, ao lê-los anos mais tarde, adquirem sua verdadeira dimensão de ações mínimas, quase invisíveis, cujo sentido justamente depende da variedade e da desordem da experiência.[50]

Preocupado com a fragilidade dos eventos e com a construção desses sentidos no momento da montagem dos diários para a publicação, mais de uma vez ele explicita sua disposição com a organização seriada dos registros diarísticos. Em "Sessenta segundos na realidade", texto de abertura do terceiro volume que faz uma espécie de balanço e conclusão do processo de ordenação dos cadernos para a publicação, explica:

> Renzi estava pensando em publicar suas notas pessoais seguindo a ordem dos dias, porque, depois de descartar outros modos de organização, por exemplo, seguindo nos seus cadernos um tema, ou uma pessoa, ou um lugar ao longo dos anos e dar à sua vida uma ordem aleatória e seriada, percebeu que desse modo se perdia

a experiência confusa, sem forma e contingente da vida, e portanto era melhor seguir a disposição sucessiva dos dias e dos meses.[51]

A decisão de respeitar a sucessão "dos dias e dos meses", no entanto, não é efetivamente seguida no decorrer dos três volumes e o narrador hesita quanto ao melhor método de remontar, nos livros, a experiência vivida registrada nos cadernos. Tanto que pouco depois no trecho citado, ainda na mesma página, constata: "se deu conta de que era insuportável imaginar sua vida como uma linha contínua e, rapidamente, decidiu ler seus cadernos ao acaso [...] a desordem das mudanças tinha quebrado toda ilusão de continuidade".[52] É em *Os anos felizes*, segundo livro da trilogia, que o esforço de sistematizar o material editado ganha mais destaque e a possibilidade da seriação é enfatizada:

Para escapar da armadilha cronológica do tempo astronômico e permanecer no meu tempo pessoal, analiso meus diários seguindo séries descontínuas e sobre essa base organizo, por assim dizer, os capítulos da minha vida. Uma série, então, é a dos acontecimentos políticos que atuam diretamente na esfera íntima do meu existir. Podemos chamar essa série ou cadeia, ou encadeamento dos fatos, de série A. [...]

Muitas vezes havia pensado em seus cadernos como uma intrincada rede de pequenas decisões que formavam diversas sequências, séries temáticas que podiam ser lidas como um mapa para além da estrutura temporal e datada que à primeira vista ordenava sua vida. Por baixo havia uma série de repetições circulares, fatos iguais que podiam ser rastreados e classificados para além da densa progressão cronológica de seus diários. Por exemplo, a série de seus amigos, dos encontros com os amigos no bar, do que eles conversavam, sobre o que construíam suas esperanças, como os temas e as preocupações mudavam ao longo de todos esses anos.

Digamos a série B, uma sequência que não responde à causalidade cronológica e linear.[53]

No lugar da ordem atribuída aos fragmentos por meio da datação — ordenação que parece natural, mas é igualmente arbitrária e não elimina a dispersão dos registros —, a montagem de séries. Três páginas à frente, o narrador constata que, por meio da seriação, "descobri uma morfologia, a forma inicial, como eu gostaria de chamá-la, da minha vida registrada, dia após dia, no meu diário pessoal. E por isso [...] decidi publicar meus diários para exibir à luz pública minha vida privada, ou melhor, a versão escrita".[54]

Na "versão escrita" — editada e sequenciada — ele cria seis séries, identificadas pelas letras A, B, C, E, X e Z. Além destas, aparecem outras sete, esporádicas, cujos títulos são explicativos de seu conteúdo: "Sonho", "Monólogo", "Romance 1", "Romance 2", "Um conto", "Notas sobre Tolstói", "Pavese" e "Respiração artificial". As séries A e B foram caracterizadas no trecho citado no parágrafo anterior — a A corresponde à intervenção dos acontecimentos públicos na vida privada e a B, aos encontros com os amigos. A série C reúne as relações com as mulheres e, com alguma constância, mistura-se com a B. A série E incorpora questões relativas à narração em si nos diários e à construção do eu — ou seja, é diretamente relativa à montagem dos volumes; a X trata dos contatos com amigos e conhecidos que viviam na clandestinidade, por lutarem contra o regime autoritário que imperava na Argentina; a Z, que só aparece numa página, fala de dinâmicas emocionais do narrador. As séries são uma estratégia para experimentar formas e sequências de elementos, para responder à ausência de estrutura provocada pela circunstancialidade e pela descontinuidade das anotações nos cadernos.

Significativamente, a experiência de seriação só aparece no segundo volume de *Os diários de Emilio Renzi* — o único dos três que é composto quase unicamente de anotações do dia a dia. E, mesmo nele, rarefaz-se com o passar das páginas e dos anos registrados nos diários — nas páginas relativas a 1975, último ano coberto pelo volume, ela nem sequer é utilizada —, como se pode ver no quadro abaixo, que indica o número de menções a cada série conforme o ano e o total de aparições de cada uma delas:

	1968	1969	1970	1971	1972	1973	1974	1975	Total
Série A	19	3	-	-	-	-	-	-	22
Série B	18	3	-	1	-	-	-	-	22
Série C	6	4	2	2	4	1	2	-	21
Série E	24	17	9	3	4	-	2	-	59
Série X	9	4	6	6	4	1	2	-	32
Série Z	2	-	-	-	-	-	-	-	2
Total	78	31	17	12	12	2	6	-	158

A ideia de seriação, como se nota no quadro, é gradualmente abandonada, sobretudo pela combinação do conteúdo de cada série com outros registros; ou seja, ocorre uma disposição de outra ordem na composição do mosaico, uma mistura entre as séries — que o próprio narrador de *Os diários de Emilio Renzi* reconhecia que não eram estanques — e o restante dos registros. Além disso, é interessante notar que prevalece a série E, justamente a que é autorreferente ao próprio trabalho de organização do volume, o que indica que, mais do que relativas à ordenação da vida, as séries operam como forma de explicitar o esforço de edição. Ou seja, elas surgem como uma tentativa de "recusar a dispersão" — risco contínuo num diário —, mas fracassam e o volume permite-se "acomodar-se à glória da dispersão":[55] prevalece, assim, seu caráter de "recolha de circunstâncias"[56] e define-se sua condição mais de *álbum* do que de *livro*: sujeito a distintas experimentações na forma, na sequência e na combinação dos elementos, descontínuo, provisório, disponível para sucessivas remontagens.

A distinção entre livro e álbum já está em Mallarmé — mais especialmente no projeto de Livro que desenvolveu por três décadas, desde a metade dos anos 1860 até os últimos anos de vida. Mallarmé buscava um Livro Total, capaz de reunir e articular a escrita. Partes dele foram apresentadas em reuniões pagas pelos ouvintes e o conjunto restou inconcluso: um manuscrito que compila as reflexões mallarmaicas sobre a forma dessa obra ideal e a defesa ininterrupta do privilégio da forma e da estrutura uniforme, objetiva e coesa, árdua e premeditadamente arquitetada, que prevaleceria sobre seu conteúdo circunstancial.[57] Em "Le Livre, instrument spirituel", de 1895, Mallarmé estabelece a diferenciação:

> Diário, a folha dispersa, plena, empresta à impressão um resultado indevido, de simples maculatura [...].
> O livro, expansão total da letra, de que ela deve extrair, diretamente, uma mobilidade e, espaçoso, por correspondência, instituir um jogo, não se sabe, que confirme a ficção.[58]

De um lado, a dispersão da folha do diário, "simples maculatura" desencontrada de outros registros; de outro, o livro como conexão e ludicidade. Barthes, na aula ministrada em 5 de janeiro de 1980 — a quinta de seu último curso no Collège de France —, retoma as proposições de Mallarmé sobre livro e álbum e caracteriza as duas formas distintas de organização como "fantasiosas", pois ambas ultrapassam a escolha individual do escritor e correspondem ao "mito coletivo" dos textos de "origem, guia ou reflexo".[59] A opção pelo livro ou pelo álbum, portanto, não traz diferenças significativas no que tange ao papel regrador e orientador que o volume com os textos reescritos e sistematizados pode exercer — papel que no caso de *Os diários de Emilio*

Renzi é decisivo, dado o esforço dos três volumes em protocolar as leituras do conjunto dos escritos de Piglia e de sua posição no panorama das letras argentinas.[60] Tampouco o prevalecimento de uma estética do fragmento exige que o escritor se incline em favor de uma ou outra forma: mesmo que o álbum pareça, a princípio, mais adequado à antologia dos fragmentos, também um romance pode ter composição fragmentária, sem perder sua "cadência".[61] A definição da forma — livro ou álbum —, porém, define o peso que a estrutura e o método assumem na montagem do volume, o ritmo e a coesão do volume:

> [...] um *desenrolar* (*volumen*) organizado — e é a organização desse espaço de escrita que constitui meu enredo, meu prazer. [...] é antes o *ritmo de divisão* do volume, isto é, a forma tomando partido sobre o *contínuo/descontínuo* —> as formas entre as quais eu teria de escolher (se eu fizesse o volume) seriam, pois, algo como a Narrativa, a Dissertação (o Tratado), os Fragmentos (Aforismos, Diário, Parágrafos à moda de Nietzsche) etc.; são *tipos* de formas em direção das quais vai minha fantasia de escrita [...].[62]

A "fantasia" do escritor quanto à forma do volume oscila, assim, entre o privilégio dado à estrutura arquitetada do livro ou ao método esparso e circunstancial das anotações reunidas num álbum, cuja composição se equipara a formas musicais dispersas, como a rapsódia, ou a metáforas proporcionadas pelo mundo da moda: "*Rapsódico* (Ideia do *Costurado, Montado, Patch-Work*); [...]. Álbum não implica um pensamento menor. Álbum: talvez a representação do mundo como *inessencial*. [...] Álbum: atonal, *sem cadência*".[63]

Na contramão da unicidade do livro, o diário se manifesta como "colagem, montagem, formas breves, muito tenso"[64] e rejeita qualquer ilusão de sequência natural ou organicidade:

A vida não deve ser vista como uma continuidade organizada, mas como uma colagem de emoções contraditórias, que não obedecem à lógica de causa e efeito, não, voltou a dizer Renzi, não há progressão e claro que não há progresso [...]. A unidade é sempre retrospectiva, no presente é tudo intensidade e confusão, mas se olhamos o presente quando já aconteceu e nos instalamos no futuro para voltar a ver o que vivemos, então, segundo Renzi, algo se esclarece.[65]

Interessante é como a rejeição da continuidade e a informação direta do trabalho de edição contém também a marca já mencionada dos diálogos entre temporalidades: o olhar leitor, ao reescrever os registros dos cadernos, circula entre as ocorrências, recompõe a matéria original e a repete, mas também a faz variar,[66] eliminando a identidade fixa do texto; o tempo da matriz e o da variação diferem, revelando a assincronia do procedimento de montagem. É essa assincronia que permite a cognição ("algo se esclarece"), uma vez que o lugar do leitor é definido com base em sua relação com o tempo, no lugar distanciado que assume e que expõe, além da assincronia, a anacronia — "só se remonta ao passado com o presente de nossos atos de conhecimento" —[67] e a heterocronia, ou seja, a multiplicidade e a heterogeneidade "dos elementos que compõem cada momento da história" — no caso, pessoal.[68]

A colagem combina ao mesmo tempo a opção pela rapsódia — manifestação de ideias e pensamentos sucessivos, movida pelo "acaso das circunstâncias" —[69] e pelo distanciamento em relação ao passado das anotações nos cadernos: o presente da edição publicada é uma "recolha de circunstâncias" compiladas algo aleatoriamente dos cadernos:

Um núcleo básico que se irradia em muitas direções, todas as minhas fantasias transformadas em diferentes níveis de um mesmo relato. Um delírio da narratividade, centenas de pequenos núcleos fabulares, cenas, situações, uma microscopia do tempo e da memória. Um diário.[70]

"Delírio da narratividade": a suposta irrazão ou alucinação denuncia a impossibilidade de unificar os registros, a inviabilidade de estabelecer continuidade entre eles — que não a atribuída pelo arbítrio das datas dos dias, meses e anos —, a inexistência de qualquer elemento essencial ou de eixo estruturador do volume. Os "pequenos núcleos fabulares, cenas, situações" espalham-se pela superfície do álbum; superficialidade, inclusive, que para Barthes também é característica dos álbuns — o romance favorece o aprofundamento — e contribui para distingui-los dos livros e distanciá-los da experiência diretamente vivida: superficialidade é antônima da profundidade, mas é sobretudo a denotação estrita do que "está na superfície", do signo que existe por si só, destituído de vínculo necessário com o referente:[71] "O único jeito de salvar estes cadernos é acreditar na superfície pura da prosa: não tentar registrar minha vida, mas criar um espaço homólogo que lhe sirva de espelho".[72]

Álbum: pura superfície, espaço de manifestação imediata do signo, sem que o leitor deva se preocupar com qualquer "essência" ou "alma", com o que está por trás daquela escrita; álbum como um outro da própria vida que oferece uma forma de contemplar a experiência em apenas dois planos, o do espelho ou da folha de papel, evitando a ilusão da profundidade, da naturalização das sequências ou das hierarquias, qualquer forma de imanência ou transcendência:

> Uma *folha de álbum* se desloca ou se acrescenta segundo o acaso. [...] o Álbum, à sua maneira, representa pelo contrário um universo não uno, não hierarquizado, disperso, puro tecido de contingências, sem transcendência [...], pois o Álbum é da ordem do

"assim", "do jeito que vem", e implica que se acredite na natureza absolutamente contingente do mundo.[73]

Ou, nos termos como caracteriza o Álbum em "Délibération", "é uma coleção de folhas não somente permutáveis (o que ainda não significaria nada), mas sobretudo *suprimíveis ao infinito*".[74] No espaço de *Os diários de Emilio Renzi* — capaz de suprimir mais do que incorporar os cadernos que o antecederam e o alimentaram —, as imagens dispersas do passado são reunidas e aproximadas umas das outras, combinadas e recombinadas sucessivamente. É o espaço dos três volumes que oferece o prisma a partir do qual se olha o passado:

> Nestes cadernos há também uma subordinação ao espaço: muitas vezes tudo melhora quando há uma folha em branco e piora quando se trata de preencher o final de uma página. A disposição espacial é também um modo de pensar. Em literatura, acredito, os meios são os fins.[75]

São esses meios — manifestos principalmente na opção pela forma álbum na conformação dos diários editados e no prevalecimento da linguagem e das estratégias de figuração — que o narrador move ao falar de si:

> [...] esse homem fala de si mesmo ao falar do mundo e ao mesmo tempo nos mostra o mundo ao falar de si. É preciso encurralar essas presenças tão esquivas em todos os cantos, saber que certos escamoteios, certas ênfases, certas traições da linguagem são tão relevantes quanto a "confissão" mais explícita.[76]

Os cadernos de Valeria, a protagonista de Alba de Céspedes citada na abertura deste texto, são ficcionais, embora, como já dito, possam conter indícios da vida da autora. Os cadernos de Piglia registram, em tese, a experiência vivida por ele. Os diários de Renzi revelam a porosidade inevitável de todo diário, ficcional ou real. Diz Renzi-Piglia sobre o material constante dos diários:

> O material é verdadeiro, é a experiência real, mas quem escreve — ou fala — não existe. É assim que eu defino ficção: tudo é ou pode ser verdade, mas a chave do procedimento é que quem narra é um sujeito imaginário. A construção desse lugar, e a possibilidade de torná-lo convincente e crível, é o núcleo do que chamamos ficção.[77]

O Álbum-Diário entrelaça as aventuras da vida e do texto, dissolve suas fronteiras e as transforma num objeto a ser explorado pelo leitor, que pode fruir das manifestações que considere "reais", expressivas da vida do autor, ou simplesmente abandonar-se ao prazer do texto que emula a vida vivida.

No último texto que escreveu — e cuja segunda página deixou sem revisão final, no rolo da máquina de escrever —, Barthes observa a insuficiência dos diários de Stendhal, incapazes que eram de expressar a paixão profunda que o escritor sentia pela Itália, e dispara a sentença melancólica que intitula o artigo: sempre fracassamos ao falar do que amamos. Para Barthes, Stendhal reproduzia platitudes nas páginas dedicadas no diário à Itália e não atravessava a dificuldade da linguagem. Só vinte anos depois, completa Barthes, é que Stendhal conseguiu expressar-se: na abertura de *A cartuxa de Parma*, há "páginas triunfais que, estas sim, envolvem o leitor [...] com aquele tipo de júbilo, com aquela irradiação que o diário íntimo dizia, mas não comunicava". Em outras palavras, Stendhal alcançou na ficção o que antes buscou em vão nos diários de viagem — gênero que costuma ser associado à espontaneidade e à manifestação direta da experiência vivida. Em seguida, Barthes explica o motivo do sucesso tardio:

"Por que houve tal virada? Porque Stendhal, passando do Diário ao Romance, do Álbum ao Livro, abandonou a sensação, parcela viva mas inconstrutível, para assumir essa grande forma mediadora que é a Narrativa".[78]

Renzi e Piglia teriam concordado apenas em parte. Também para ele(s), aquilo que chamamos de ficção e que se confina com o trabalho de escrita e significação é onde os sujeitos se constroem, são capazes de dizer boas mentiras ficcionais, tornam-se "convincentes e críveis". No entanto, o "diário diferido" lançado em três volumes com a dupla assinatura na capa é a passagem de um álbum para outro álbum — recolha de circunstâncias, antologia de fragmentos remontada e, embora controlada, gloriosamente dispersa.

Notas

APRESENTAÇÃO [pp. 7-11]

1. Ricardo Piglia, *Os diários de Emilio Renzi*, v. 2: *Os anos felizes*. Trad. de Sérgio Molina. São Paulo: Todavia, 2019, p. 72.

2. T.S. Eliot, "The Dry Salvages". In: *Quatro quartetos: Obra completa*. Trad. de Ivan Junqueira. São Paulo: Arx, 2004, v. 1: Poesia, pp. 364-5.

DO FINGIMENTO À IMAGINAÇÃO MORAL: DIÁLOGOS ENTRE FICÇÃO E HISTÓRIA [pp. 15-37]

1. Agradeço a João Paulo Pimenta, pela leitura cuidadosa da primeira versão deste ensaio e por suas incríveis sugestões.

2. Fernando Pessoa, *Obra poética*. Rio de Janeiro: Aguilar, 1960, pp. 97-8.

3. Italo Calvino, *Saggi*. Milão: Mondadori, 1995, p. 10.

4. Umberto Eco, *Lector in fabula: A cooperação interpretativa nos textos narrativos*. São Paulo: Perspectiva, 2011.

5. Abel Lefranc, *La Vie quotidienne au temps de la Renaissance*. Paris: Hachette, 1938.

6. Lucien Febvre, *O problema da incredulidade no século XVI: A religião de Rabelais*. Trad. de Maria Lúcia Machado. São Paulo: Companhia das Letras,

2009, pp. 153-5. A discussão aparece também em *Combats pour l'histoire* (Paris: Armand Colin, 1953).

7. Por exemplo: Marc Bloch, *Apologia da história ou o ofício do historiador* (trad. de André Telles. Rio de Janeiro: Zahar, 2002); Fernand Braudel, *Escritos sobre a história* (trad. de Teresa Cristina Silveira da Mota. São Paulo: Perspectiva, 1978); Paul Ricœur, *História e verdade* (trad. de F. A. Ribeiro. Rio de Janeiro: Forense-Universitária, 1968); Hans-Georg Gadamer, *O problema da consciência histórica* (trad. de Paulo César Duque Estrada. Rio de Janeiro: FGV, 2001).

8. Jacques Rancière, "Le Concept d'anachronisme et la vérité de l'historien". *L'Inactuel*, n. 6, p. 53, 1996.

9. Nicole Loraux, "Éloge de l'anachronisme en histoire". *Le Genre Humain*, n. 27, 1993; Julio Premat, *Non nova sed nove: Inactualidades, anacronismos, resistencias*. Roma: Quodlibet, 2018.

10. Georges Didi-Huberman, *Devant le Temps*. Paris: Les Éditions de Minuit, 2000, pp. 31, 33. Cf. também, do mesmo autor, *A imagem sobrevivente: História da arte e tempo dos fantasmas segundo Aby Warburg*. Rio de Janeiro: Contraponto, 2015.

11. Id., *Devant le Temps*, pp. 35-6.

12. Jorge Luis Borges, "Pierre Menard, autor del Quijote". In: *Obras completas*. Buenos Aires: Emecé, 1974, pp. 444-50.

13. Hayden White, *Trópicos do discurso: Ensaios sobre a crítica da cultura*. São Paulo: Edusp, 1994.

14. Reinhart Koselleck, *Estratos do tempo: Estudos sobre história*. Rio de Janeiro: Contraponto, 2014.

15. David Lowenthal, *The Past is a Foreign Country*. Cambridge: Cambridge University Press, 1985, pp. XV-VI.

16. Dominick LaCapra, *Rethinking Intellectual History: Texts, Contexts, Language*. Ithaca: Cornell University Press, 1983; id., *History and Criticism*. Ithaca: Cornell University Press, 1985.

17. Stendhal, *De l'Amour*. Paris: Gallimard, 1980, p. 34.

18. Peter Gay, *Represálias selvagens: Realidade e ficção na literatura de Charles Dickens, Gustave Flaubert e Thomas Mann*. São Paulo: Companhia das Letras, 2010, p. 18.

19. Julián Fuks, *Romance: História de uma ideia*. São Paulo: Companhia das Letras, 2021, p. 15.

20. Ian Watt, *A ascensão do romance*. São Paulo: Companhia das Letras, 1996.

21. Franco Moretti, *A cultura do romance*. São Paulo: Cosac Naify, 2009, p. 838.

22. Roland Barthes, *Le Bruissement de la langue: Essais critiques IV*. Paris: Seuil, 1984.

23. Erich Auerbach, *Mimesis: A representação da realidade na literatura ocidental*. São Paulo: Perspectiva, 1971, pp. 480, 475-6.

24. François Dosse, *O desafio biográfico: Escrever uma vida*. São Paulo: Edusp, 2015, p. 410.

25. Gustave Flaubert, *Cartas exemplares*. Rio de Janeiro: Imago, 2005, p. 110.

26. Reinhart Koselleck, *L'Expérience de l'histoire*. Paris: Gallimard, 1997, p. 228.

27. Jean-Paul Sartre, *L'Idiot de la famille*. Paris: Gallimard, 1971, v. 1, p. 114. Cf. também, do mesmo autor, *Questions de méthode* (Paris: Gallimard, 1957), depois incorporado a *Critique de la raison dialectique* (Paris: Gallimard, 1960). Foi um livro de forte impacto sobre historiadores brasileiros como Fernando Novais e Ciro Flammarion Sant'Anna Cardoso.

28. Jacques Rancière, *O fio perdido: Ensaios sobre a ficção moderna*. São Paulo: Martins Fontes, 2017.

29. Jorge Luis Borges, "El Aleph". In: *Obras completas*. Buenos Aires: Emecé, 1974, pp. 617-28.

30. David Lowenthal, *Possessed by the Past: The Heritage Crusade and the Spoils of History*. Nova York: Free Press, 1996.

31. Id., *The Past Is a Foreign Country*. Cambridge: Cambridge University Press, 1985, p. 259.

32. George Steiner, *Gramáticas da criação*. São Paulo: Globo, 2003.

33. Philip Roth, *Os fatos*. São Paulo: Companhia das Letras, 2016, p. 13.

34. Jacques Rancière, *Les Bords de la fiction*. Paris: Seuil, 2017.

35. Mario Vargas Llosa, *La verdad de las mentiras*. Buenos Aires: Alfaguara, 2002, pp. 29-30.

36. Antonio Tabucchi, *Autobiografie altrui*. Milão: Feltrinelli, 2003, p. 12.

37. Georges Didi-Huberman, *L'Œil de l'histoire*, v. 4. *Peuples exposés, peuples figurants*. Paris: Les Éditions de Minuit, 2012.

38. Julián Fuks, *Romance: História de uma ideia*, p. 13.

39. Umberto Eco, *Seis passeios pelos bosques da ficção*. São Paulo: Companhia das Letras, 1994, p. 12.

40. Ver, por exemplo, Pierre Nora (Org.), *Essais d'ego-histoire*. Paris: Gallimard, 1987.

41. Entrevista de Carlo Ginzburg. In: Maria Lúcia Pallares-Burke, *As muitas faces da história*. São Paulo: Unesp, 2000, pp. 296-7.

42. Carlo Ginzburg, *Olhos de madeira: Nove reflexões sobre a distância*. São Paulo: Companhia das Letras, 2001, p. 36. Evidentemente, a defesa de uma posição indireta de observação do passado não é consensual, sobretudo entre

historiadores que privilegiam o engajamento direto dos historiadores e da historiografia. Josep Fontana, por exemplo, considera-a "pouco eficaz" (*História: Análise do passado e projeto social*. Bauru: Edusc, 1998). Eric Hobsbawm, por sua vez, rejeita a falta de engajamento que ela implica (*Sobre história*. São Paulo: Companhia das Letras, 1998).

43. Carlo Ginzburg, op. cit., p. 38.

44. Ibid., p. 41.

45. Russell Kirk, *A era de T.S. Eliot: A imaginação moral do século XX*. São Paulo: É Realizações, 2011, p. 140.

46. Lionel Trilling, *A imaginação liberal: Ensaios sobre a relação entre literatura e sociedade*. São Paulo: É Realizações, 2015; Gertrude Himmelfarb, *Moral Imagination: From Adam Smith to Lionel Trilling*. Nova York: Rowman & Littlefield, 2012.

47. Ricardo Piglia, *Os diários de Emilio Renzi*, v. 1: *Anos de formação*. Trad. de Sérgio Molina. São Paulo: Todavia, 2017, p. 354.

48. Ibid., p. 72. Tal afirmação sugere, nas entrelinhas, o célebre poema "The Dry Salvages", de T.S. Eliot, que o autor argentino usou como epígrafe de seu romance mais vertiginoso, *Respiração artificial*, escrito durante o regime militar argentino, de 1976 a 1983, e que já no título sugere a necessidade de repensar o passado para compreender o presente. Ver, neste livro, o ensaio "História de um distanciamento: A memória de Piglia nos diários de Renzi".

49. Reinhart Koselleck, *L'Expérience de l'histoire*, p. 228.

50. Jacques Rancière, *O fio perdido: Ensaios sobre a ficção moderna*, pp. 13-4.

51. David Lowenthal, *The Past Is a Foreign Country*, pp. 191, 227.

52. Hayden White, *Trópicos do discurso: Ensaios sobre a crítica da cultura*. São Paulo: Edusp, 1994.

53. David Lowenthal, *The Past Is a Foreign Country*, p. 229.

54. Ricardo Piglia, *Os diários de Emilio Renzi*, v. 1: *Anos de formação*, p. 363.

CORTÁZAR, LEITOR DE POE [pp. 41-51]

1. Julio Cortázar, "Poe: o poeta, o narrador, o crítico". In: *Valise de cronópio*. São Paulo: Perspectiva, 1974, p. 104.

2. Ibid., p. 145.

3. No Brasil, *Orientação dos gatos* (Rio de Janeiro: Nova Fronteira, 1981). Neste ensaio, optei por retraduzir os trechos citados.

4. Julio Cortázar, "Texto en una libreta". In: *Queremos tanto a Glenda*. Buenos Aires: Suma de Letras Argentinas, 2004, p. 57.

244

5. Ibid., p. 60.

6. Ibid., p. 58.

7. Ibid., pp. 68-9.

8. Ibid., p. 67.

9. Ibid., p. 61.

10. Charles Baudelaire, "Crepúsculo vespertino". In: *As flores do mal*. Rio de Janeiro: Nova Fronteira, 2006, p. 323, 325.

11. Julio Cortázar, "Texto en una libreta", pp. 60-1.

12. Id., "Poe: o poeta, o narrador, o crítico", p. 130. Destaque do autor.

13. Id., "Texto en una libreta", p. 72.

14. Ibid., p. 75.

15. Ibid., p. 79.

16. Alberto Paredes, *Abismos de papel: Los cuentos de Julio Cortázar*. México: Unam, 1988, p. 128.

17. Jorge Luis Borges, "O conto policial". In: *Borges, oral. Obras completas*. v. IV: 1975-88. São Paulo: Globo, 1999, pp. 220-1.

18. Julio Cortázar, "Poe: o poeta, o narrador, o crítico", pp. 122-3. Destaques do autor.

19. Edgar Allan Poe, "Hawthorne's Twice-Told Tales", originalmente publicado em *Graham's Magazine*, maio 1842. Disponível em: <https://edisciplinas.usp.br/pluginfile.php/7730188/mod_resource/content/1/second%20Review%20of%20Twice-Told%20Tales%20.pdf>. Acesso em: 31 out. 2023.

20. Julio Cortázar, "Poe: o poeta, o narrador, o crítico", p. 145. Destaque do autor.

21. Ibid., p. 123.

22. Julio Cortázar, "Do conto breve e seus arredores" (1969). In: *Valise de cronópio*, p. 235.

23. Julio Cortázar, "Poe: o poeta, o narrador e o crítico", p. 124.

24. Ibid., p. 126.

25. Id., "Do conto breve e seus arredores", p. 228.

26. Noé Jitrik, "Notas sobre 'La Zona Sagrada' y el mundo de los 'otros' en *Bestiario* de Julio Cortázar". In: *La vuelta a Cortázar en nueve ensayos*. Buenos Aires: Carlos Pérez, 1968, pp. 47-62; Marta Morello-Frosch, "El personaje y su doble en las ficciones de Cortázar". *Revista Iberoamericana*, Pittsburgh, n. 66, jul.-dez. 1968, pp. 323-30.

27. Julio Cortázar, "Poe: o poeta, o narrador e o crítico", pp. 127-8.

28. Davi Arrigucci Jr., "Breve imagem de Julio", prólogo à segunda edição (1995) de *O escorpião encalacrado: A poética da destruição em Julio Cortázar*. São Paulo: Companhia das Letras, 1995, pp. 13-5.

29. Davi Arrigucci Jr., *O escorpião encalacrado: A poética da destruição em Julio Cortázar.*

SOUSÂNDRADE E MARTÍ: A AMÉRICA CONTRA A *AMERICA* [pp. 52-69]

1. O embate entre "autonomistas" e "anexionistas" acompanhou todo o processo da independência cubana, ao longo do século XIX, e influenciou tanto as ações políticas e armadas como o discurso emancipacionista. Para os "anexionistas", a longa relação comercial entre a ilha e os Estados Unidos — iniciada e desenvolvida às costas ou sob os olhos complacentes da metrópole espanhola — justificava a anexação de Cuba ao vizinho do Norte, após a obtenção da independência. Mais: os "anexionistas" acreditavam que Cuba não se consolidaria política e economicamente como Estado independente, necessitando desse vínculo formal. Os "autonomistas", por seu lado, defendiam a total autonomia do novo Estado. A participação norte-americana na segunda guerra de independência de Cuba e a permanência da presença militar e da influência dos Estados Unidos transformaram a aparente vitória dos "autonomistas" (Cuba separou-se da Espanha e nasceu, em 1898, como Estado nacional supostamente livre) numa derrota efetiva; a lógica "anexionista" rapidamente se instaurou, traduzida, por exemplo, na instalação de base militar norte-americana em Guantánamo — questão ainda pendente na atualidade — e na conhecida Emenda Platt, de 1901.

2. José Martí, *Nossa América*. São Paulo: Hucitec, 1983, p. 180.

3. O "discurso da casa dividida" foi feito por Abraham Lincoln em junho de 1858 perante a convenção do Partido Republicano, que acabara de escolhê-lo como candidato às eleições presidenciais norte-americanas. Na ocasião, ele se referia às tensões entre os estados predominantemente abolicionistas do Norte e os estados escravistas do Sul dos Estados Unidos. Três anos depois desse discurso, o país imergiu na violenta Guerra Civil, que durou quatro anos e atraiu bastante a atenção do então jovem Martí.

4. O "político ladrão e atrevido" das palavras de Martí era o secretário de Estado norte-americano James G. Blaine, que propusera a realização da Conferência. José Martí, *Nossa América*, p. 185.

5. Ibid., p. 149.

6. Ibid., pp. 151-2.

7. Ibid., pp. 195-6.

8. Ibid., p. 199.

9. Ibid., p. 201.

10. Ibid., p. 197.

11. Ibid., p. 194.

12. O outro, segundo Haroldo de Campos, seria o *Canto geral*, de Pablo Neruda, escrito entre 1937 e 1950. Augusto de Campos e Haroldo de Campos, *Re visão de Sousândrade*. São Paulo: Perspectiva, 2002, p. 548.

13. Os passos da elaboração do poema são mais detalhadamente descritos em Luiza Lobo, *Épica e modernidade em Sousândrade* (Rio de Janeiro: 7 Letras, 2005), e, sobretudo, em Augusto de Campos e Haroldo de Campos, op. cit.

14. Claudio Cuccagna, *A visão do ameríndio na obra de Sousândrade*. São Paulo: Hucitec, 2004, p. 186.

15. As leituras coincidentes não se limitaram ao panorama hispano-americano; elas incluíam o repertório de formação liberal pelo qual ambos passaram, contando com autores franceses do século XVIII, especialmente Rousseau, e com os pensadores da independência norte-americana. A mesma proximidade ocorre na leitura de poesia, com o repetido apreço de ambos por Emerson e Walt Whitman. Cf. Claudio Cuccagna, op. cit., p. 186.

16. Silvio Romero notou, a propósito, que Sousândrade, "de nossos poetas é, creio, o único a ocupar-se de assunto colhido nas repúblicas espanholas"; apud Augusto de Campos e Haroldo de Campos, op. cit., p. 50.

17. Augusto de Campos e Haroldo de Campos, op. cit., pp. 51 e 55.

18. Apud Augusto de Campos e Haroldo de Campos, op. cit., pp. 343-4, 352.

19. Personagem lendária, oriunda do culto solar de indígenas da Colômbia. O nome Guesa significa "errante", "sem lar" (daí o nome inicial do livro — *Guesa errante* — ser, na verdade, um pleonasmo). Era uma criança roubada dos pais e destinada a ser oferecida em sacrifício a Bochica, herói civilizador da tradição muísca. Aos quinze anos era realizado o ritual, que se encerrava quando o coração da vítima era arrancado e oferecido simbolicamente ao Sol. A finalidade era assegurar a união cósmica que mantinha associados, ainda que precariamente, homens e divindade, e que, a cada novo Guesa, era confirmada e renovada. Provavelmente Sousândrade teve contato com a lenda e seu significado unificador por meio da leitura de Ferdinand Denis e, sobretudo, de Alexander von Humboldt. Cf. Claudio Cuccagna, op. cit., e Luiza Lobo, op. cit.

20. Sobre a idealização do indígena em Sousândrade, ver Claudio Cuccagna, op. cit. A transcendência de *O Guesa*, ressalta Jorge Schwartz, deve ser compreendida em mais de um sentido: Sousândrade extrapolou os limites do romantismo literário brasileiro e ultrapassou as fronteiras do Brasil e da América Latina (além da questão norte-americana, há, no Canto VII, menções à Europa e à África), tornando-se "internacionalista" e assumindo um cosmopolitismo que o aproximou de Charles Baudelaire e de Walt Whitman: "Assim como os *Chants*

de Maldoror (1969) de Lautréamont, o *Guesa errante* deve ser considerado um parêntese literário, se o analisarmos em sua perspectiva diacrônica. Sousândrade, cronologicamente inserido no romantismo brasileiro, apresenta uma escritura de caráter excepcional que vai romper com os modelos tradicionais de sua época" (Jorge Schwartz, *Vanguarda e cosmopolitismo*. São Paulo: Perspectiva, 1983, p. 8). Luiz Costa Lima explora com agudeza o movimento de contenção e ultrapassagem de Sousândrade em relação ao romantismo ("O campo visual de uma experiência antecipadora". In: Augusto de Campos e Haroldo de Campos, *Re visão de Sousândrade*, pp. 461-503, em especial pp. 495-6). Entre os muitos vazios nos estudos sobre Sousândrade, persiste inexplorado outro diálogo hispano-americano possível: o de sua obra com a do peruano Manuel González Prada (1844-1918). Também nesse caso, não houve contato direto, mas é bastante interessante notar semelhanças no empenho contemporâneo de ambos para renovar a visão da condição dos nativos, abandonando as percepções apenas pedagógicas ou culturais e concebendo a questão indígena como política e social.

21. Haroldo de Campos lembra que Sousândrade desenvolve, no que concerne ao campo hispano-americano, outro tipo de idealização: a do Império Inca. Manifesta desde o século XVII — com Garcilaso de la Vega — e persistente ainda no XX, tal visão caracterizava a sociedade inca como coletivista e "republicana" (Haroldo de Campos, "A peregrinação transamericana do *Guesa* de Sousândrade". In: Augusto de Campos e Haroldo de Campos, *Re visão de Sousândrade*, pp. 545-58).

22. Sousândrade [Joaquim de Souza Andrade], *Poesia e prosa reunidas de Sousândrade*. Org. de Frederick Williams. São Luís: Edições AML, 2003, p. 274.

23. Augusto de Campos e Haroldo de Campos, op. cit., p. 258.

24. Mary Louise Pratt, *Imperial Eyes: Travel Writing and Transculturation*. Nova York: Routledge, 1992.

25. Eduardo Prado publicou *A ilusão americana* em 1893; José Enríque Rodó lançou a primeira edição de *Ariel* em 1900.

26. Augusto de Campos e Haroldo de Campos, op. cit., p. 24.

CRÔNICA & CRÍTICA NA FICÇÃO POLICIAL LATINO-AMERICANA
[pp. 70-81]

1. Ricardo Piglia, "Sobre el género policial". In: *Crítica y ficción*. Buenos Aires: Fausto, 1993, pp. 99-104.

2. Beatriz Sarlo, "Literatura y política". *Punto de Vista*, Buenos Aires, n. 19, 1983.

3. Jorge Luis Borges, *Ficções*. Trad. de Davi Arrigucci Jr. São Paulo: Companhia das Letras, 2007. [Publicado originalmente em 1944.]

4. Ricardo Piglia, "Sobre el género policial", p. 102.

5. Id., *Crítica y ficción*. Buenos Aires: Fausto, 1993, p. 20.

6. Ibid.

7. Ibid.

8. Claudia Piñeiro, *As viúvas das quintas-feiras*. Trad. de Joana Angélica d'Avila Melo. Rio de Janeiro: Alfaguara, 2007. [Publicado originalmente em 2005.]

9. Pablo De Santis, *O enigma de Paris*. Trad. de Maria Alzira Brum Lemos. São Paulo: Planeta, 2007. [Publicado originalmente em 2007.]

10. Miguel Sanches Neto, *A primeira mulher*. Rio de Janeiro: Record, 2008.

11. Id., *Chove sobre minha infância*. Rio de Janeiro: Record, 2000.

12. Em "La loca y el relato del crímen", seu conto mais identificado ao gênero policial, Piglia leva ao extremo a restrição do acesso à verdade, ironizando seu desvendamento e invertendo as posições da ficção e da verdade porque esta é menos plausível que a primeira. In: Ricardo Piglia, *Prisión perpetua*. Buenos Aires: Sudamericana, 1998.

13. Ricardo Piglia, *Crítica y ficción*, p. 102.

14. Ibid., p. 16.

A PROCURA DE UM ESTILO EM CINCO CENAS DA LITERATURA LATINO-AMERICANA NA VIRADA DO SÉCULO XXI [pp. 82-94]

1. *Cult*, n. 74, p. 10, nov. 2003.

2. Efraim Medina Reyes, entrevista a Ubiratan Brasil, *O Estado de S. Paulo*, 20 jun. 2004, Cultura, p. 1.

3. Efraim Medina Reyes, entrevista a Marcos Flaminio Peres, *Folha de S.Paulo*, 23 maio 2004, Mais!, p. 7.

4. Guillermo Cabrera Infante, entrevista a Sylvia Colombo, *Folha de S.Paulo*, Mais!, p. 3, 20 jun. 2004.

5. Ignacio Padilla, entrevista a Marcelo Rezende, *Cult*, n. 74, nov. 2003, p. 10.

6. Nelson de Oliveira, "Contistas do fim do mundo". In: *Manuscritos de computador*. São Paulo: Boitempo, 2001, p. 10.

7. *Cult*, n. 74, p. 10, nov. 2003.

8. Frederico Barbosa, "A tradição do rigor". Disponível em: <https://

fredericobarbosa.wordpress.com/a-tradicao-do-rigor-e-depois>. Acesso em: 21 set. 2023.

9. Octavio Paz, "La tradición de la ruptura". In: *Los hijos del limo*. Barcelona: Seix Barral, 1974.

10. Nelson de Oliveira, "Contistas do fim do mundo". In: *Manuscritos de computador*, p. 8.

11. Efraim Medina Reyes, entrevista a Marcos Flaminio Peres.

12. Ibid.

13. Nesse sentido, é importante lembrar que, bem antes dos 1990, já havia autores que realizavam esse exercício de revisitação da produção poética e percebiam que os diálogos podiam superar os confrontos. O mais notável deles foi Sebastião Uchoa Leite, precocemente em *Dez sonetos sem matéria* (1960), ou continuamente a partir da retomada da produção poética nos anos 1980, com *Antilogia* ou *Isto não é aquilo*. Ou, de forma exemplar, em seu livro de poesia *A regra secreta* (São Paulo: Landim, 2002).

14. Ignacio Padilla, entrevista a Marcelo Rezende.

15. Ibid., p. 11.

HISTÓRIA DE UM DISTANCIAMENTO: AS MEMÓRIAS DE PIGLIA NOS DIÁRIOS DE RENZI [pp. 97-108]

1. Ricardo Piglia, *Os diários de Emilio Renzi*, v. 1: *Anos de formação*. Trad. de Sérgio Molina. São Paulo: Todavia, 2017, p. 354.

2. Gérard Genette, *Figures IV*. Paris: Seuil, 1999, p. 344.

3. Ricardo Piglia, *Os diários de Emilio Renzi*, v. 1: *Anos de formação*, p. 11.

4. Ibid., p. 63.

5. Ibid., p. 17.

6. Ibid., p. 19.

7. Ibid., pp. 17-8.

8. Ibid., p. 11.

9. João Alexandre Barbosa, *A leitura do intervalo*. São Paulo: Iluminuras, 1990, p. 15.

10. Ricardo Piglia, *Os diários de Emilio Renzi*, v. 1: *Anos de formação*, pp. 373-6.

11. Ibid., p. 29.

12. Raymond Williams, *Marxismo y literatura*. Barcelona, Península, 1980. Trad. de Pablo di Masso. [Publicado originalmente em 1977.]

13. Ricardo Piglia, *Os diários de Emilio Renzi*, v. 1: *Anos de formação*, p. 240.

14. Maurice Couturier, *La Figure de l'auteur*. Paris: Seuil, 1995, p. 197.

15. Georges Didi-Huberman, *O olho da história: Quando as imagens tomam posição.* Trad. de Cleonice Paes Barreto Mourão. Belo Horizonte: UFMG, 2017 (original: 2009; trad. de Cleonice Paes Barreto Mourão), v. 1, p. 27.

16. Ibid., pp. 61-3.

17. Reinhart Koselleck, *Estratos do tempo: Estudos sobre história.* Trad. de Markus Hediger. Rio de Janeiro: Contraponto, 2014.

18. David Lowenthal, *Possessed by the Past: The Heritage Crusade and the Spoils of History.* Nova York: Free Press, 1996.

19. Jacques Rancière, *O fio perdido: Ensaios sobre a ficção moderna.* Trad. de Marcelo Mori. São Paulo: Martins Fontes, 2017, pp. 11-4.

20. Ricardo Piglia, *Os diários de Emilio Renzi*, v. 2: *Os anos felizes.* Trad. de Sérgio Molina. São Paulo: Todavia, 2019, p. 72.

21. Id., *Respiração artificial.* Trad. de Heloisa Jahn. São Paulo: Iluminuras, 1987, p. 8.

22. T.S. Eliot, "The Dry Salvages". In: *Quatro quartetos. Obra completa.* v. 1: *Poesia.* Trad. de Ivan Junqueira. São Paulo: Arx, 2004, pp. 364-5.

23. David Lowenthal, *The Past Is a Foreign Country.* Cambridge: Cambridge University Press, 1985, p. 259.

24. Ibid., pp. 191 e 227.

25. Ricardo Piglia, *Os diários de Emilio Renzi*, v. 1: *Anos de formação*, p. 179.

26. Ibid., p. 163.

27. Ibid., p. 164.

28. Ibid., p. 165.

29. Ibid., pp. 158-9.

30. Ver "Do fingimento à imaginação moral: Diálogos entre ficção e história", primeiro ensaio deste livro.

31. Ricardo Piglia, *Os diários de Emilio Renzi*, v. 1: *Anos de formação*, p. 363.

"O QUE RESTOU DE TUDO ISSO?": SIGNOS DA ARTE E DA MEMÓRIA EM *CINZAS DO NORTE* [pp. 109-31]

1. Gilles Deleuze, *Proust e os signos.* São Paulo: Forense Universitária, 1987, p. 3.

2. Ibid., p. 4.

3. Sobre Borges e os recursos da leitura, ver sobretudo Emir Rodríguez Monegal, *Borges, uma poética da leitura* (São Paulo: Perspectiva, 1980).

4. Ver o primeiro ensaio deste livro, "Do fingimento à imaginação moral:

Diálogos entre ficção e história", que explora mais detalhadamente a questão dos lugares e das possibilidades da leitura.

5. Umberto Eco, *Obra aberta*. São Paulo: Perspectiva, 1968, p. 46. Ver também, do mesmo autor: *Seis passeios pelos bosques da ficção*. São Paulo: Companhia das Letras, 1994.

6. Id., *Obra aberta*, pp. 44, 55 e 61.

7. Milton Hatoum, *Relato de um certo Oriente*. São Paulo: Companhia das Letras, 1989.

8. Stefania Chiarelli, "Sherazade no Amazonas: A pulsão de narrar em *Relato de um certo Oriente*". In: Maria da Luz Pinheiro de Cristo (Org.). *Arquitetura da memória: Ensaios sobre os romances Relato de um certo Oriente, Dois irmãos e Cinzas do Norte, de Milton Hatoum*. Manaus: Ed. da Universidade Federal do Amazonas; Uninorte, 2007. Ver também: Daniela Birman, *Entre-narrar: Relatos da fronteira em Milton Hatoum*. Rio de Janeiro: UFRJ, 2007. Tese (Doutorado em Literatura Comparada); Stefania Chiarelli, *Vidas em trânsito: As ficções de Samuel Rawet e Milton Hatoum*. São Paulo: Annablume, 2007; e Francine Iegelski, *Tempo e história, literatura e memória*. São Paulo: USP, 2007. Dissertação (Mestrado em Língua, Literatura e Cultura Árabe). Ainda sobre a obra de Milton Hatoum, é interessante ver: Davi Arrigucci Jr., *Outros achados e perdidos*. São Paulo: Companhia das Letras, 1999; Giovanna Dealtry, Masé Lemos e Stefania Chiarelli (Orgs.), *Alguma prosa: Ensaios sobre literatura brasileira contemporânea*. Rio de Janeiro: 7Letras, 2007; Ana Cláudia Fidelis, *Entre orientes: Viagens e memórias*. Campinas: Unicamp, 1998. Dissertação (Mestrado em Teoria Literária); Marleine Paula de Toledo, *Entre olhares e vozes: Foco narrativo e retórica em Relato de um certo Oriente e Dois irmãos*. São Paulo: Nankin, 2004; Marleine Paula de Toledo, *Milton Hatoum: Itinerário para um certo relato*. São Paulo: Ateliê, 2006; Noemi Campos Freitas Vieira, *Exílio e memória na narrativa de Milton Hatoum*. São José do Rio Preto: Unesp, 2007. Dissertação (Mestrado em Literaturas em Língua Portuguesa).

9. Milton Hatoum, *Dois irmãos*. São Paulo: Companhia das Letras, 2000, p. 265.

10. Id., *Órfãos do Eldorado*. São Paulo: Companhia das Letras, 2008, p. 103.

11. Id., *A cidade ilhada*. São Paulo: Companhia das Letras, 2009, p. 97.

12. Id., *Um solitário à espreita*. São Paulo: Companhia das Letras, 2013.

13. Id., *Cinzas do Norte*. São Paulo: Companhia das Letras, 2005.

14. Lavo reaparece como narrador em três contos de *A cidade ilhada*: "Varandas da Eva", "Uma estrangeira em nossa rua" e "Dois tempos". As três histórias são contadas pelo narrador quando adulto, ao evocar passagens da juventude.

15. A recuperação e significação da experiência de viver sob a ditadura é

a questão central dos romances posteriores de Hatoum: *A noite da espera* (São Paulo: Companhia das Letras, 2017) e *Ponto de fuga* (São Paulo: Companhia das Letras, 2019); ou seja, num certo sentido, *Cinzas do Norte* é um gesto precursor, no conjunto de escritos de Hatoum, na busca do tempo perdido pelas gerações que atravessaram o período ditatorial.

16. Em *Cinzas do Norte*, o relato de Ranulfo alterna-se com o de Lavo e aparece nas pp. 51-4, 81-3, 111-6, 153-62, 179-82, 215-8, 251-5, 277-284.

17. Milton Hatoum, *Cinzas do Norte*, p. 24.

18. Ibid., p. 302.

19. Ibid., p. 303

20. Ibid., p. 106.

21. Ibid., p. 69.

22. Ibid., p. 42.

23. Ibid.

24. Ibid., p. 103.

25. Ibid., pp. 104-5.

26. Ibid., p. 103.

27. Ibid., p. 104.

28. Ibid., p. 107.

29. Ibid., p. 108.

30. Ibid., p. 131.

31. Ibid., p. 169.

32. Ibid., p. 227.

33. Ibid., pp. 14 e 16.

34. Ibid., p. 87.

35. Ibid., pp. 106-7.

36. Ibid., pp. 148-9.

37. Ibid., p. 177.

38. Ibid., p. 206.

39. Ibid., p. 190.

40. Ibid., p. 227.

41. Ibid., p. 238.

42. Ibid., pp. 292-3.

43. Ibid., p. 295.

44. Ibid., p. 307.

45. Ibid., p. 308.

46. Ver Luiz Costa Lima, *A aguarrás do tempo*. Rio de Janeiro: Rocco, 1989; Id., *Intervenções*. São Paulo: Edusp, 2002; David Lowenthal, *The Past Is a Foreign Country*. Cambridge: Cambridge University Press, 1985.

47. Milton Hatoum, *Cinzas do Norte*, p. 175.
48. Ibid., p. 311.

OCTAVIO PAZ E O LABIRINTO DA AMÉRICA LATINA [pp. 132-49]

1. Leopoldo Zea, "América Latina: longa viagem para si mesma". *América Latina. Cadernos*, São Carlos: Ufscar, n. 1, 1982.
2. Irlemar Chiampi, *O realismo maravilhoso*. São Paulo: Perspectiva, 1980.
3. Luiz Marques, "O modelo e a imagem". *Revista Bravo*, São Paulo, n. 47, p. 13, ago. 2001.
4. Ibid., p. 13.
5. Na contramão da ideia tão repetida e ainda tão comum de supor que o passado seja "resgatado" ou funcione como um "espelho enterrado" daquilo que supomos, vale recuperar as discussões de Eric Hobsbawm sobre os processos de "invenção de tradições" — que não deixa de assumir que haja tradições efetivas além das que são politicamente produzidas para agregar um grupo — e, sobretudo, de Benedict Anderson, que analisa formas e estratégias de "imaginar comunidades", de produzir representações coletivas que unificam e identificam conjuntos de pessoas. Eric Hobsbawm e Terence Ranger (Orgs.), *A invenção das tradições*. Trad. de Celina Cardim Cavalcante. Rio de Janeiro: Paz e Terra, 2012; Benedict Anderson, *Comunidades imaginadas*. Trad. de Denise Bottman. São Paulo: Companhia das Letras, 2008.
6. Luiz Marques, op. cit., p. 13.
7. Ibid.
8. Octavio Paz, *O labirinto da solidão*. Rio de Janeiro: Paz e Terra, 1984, p. 154.
9. Silviano Santiago, *As raízes e o labirinto da América Latina*. Rio de Janeiro: Rocco, 2006, pp. 17-8.
10. Ibid., p. 19.
11. Octavio Paz, *Itinerario*. México: Fondo de Cultura Económica, 1993, pp. 15-8.
12. Ibid.
13. Ibid.
14. Ibid., pp. 21-2.
15. Silviano Santiago, op. cit., p. 139.
16. Octavio Paz, *Itinerario*, pp. 28-9.
17. Enrico Mario Santi, *El acto de las palabras: Estudios y diálogos con Octavio Paz*. México: Fondo de Cultura Económica, 1997, p. 154.

18. Apud Enrico Mario Santi, op. cit., pp. 155-6.

19. Ibid., pp. 150-1.

20. Ibid., p. 161.

21. Ibid., p. 136.

22. Octavio Paz, *Itinerario*, pp. 145-6.

23. Ibid., p. 148.

24. Silviano Santiago, op. cit., p. 20.

25. Octavio Paz, *Los hijos del limo: Del romanticismo a la vanguardia*. Barcelona: Seix Barral, 1981.

26. Georges Didi-Huberman, *Quando as imagens tomam posição*, v. 1: *O olho da história*. Trad. de Cleonice Paes Barreto Murão. Belo Horizonte: UFMG, 2017, p. 121.

27. Octavio Paz, *O labirinto da solidão*, pp. 17-8.

28. Ibid., p. 20.

29. Ibid., pp. 71-5.

30. Ibid., p. 81.

31. Silviano Santiago, op. cit., p. 34 e ss.

32. Enrico Mario Santi, op. cit., p. 192.

UM OLHAR DISTANTE: PIGLIA E A UTOPIA DE AMÉRICA LATINA
[pp. 150-72]

1. Agradeço a Maria Ligia Prado e à Editora Contexto, que autorizaram a publicação desta nova versão do ensaio. Uma primeira versão, bastante reduzida, saiu em Maria Ligia Prado (Org.), *Utopias latino-americanas: Política, sociedade, cultura* (São Paulo: Contexto, 2021). Neste ensaio optei por indicar, nas notas de fim, as datas de entrada dos registros nos diários, pois elas ajudam a compreender os movimentos de Piglia em relação às ocorrências históricas latino-americanas nos anos 1960 e 1970.

2. Os três volumes foram traduzidos por Sérgio Molina e publicados no Brasil pela Todavia: v. 1: *Anos de formação*, 2017; v. 2: *Os anos felizes*, 2019; v. 3: *Um dia na vida*, 2021.

3. Ricardo Piglia, *Os diários de Emilio Renzi*, v. 1: *Anos de formação*. Trad. de Sergio Molina. São Paulo: Todavia, 2017, p. 354.

4. Entrada de 7 maio 1960. Ricardo Piglia, *Os diários de Emilio Renzi*, v. 1: *Anos de formação*, pp. 76-7.

5. Entradas de 6, 9 e 26 jul. 1960. Ricardo Piglia, *Os diários de Emilio Renzi*, v. 1: *Anos de formação*, pp. 88-9. A Argentina, expressa no emprego da primeira

pessoa do plural, demorou quase dois anos para romper relações com Cuba — o que aconteceu em janeiro de 1962.

6. Entrada de 5 ago. 1960. Ibid., p. 91.

7. Entrada de 6 ago. 1960. Ibid., p. 91.

8. Entrada de 11 ago. 1960. Ibid., pp. 92-3.

9. Entrada de 7 mar. 1962. Ibid., pp. 129-30.

10. Ibid., p. 129.

11. Entrada de 3 maio 1965. Ibid., p. 192.

12. Entrada de 6 maio 1965. Ibid., p. 193.

13. Entrada de 13 maio 1965. Ibid., p. 195.

14. Entrada de 13 out. 1967. Ibid., p. 346.

15. Entrada de 16 out. 1967. Ibid.

16. Entrada de 23 out. 1967. Ibid.

17. Entrada de 24 jul. 1970. Ricardo Piglia, *Os diários de Emilio Renzi*, v. 2: *Os anos felizes*. São Paulo: Todavia, 2019, p. 213.

18. A figura de Guevara continua a fascinar Piglia nas décadas seguintes e acaba por se tornar objeto de um ensaio de crítica: "Ernesto Guevara: Rastros de lectura" (In: *El último lector*. Barcelona: Anagrama, 2005).

19. *Jaulario*. Havana: Casa de las Americas, 1967. A primeira edição argentina do livro, ampliada e alterada, saiu no mesmo ano de 1967 com o nome *La invasión* (Buenos Aires: J. Alvarez, 1967). A terceira e definitiva edição do livro manteve o nome *La invasión*, recebeu mais mudanças e novos contos e foi publicada em 2007 (Barcelona: Anagrama, 2007).

20. Entrada de 31 jan. 1968. Ricardo Piglia, *Os diários de Emilio Renzi*, v. 2: *Os anos felizes*, p. 17.

21. Entrada de 8 out. 1969. Ibid., p. 165.

22. Entrada de 17 jun. 1970. Ibid., p. 204.

23. Entrada de 5 set. 1970. Ibid., p. 226.

24. Martín Kohan, "Diario diferido". *Remate de Males*, Campinas: IEL – Unicamp, v. 39, n. 2, 2019.

25. Entrada de 18 set. 1970. Ibid., pp. 232-3.

26. Ibid.

27. Entradas de 2 mar. e 21 out. 1971. Ibid., pp. 251 e 291.

28. Entradas de 3 e 4 maio 1971. Ibid., pp. 257-8.

29. Entradas de 28 maio; 3, 5 e 10 jun. 1971. Ibid., pp. 262-6.

30. Entrada de 12 jan. 1967. Ricardo Piglia, *Os diários de Emilio Renzi*, v. 1: *Anos de formação*, p. 301.

31. Entrada de 8 maio 1967. Ibid., p. 325.

32. Entradas de 31 maio 1969 e 24 abr. 1970. Ricardo Piglia, *Os diários de Emilio Renzi*, v. 2: *Os anos felizes*, pp. 142 e 188.

33. Entrada de 11 jun. 1967. Ricardo Piglia, *Os diários de Emilio Renzi*, v. 1: *Anos de formação*, p. 332.

34. Entrada de 4 set. 1967. Ibid., p. 339.

35. Entrada de 7 jun. 1973. Ricardo Piglia, *Os diários de Emilio Renzi*, v. 2: *Os anos felizes*, p. 365.

36. Entrada de 8 set. 1970. Ibid., p. 227.

37. Entrada de 26 maio 1970. Ibid., p. 197.

38. Entrada de 4 nov. 1977. Ricardo Piglia, *Os diários de Emilio Renzi*, v. 3: *Um dia na vida*. Trad. de Sérgio Molina. São Paulo: Todavia, 2021, p. 40.

39. Entrada de 9 maio 1967. Ricardo Piglia, *Os diários de Emilio Renzi*, v. 1: *Anos de formação*, p. 325.

40. Entrada de 16 abr. 1966. Ibid., p. 257.

41. Entrada de 13 maio 1970. Ricardo Piglia, *Os diários de Emilio Renzi*, v. 2: *Os anos felizes*, pp. 194-5.

42. T.S. Eliot, "The Dry Salvages". In: *Quatro quartetos. Obra completa*, v. 1: *Poesia*. Trad. de Ivan Junqueira. São Paulo: Arx, 2004, pp. 364-5.

43. Entrada de 22 maio 1960. Ricardo Piglia, *Os diários de Emilio Renzi*, v. 1: *Anos de formação*, p. 79.

SOBRE FANTASMAS E HOMENS: PASSADO E EXÍLIO EM ONETTI
[pp. 173-97]

1. Yoknapatawpha é a cidade imaginária e sintética onde se desenvolve a trama de *Absalão, Absalão*, de William Faulkner, livro publicado em 1936. Além de Faulkner ser uma referência constante na ficção de Onetti, ambas as cidades — Santa María e Yoknapatawpha — representam a função de microcosmos, para onde confluem e onde se concentram tensões simultaneamente universais e singulares: espaços nos quais as experiências históricas e míticas dialogam.

2. Ricardo Piglia, *Teoría de la prosa*. Buenos Aires: Eterna Cadencia, 2019, p. 61.

3. Antonio Muñoz Molina, "Sonhos realizados: Um convite aos contos de Juan Carlos Onetti". In: Juan Carlos Onetti, *47 contos de Juan Carlos Onetti*. Trad. de Josely Vianna Baptista. São Paulo: Companhia das Letras, 2006, p. 13.

4. Gilles Deleuze e Félix Guattari, *Mil platôs*. São Paulo: Ed. 34, 2012. v. 3.

5. Mario Vargas Llosa, *El viaje a la ficción: El mundo de Juan Carlos Onetti*. Buenos Aires: Alfaguara, 2008, p. 107.

6. Apud Ana Cecilia Olmos, *Ensaio de narradores na literatura latino--americana, 1970-2010*. São Paulo: USP, 2015, p. 90. Tese (Livre-docência em Literatura Hispano-Americana).

7. Mario Vargas Llosa, op. cit., pp. 153-4.

8. Ana Cecilia Olmos, op. cit., pp. 90-2.

9. Ibid., p. 100.

10. Juan Villoro, *De eso se trata*: *Ensayos literários*. Barcelona: Anagrama, 2007, p. 326.

11. Juan José Saer, *Trabajos*. Buenos Aires: Seix Barral, 2006, p. 220.

12. Ricardo Piglia, op. cit., p. 61.

13. Liliana Reales, "O espelho convexo de Onetti". *Fragmentos: Revista de Língua e Literatura Estrangeiras da Universidade Federal de Santa Catarina*, n. 20, p. 15, 2003.

14. Para tais aproximações, ver os já citados estudos de Saer e Vargas Llosa. Quanto à revisão da abordagem crítica acerca da relação de Borges com a história — que não é objeto deste texto —, ler, por exemplo, Davi Arrigucci Jr., "Borges e a experiência histórica". In: Jorge Schwartz (Org.), *Borges no Brasil* (São Paulo: Unesp; Imprensa Oficial, 2001), pp. 117-20.

15. Liliana Reales e Walter Carlos Costa, "Visões de Onetti". *Fragmentos: Revista de Língua e Literatura Estrangeiras da Universidade Federal de Santa Catarina*, n. 20, p. 9, 2003.

16. Mario Vargas Llosa, op. cit., p. 155.

17. Ana Cecilia Olmos, op. cit., p. 99.

18. Mario Vargas Llosa, op. cit., p. 167.

19. Ricardo Piglia, op. cit., p. 210.

20. Ana Cecilia Olmos, op. cit., p. 99.

21. Juan Carlos Onetti, "A face da desgraça". In: *47 contos de Juan Carlos Onetti*, p. 198.

22. Ibid., pp. 198-9.

23. Carlo Ginzburg, *Olhos de madeira*. Trad. de Eduardo Brandão. São Paulo: Companhia das Letras, 2001, p. 38.

24. Ibid., pp. 199-200.

25. Ibid., pp. 200-1.

26. Ibid., p. 201.

27. Ricardo Piglia, op. cit., pp. 61-2. Piglia destaca que Onetti reforçou tal contraste na transição da primeira versão do conto — "A longa história" — para a reescritura da trama em "A face da desgraça".

28. Juan Carlos Onetti, "A face da desgraça". In: *47 contos de Juan Carlos Onetti*, p. 201.

29. David Lowenthal, *The Past Is a Foreign Country*. Cambridge: Cambridge University Press, 1985, pp. 28-35.

30. Para as manifestações do corpo como sinais da memória, ver ibid., pp. 127-47.

31. David Lowenthal, *Possessed by the Past*. Nova York: Free Press, 1996.

32. Juan Carlos Onetti, "A face da desgraça". In: *47 contos de Juan Carlos Onetti*, p. 202.

33. Ibid., p. 204.

34. Ricardo Piglia, op. cit., p. 51.

35. Juan Carlos Onetti, "A face da desgraça". In: *47 contos de Juan Carlos Onetti*, pp. 207-8.

36. Ricardo Piglia, op. cit., pp. 52-3.

37. Juan Carlos Onetti, "A face da desgraça". In: *47 contos de Juan Carlos Onetti*, pp. 217-8.

38. Ibid., pp. 210-1.

39. Ibid., p. 211.

40. Ibid., p. 213.

41. Ibid., pp. 213-4.

42. Ibid., pp. 218-9.

43. Mario Vargas Llosa, op. cit., p. 145.

44. Ricardo Piglia, op. cit., p. 66.

45. Juan Carlos Onetti, "Presencia". In: *47 contos de Juan Carlos Onetti*, p. 376.

46. Ibid.

47. Para o papel dos documentos, ainda que falsos, como formas de "materialização da identidade" dos exilados, ver Denise Rollemberg, *Exílio: Entre raízes e radares* (Rio de Janeiro: Record, 1999), pp. 158-62.

48. Juan Carlos Onetti, "Presencia". In: *47 contos de Juan Carlos Onetti*, p. 377.

49. Edward Said, *Reflexões sobre o exílio e outros ensaios*. São Paulo: Companhia das Letras, 2003, p. 54.

50. Ibid., p. 51.

51. Ibid., p. 50.

52. Mario Vargas Llosa, op. cit., p. 227.

53. Juan Carlos Onetti, "Presencia". In: *47 contos de Juan Carlos Onetti*, p. 373.

54. Denise Rollemberg analisa a "imprensa do exílio", seu papel agregador e esclarecedor da comunidade de exilados, sua capacidade de manter ou (r)estabelecer vínculos (*Exílio*, pp. 194-206).

55. Juan Carlos Onetti, "Presencia". In: *47 contos de Juan Carlos Onetti*, p. 379.

56. Idelber Avelar, *Alegorias da derrota: A ficção pós-ditatorial e o trabalho do luto na América Latina*. Belo Horizonte: UFMG, 2003.

57. Edward Said, op. cit., p. 59.

58. Denise Rollemberg, op. cit., p. 19.

59. Ibid., p. 24.

60. Ibid.

61. Ibid., p. 29.

62. Mario Vargas Llosa, op. cit., p. 163.

63. Denise Rollemberg, op. cit., pp. 28-9.

64. Ricardo Piglia, op. cit., p. 56.

65. Id., *Crítica y ficción*. Buenos Aires: Fausto, 1993, pp. 73-9.

66. Id., *Teoría de la prosa*, p. 66.

67. Denise Rollemberg, op. cit., p. 287.

68. Carlo Ginzburg, op. cit., p. 41.

69. Ibid., pp. 39-41.

BORGES, EM BUSCA DO SUL [pp. 198-205]

1. "O Sul" foi publicado em versão pré-original em *La Nación*, 8 fev. 1953, e incorporado a *Ficções* a partir da edição de 1956. Todas as indicações sobre publicações originais utilizadas neste ensaio foram extraídas de Jean-Pierre Bernès (Dir.), *Borges: Œuvres complètes*. Paris: Gallimard-Bibliothèque de La Pléiade, 1993, v. 1. Para as citações reproduzidas neste ensaio, recorri a *Ficções* (trad. de Davi Arrigucci Jr. São Paulo: Companhia das Letras, 2007; publicado originalmente em 1944).

2. O acidente recebe destaque em todas as biografias de Borges e é comentado pelo próprio escritor, que inclusive o associa a "O Sul" em *Ensaio autobiográfico (1899-1970)* (trad. de Maria Carolina de Araújo e Jorge Schwartz. São Paulo: Companhia das Letras, 2009; publicado originalmente em 1970).

3. Jorge Luis Borges, "O escritor argentino e a tradição". *Discussão*. Trad. de Josely Vianna Baptista. São Paulo: Companhia das Letras, 2008. O texto foi incluído no livro, publicado originalmente em 1932, a partir da edição das obras completas de Borges, em 1953.

4. Ver, por exemplo, Eliseo Verón e Silvia Sigal, *Perón o muerte* (Buenos Aires: Legasa, 1985); Cristián Buchrucker, *Nacionalismo y peronismo: La Argentina en la crisis ideológica mundial (1927-1955)* (Buenos Aires: Sudamericana, 1987).

5. Jorge Luis Borges, *O aleph*. Trad. de Davi Arrigucci Jr. São Paulo: Companhia das Letras, 2008. [Publicado originalmente em 1949.]

6. "O fim" foi originalmente publicado em *La Nación*, 11 out. 1953, e incorporado a *Ficções* em 1956.

7. Jorge Luis Borges, *Ficções*, p. 162.

8. Beatriz Sarlo, *Borges, un escritor en las orillas*. Buenos Aires: Ariel, 1995, pp. 94-108.

9. Jorge Luis Borges, *Ficções*, p. 163.

10. Ibid., p. 164.

11. Ibid.

12. Ibid.

13. Ibid.

14. Ibid., p. 165.

15. Ibid., p. 166.

16. Ibid., p. 161.

17. Ibid., p. 167.

18. Ibid., p. 168.

19. Ibid.

20. Ibid.

21. Ibid.

22. Jorge Luis Borges, "Acevedo". In: *Poesia*. Trad. de Josely Vianna Baptista. São Paulo: Companhia das Letras, 2009, p. 57. O poema foi publicado originalmente no livro *Elogio da sombra*, de 1969.

"RECOLHA DE CIRCUNSTÂNCIAS": O DIÁRIO COMO ÁLBUM [pp. 209-40]

1. Agradeço a Letícia Tarifa e a Teresa Chaves, pela leitura cuidadosa deste ensaio e pelas sugestões feitas.

2. Alba de Céspedes, *Caderno proibido*. Trad. de Joana Angélica d'Avila Melo. São Paulo: Companhia das Letras, 2022, p. 36. [Publicado originalmente em 1952.]

3. "Referente" é aqui tratado como o elemento ou a ocorrência do mundo extratextual; por exemplo, um objeto, um fato histórico ou um dado associado à realidade vivida. "Enunciador", por sua vez, é sempre aquele que diz, que enuncia; num texto, a voz ou as vozes que se manifestam.

4. Id., *Os diários de Emilio Renzi*. v. 2: *Os anos felizes*. Trad. de Sérgio Molina. São Paulo: Todavia, 2019, pp. 7-8.

5. Ibid., p. 8.

6. Philippe Lejeune, *Le Pacte autobiographique*. Paris: Seuil, 1996, p. 29. [Publicado originalmente em 1975.]

7. Sylvia Molloy, *Acto de presencia: La escritura autobiográfica en Hispanoamérica*. México: Fondo de Cultura Económica, 1996, p. 11.

8. Maurice Couturier, *La Figure de l'auteur*. Paris: Seuil, 1995, p. 197.

9. Leonor Arfuch, *El espacio biográfico: Dilemas de la subjetividad contemporánea*. Buenos Aires: Fondo de Cultura Económica, 2010, p. 101.

10. François Dosse, *O desafio biográfico: Escrever uma vida*. Trad. de Gilson César Cardoso de Souza. São Paulo: Edusp, 2015, p. 410. Ao falar em "efeito de vivido" e equipará-lo à noção de "efeito de real", Dosse articula dois ensaios de Barthes, "O discurso da história" e "O efeito de real", ambos voltados à análise das estratégias de produção de efeitos no discurso que sejam capazes de provocar, no leitor, a crença de que um texto é capaz de expressar a realidade da experiência vivida (Roland Barthes, *Le Bruissement de la langue: Essais critiques IV*. Paris: Seuil, 1984). O "biografema" aparece em Barthes como uma estratégia de pensar novas narrativas de si ou de registrar a experiência de outros indivíduos. Em linhas gerais, é um episódio, um detalhe ou uma cena significativos da vida da pessoa, que contribui para definir algum gosto ou valor, para compor um retrato circunstancial mas eficaz, sem assumir nenhuma dimensão metonímica. Ou seja, o biografema é parte desmembrada da biografia, mas não substitui o todo da personagem biografada.

11. Roland Barthes, *Le Bruissement de la langue: Essais critiques IV*. Paris: Seuil, 1984. [Publicado originalmente em 1968.]

12. Roland Barthes, *O prazer do texto*. Trad. de Jacó Guinsburg. São Paulo: Perspectiva, 2005. [Publicado originalmente em 1973.]

13. Stéphane Mallarmé. *Œuvres complètes*. Paris: Gallimard-Bibliothèque de la Pléiade, 1989, p. 366. [Publicado originalmente em 1895.]

14. Essa discussão é mais bem desenvolvida em "Do fingimento à imaginação moral: Diálogos entre ficção e história", o primeiro ensaio deste livro.

15. Roland Barthes, *Le Bruissement de la langue: Essais critiques IV*, pp. 63-9.

16. Id., *O prazer do texto*, p. 15.

17. Ibid., p. 41.

18. Ibid., p. 73.

19. Ricardo Piglia, *Os diários de Emilio Renzi*. v. 2: *Os anos felizes*, p. 393.

20. Martín Kohan, "Alter ego. Ricardo Piglia y Emilio Renzi: su diario personal". *Landa*, v. 5, n. 2, p. 263, 2017.

21. Roland Barthes, *Le Degré zero de l'écriture*. Paris: Seuil, 1984. [Publicado originalmente em 1953.]

22. Maurice Blanchot, *Le Livre à venir*. Paris: Gallimard, 1993, pp. 279-81. [Publicado originalmente em 1959.]

23. Ibid., p. 283.

24. Ibid., p. 284.

25. Ibid., p. 286.

26. Ibid., p. 290.

27. Ricardo Piglia. *Os diários de Emilio Renzi*. v. 2: *Os anos felizes*, p. 135.

28. Id., *Os diários de Emilio Renzi*, v. 1: *Anos de formação*, p. 9.

29. Martín Kohan, "Diario diferido". *Remate de Males*, Campinas: IEL-Unicamp v. 39, n. 2, pp. 547-8, 2019.

30. Gérard Genette, *Figures IV*. Paris: Seuil, 1999, p. 344.

31. Frances Yates, *A arte da memória*. Trad. de Flavia Bancher. Campinas: Unicamp, 2007. [Publicado originalmente em 1966]; Jacques Le Goff, *História e memória*. Trad. de Bernardo Leitão e Irene Ferreira. Campinas: Unicamp, 1992; Pierre Nora, "Entre l'Histoire et la mémoire". In: *Les Lieux de mémoire I: La République*. Paris: Gallimard, 1991.

32. Ricardo Piglia, *Os diários de Emilio Renzi*, v. 1: *Anos de formação*, p. 11.

33. Roland Barthes, *A preparação do romance*. Trad. de Leyla Perrone-Moisés. São Paulo: Martins Fontes, 2005, v. 2, pp. 123 e 41.

34. Roland Barthes, *Le Bruissement de la langue: Essais critiques IV*. Paris: Seuil, 1984, p. 423.

35. Ibid., p. 434.

36. Id., *A preparação do romance*, v. 2, p. 136.

37. Ricardo Piglia, *Os diários de Emilio Renzi*, v. 2: *Os anos felizes*, p. 7.

38. Tiphaine Samoyault, *Roland Barthes: Biografia*. Trad. de Sandra Nitrini e Regina Salgado Campos. São Paulo: Ed. 34, 2021, p. 175.

39. Ibid., pp. 247-8.

40. Daniel Fabre (Org.), *Écritures ordinaires*. Paris: Centre Georges Pompidou; POL, 1993.

41. Ricardo Piglia, *Os diários de Emilio Renzi*, v. 1: *Anos de formação*, p. 11.

42. Roland Barthes, *A preparação do romance*, v. 2, p. 304.

43. Maurice Blanchot, *L'Entretien infini*. Paris: Gallimard, 2016, pp. 241-2. [Publicado originalmente em 1969.]

44. Ricardo Piglia, *Os diários de Emilio Renzi*, v. 1: *Anos de formação*, p. 16.

45. Roland Barthes, *Roland Barthes por Roland Barthes*. Trad. de Leyla Perrone-Moisés. São Paulo: Estação Liberdade, 2017, p. 110. [Publicado originalmente em 1975.]

46. Eric Marty, *Roland Barthes: O ofício de escrever*. Trad. de Daniela Cerdeira. Rio de Janeiro: Difel, 2009, p. 289.

47. Roland Barthes, *O neutro*. Trad. de Ivone Castilho Benedetti. São Paulo: Martins Fontes, 2003, p. 29.

48. Dominick LaCapra, *Rethinking Intellectual History: Texts, Contexts, Language*. Ithaca: Cornell University Press, 1983.

49. Roland Barthes, *Le Bruissement de la langue: Essais critiques IV*, p. 181.

50. Ricardo Piglia, *Os diários de Emilio Renzi*, v. 2: *Os anos felizes*, p. 13.

51. Id., *Os diários de Emilio Renzi*, v. 3: *Um dia na vida*. Trad. de Sérgio Molina. São Paulo: Todavia, 2021, p. 10.

52. Ibid.

53. Id., *Os diários de Emilio Renzi*, v. 2: *Os anos felizes*, pp. 11-2.

54. Ibid., p. 16.

55. Roland Barthes, *A preparação do romance*, v. 2, p. 131.

56. Ibid., p. 123.

57. Jacques Scherer, *Le "Livre" de Mallarmé*. Paris: Gallimard, 1977, p. 20. [Publicado originalmente em 1957.]

58. Stéphane Mallarmé, *Œuvres complètes*. Paris: Gallimard-Bibliothèque de la Pléiade, 1989, p. 380. [Publicado originalmente em 1895.]

59. Roland Barthes, *A preparação do romance*, v. 2, pp. 115-6.

60. Martín Kohan, "Diario diferido". *Remate de Males*, Campinas: IEL-Unicamp, v. 39, n. 2, 2019.

61. Roland Barthes, *A preparação do romance*, v. 2, p. 127.

62. Ibid., pp. 105, 107-8.

63. Ibid., pp. 124-5, 127.

64. Ricardo Piglia, *Os diários de Emilio Renzi*, v. 2: *Os anos felizes*, p. 31.

65. Id., *Os diários de Emilio Renzi*, v. 3: *Um dia na vida*, p. 11.

66. Gilles Deleuze, *Diferença e repetição*. Trad. de Luis Orlandi e Roberto Machado. Rio de Janeiro: Graal, 1988. [Publicado originalmente em 1968.]

67. Georges Didi-Huberman, *Devant le Temps: Histoire de l'art et anachronisme des images*. Paris: Les Éditions de Minuit, 2000, p. 31.

68. Id., *O olho da história*, v. 1: *Quando as imagens tomam posição*. Trad. de Cleonice Paes Barreto Mourão. Belo Horizonte: UFMG, 2017, p. 121.

69. Charles Baudelaire (1856). Apud Roland Barthes, *A preparação do romance*, v. 2, p. 124.

70. Ricardo Piglia, *Os diários de Emilio Renzi*, v. 2: *Os anos felizes*, p. 172.

71. Roland Barthes, *O império dos signos*. Trad. de Leyla Perrone-Moisés. São Paulo: Martins Fontes, 2016, p. 71.

72. Ricardo Piglia, *Os diários de Emilio Renzi*, v. 2: *Os anos felizes*, p. 242.

73. Roland Barthes, *A preparação do romance*, v. 2, pp. 123 e 130.

74. Id., *Le Bruissement de la langue: Essais critiques IV*, pp. 435-6.

75. Ricardo Piglia, *Os diários de Emilio Renzi*, v. 2: *Os anos felizes*, p. 93.

76. Id., *Os diários de Emilio Renzi*, v. 1: *Anos de formação*, p. 354.

77. Id., *Os diários de Emilio Renzi*, v. 2: *Os anos felizes*, p. 393.

78. Id., *Le Bruissement de la langue: Essais critiques IV*, p. 362.

Referências bibliográficas

ARRIGUCCI JR., Davi. *Enigma e comentário: Ensaios sobre literatura e experiência.* São Paulo: Companhia das Letras, 1987.

AUERBACH, Erich. *Mimesis: A representação da realidade na literatura ocidental.* Trad. de Suzi Frankl Sperber. São Paulo: Perspectiva, 1971. [Publicado originalmente em 1946.]

BARBOSA, João Alexandre. *A leitura do intervalo.* São Paulo: Iluminuras, 1990.

BARTHES, Roland. *O rumor da língua.* Trad. de Leyla Perrone-Moisés. São Paulo: Martins Fontes, 2012. [Publicado originalmente em 1984.]

_____. *A preparação do romance.* Trad. de Leyla Perrone-Moisés. São Paulo: Martins Fontes, 2005, 2 v. [Publicado originalmente em 2003.]

DIDI-HUBERMAN, Georges. *Diante do tempo: História da arte e anacronismo das imagens.* Belo Horizonte: Ed. da UFMG, 2015. [Publicado originalmente em 2000.]

_____. *O olho da história: Quando as imagens tomam posição.* Trad. de Cleonice Paes Barreto Mourão. Belo Horizonte: Editora da UFMG, 2017. [Publicado originalmente em 2009.]

ECO, Umberto. *Seis passeios pelos bosques da ficção.* Trad. de Hildegard Feist. São Paulo: Companhia das Letras, 1994.

FOUCAULT, Michel. *As palavras e as coisas: Uma arqueologia das ciências humanas.* Trad. de Salma Tannus Muchail. São Paulo: Martins Fontes, 1987. [Publicado originalmente em 1966.]

FOUCAULT, Michel. *O que é um autor?*. Lisboa: Passagens, 1992. [Publicado originalmente em 1969.]

FUKS, Julián. *Romance: História de uma ideia*. São Paulo: Companhia das Letras, 2021.

GINZBURG, Carlo. *Olhos de madeira: Nove reflexões sobre a distância*. Trad. de Eduardo Brandão. São Paulo: Companhia das Letras, 2001. [Publicado originalmente em 1998.]

HARTOG, François. *Croire en l'Histoire*. Paris: Flammarion, 2013.

JABLONKA, Ivan. *A história é uma literatura contemporânea: Manifesto pelas ciências sociais*. Trad. de Verónica Galíndez. Brasília: Editora da UnB, 2020. [Publicado originalmente em 2014.]

KOSELLECK, Reinhart. *Estratos do tempo: Estudos sobre história*. Trad. de Markus Hediger. Rio de Janeiro: Contraponto, 2014. [Publicado originalmente em 2003.]

LACAPRA, Dominick. *History, Politics and the Novel*. Ithaca: Cornell University Press, 1987.

LIMA, Luiz Costa. *A aguarrás do tempo*. Rio de Janeiro: Rocco, 1989.

LOWENTHAL, David. *The Past Is a Foreign Country*. Cambridge: Cambridge University Press, 1985.

MOLLOY, Sylvia, *Acto de presencia: La escritura autobiográfica en Hispanoamérica*. México: Fondo de Cultura Económica, 1996. [Publicado originalmente em 1991.]

OLMOS, Ana Cecilia. *Escritas descentradas: O ensaio dos escritores na América Latina (1970-2010)*. Rio de Janeiro: Papéis Selvagens, 2019.

PIGLIA, Ricardo. *Crítica y ficción*. Buenos Aires: Fausto, 1993. [Publicado originalmente em 1986.]

_____. *O último leitor*. Trad. de Heloisa Jahn. São Paulo: Companhia das Letras, 2006. [Publicado originalmente em 2005.]

PIMENTA, João Paulo. *O livro do tempo: Uma história social*. São Paulo: Edições 70, 2021.

PIRES, Francisco Murari (Org.). *Antigos e modernos: Diálogos sobre a (escrita da) história*. São Paulo: Alameda, 2009.

RANCIÈRE, Jacques. *O fio perdido: Ensaios sobre a ficção moderna*. Trad. de Marcelo Mori. São Paulo: Martins Fontes, 2017. [Publicado originalmente em 2014.]

RICŒUR, Paul. *O si-mesmo como outro*. Trad. de Ivone C. Benedetti. São Paulo: Martins Fontes, 2014. [Publicado originalmente em 1990.]

SAER, Juan José. *El concepto de ficción*. Buenos Aires: Espasa Calpe, 1997.

SCHWARTZ, Jorge. *Fervor das vanguardas: Arte e literatura na América Latina.* São Paulo: Companhia das Letras, 2013.

WHITE, Hayden. *Trópicos do discurso: Ensaios sobre a crítica da cultura.* Trad. de Alípio Correia de Franca Neto. São Paulo: Edusp, 1994. [Publicado originalmente em 1978.]

ESTA OBRA FOI COMPOSTA PELA SPRESS EM MINION E IMPRESSA
EM OFSETE PELA LIS GRÁFICA SOBRE PAPEL PÓLEN NATURAL DA SUZANO S.A.
PARA A EDITORA SCHWARCZ EM FEVEREIRO DE 2024

A marca FSC® é a garantia de que a madeira utilizada na fabricação do papel deste livro provém de florestas que foram gerenciadas de maneira ambientalmente correta, socialmente justa e economicamente viável, além de outras fontes de origem controlada.